给孩子的全景百科
社会篇

［西］Sol90 公司（Editorial Sol90） 著

杨娟 侯鑫 译

机械工业出版社

这是一本给孩子看的全景百科图书，包括娱乐与庆典、食物、服饰、商贸和职业等方面的内容。从节日庆祝、体育运动的多样性、社会功能到饮食的地域习俗、制作工艺；从服饰的材质技术、设计美学到职业的原始需求、职业特点以及商贸活动和契约精神，深入浅出地讲述了它们对人类的生产生活方式及社会文化的发展所产生的巨大影响。

本书的图片采用 3D 渲染技术，逼真还原了多个经典的场景，在开阔视野、增长见识的同时，还能让孩子们享用一场视觉的盛宴，是一本有趣、有料、有爱的全景百科。

© 2020 Editorial Sol90, Barcelona

This edition © 2020 granted in exclusive to China Machine Press by Editorial Sol90, Barcelona, Spain.

北京市版权局著作权合同登记　图字：01-2020-2857 号。

图书在版编目（CIP）数据

给孩子的全景百科. 社会篇 / 西班牙Sol90公司著；杨娟，侯鑫译. — 北京：机械工业出版社，2021.6
书名原文：How Things Were: Food
ISBN 978-7-111-68283-7

Ⅰ. ①给⋯ Ⅱ. ①西⋯ ②杨⋯ ③侯⋯ Ⅲ. ①科学知识 – 青少年读物 ②社会科学 – 青少年读物 Ⅳ. ①Z228.2 ②C49

中国版本图书馆CIP数据核字（2021）第095580号

机械工业出版社（北京市百万庄大街22号　邮政编码100037）
策划编辑：卢婉冬　　责任编辑：卢婉冬
责任校对：张玉静　　责任印制：张　博
北京利丰雅高长城印刷有限公司印刷

2021年8月第1版·第1次印刷
210mm×275mm·18.25印张·2插页·419千字
标准书号：ISBN 978-7-111-68283-7
定价：199.00元

电话服务　　　　　　　　网络服务
客服电话：010-88361066　机　工　官　网：www.cmpbook.com
　　　　　010-88379833　机　工　官　博：weibo.com/cmp1952
　　　　　010-68326294　金　书　网：www.golden-book.com
封底无防伪标均为盗版　　机工教育服务网：www.cmpedu.com

目 录

娱乐与庆典

生命的庆祝	006
纪念神灵	008
最早的演出	010
为荣誉而战	012
其他宗教（非基督教）的节日	014
最大的露天剧场	016
古代明星	018
时代的表演	020
集体庆祝	022
中美洲的体育	024
属于成年人的木偶	026
舞台上的戏剧	028
面具舞会	030
有所控制的狂欢	032
向野兽挑战	034
让人惊奇的表演	036
伟大的体育盛会	038
追求金牌	040
世界现象	042
全球性盛事	044
速度激情	046
美国大秀	048
舞蹈世界	050
音乐的力量	052
舞台表演的魅力	054
精心策划的舞台	056
习俗盛宴	058
全球庆祝	060
穿越时光	062

食 物

人类的生计	064
为吃饭而狩猎	066
地球的礼物	068
丰富而自然的菜单	070
面包，神圣的食物	072
橄榄味道	074
流传的美食	076
吃的乐趣	078
神之饮品	080
利用环境资源烹饪	082
宴会时间	084
尝试异国口味	086
美洲财富	088

咖啡作为纽带	090	各种风格的世界	142
传统小吃	092	以货易货	144
神圣的象征	094	一块布料的优雅	146
质量和保存	096	源自东方的优雅	148
使烹饪成为真正的艺术	098	零度以下的解决方法	150
为了精致的口味	100	夸张和改变	152
甜蜜的乐趣	102	明显的曲线	154
与家人一起享用	104	就像第二层皮肤	156
食物的多样性是关键	106	朴素第一	158
肉类的好处	108	优雅的鼎盛	160
感谢大海	110	服装之上——时尚	162
寻找美食的理想	112	不一样的魅力	164
不健康的口味	114	疯狂的岁月	166
餐桌上的科学	116	留下足迹	168
穿越时光	118	设计说明	170
		部落形象	172
		未来的衣服	174
		穿越时光	176

服 饰

服饰的历险	120
因为需要，所以诞生	122
清新舒适	124
服装艺术的先驱	126
从丘尼克开始	128
民族的象征	130
战斗服装	132
审美感	134
纯粹的奢华	136
创造趋势的挑战	138
从头开始	140

商 贸

"买"与"卖"	178
史前时期的市场	180
地中海霸主	182
从波罗的海到地中海	184
中世纪的中心	186
骑在骆驼背上	188
硬币、纸币……"字节"	190
北方威尼斯	192

将贸易带向世界	194	在巫术与科学之间	240
通向东方的窗口	196	救死扶伤的专家	242
银行业的诞生	198	巨大的挑战	244
财富积累的"艺术"	200	不再有压迫	246
奴隶贸易	202	专门从事体育运动的人	248
经济学的诞生	204	自由的思想者	250
自由的时间	206	治理的艺术	252
开放和关闭国门	208	以代表民众为目标	254
面向海洋的窗口	210	纯手工制造	256
更远,更快……	212	财富专家	258
对物流的挑战	214	薪酬之路	260
"钱生钱"的交易	216	对工程的激情	262
伟大的捷径	218	对建筑和工程的热情	264
复杂多样性的深度观察者	220	征战和防御	266
高级的机构实例	222	大地之下	268
大宗散装货物	224	工厂生活	270
从市场到购物中心	226	安全保障	272
无所不在的市场	228	挖掘探索	274
联合起来会更好	230	职业女教师	276
穿越时光	232	教育界的旗手	278
		办公桌上的工作	280
		更高的要求	282

职 业

谋生方式	234	冒着生命危险	284
定居工作	236	在太空中工作	286
书写职业的出现	238	虚拟化和数字化	288
		穿越时光	290

娱乐与庆典

生命的庆祝

不仅仅是娱乐

人类的全部社会活动，如庆典、体育运动和表演，都与祭祀和宗教有着紧密的联系。这不仅表现在古埃及欧庇德节的朝圣活动，或者古希腊罗马的酒神节庆典，也包括随后为祭祀万神之王宙斯而设立的古希腊奥林匹克运动会，甚至罗马帝国的马克西姆斯竞技场上的表演也源自宗教，尽管这一点随着岁月的流逝已经被人遗忘。

人们的常识是节日和娱乐活动的基础只是休闲和无聊，然而它远远超出了人们的想象。相反，在各种民族中，娱乐都有仪式化的一面。例如两支队伍之间的体育对抗可以被视为代表了本民族与敌人之间的对抗（在更大的范围内，是正义力量与邪恶力量之间的对抗）。早期的戏剧表演以及一位老人坐在火炉边上讲的故事都是神话的具体体现，也正是人们使神话一直保持活力。但这并不意味着，在古代，所有的娱乐都是仪式。从棋牌游戏到短篇故事，从体育竞赛到各种公共活动，许多活动都是神圣的。即使这些活动是世俗化的，由于它们都起源于神话，因此是神圣的。

随着西方文明进程的发展，世俗化逐渐增强，神圣与世俗之间的界线越来越明显。欧洲作为现代文明的中心和轴心，是这种不连贯性的基石。随着西方社会逐渐世俗化，这些表演最终不再有任何宗教内容。

演出也常被视为仅仅是一种分散注意力的活动：这些活动使我们暂停工作，或使我们脱离处理社会重要事务。古罗马人的生活就是最完整的先例，国家组织娱乐活动，分散民众的注意力，保持秩序，这一点可以用一个著名的典故——"面包和马戏"来概括㊀。但是，在不否认将娱乐活动作为大众控制机

㊀ "面包和马戏"，出自罗马帝国著名的讽刺文学诗人尤维纳利斯的著名警句，它讽刺了当时的贵族用免费的粮食和流行的娱乐，如斗兽场的演出，来安抚和拉拢平民的政策，同时也寓有平民胸无大志，安心充当食客和低级娱乐者之意。——译者注

制与政治相联系的同时，人类对节日和娱乐也存在另一方面的需求。社会学家诺伯特·埃利亚斯解释说，现代表演"为我们提供了一个虚构的舞台，尽管不存在与现实生活有关的危险和风险，仍能感受到模仿某种现实生活所带来的刺激"。在工业社会中，从自然现象到我们的日常日程安排，似乎都在受到严格的控制，参加娱乐表演——即使是作为旁观者——哪怕是暂时性的，也使我们从被控制的力量中释放出来，用埃利亚斯的话来说，会产生"活力和净化"的效果。自相矛盾的是，这是一个"受控制的无约束状态"，狂欢节就是一个明显的例子。表演引发了情绪和不确定因素，而在过去，这些情绪和不确定因素都是在战斗中甚至是自然灾害中存在的。因此，表演具有与古代仪式相当的重要社会功能（无神圣色彩）。我们只需看看人们对全球巨星的崇拜，如音乐家、运动员、演员等。"英雄"一词经常被用来指这些人，其原意是"半神"。这些杰出的人物已成为人们行为的典范，他们在某些特定领域（足球、电影、艺术）的卓越表现——在大众的想象中——已扩展到生活的各个方面。在现实生活中，大众娱乐已经变成全球性的盛会，也不再局限于现场观看。今天，电视和互联网为世界上最重要的活动提供了真正的全球接入。奥林匹克运动会和世界杯足球赛的电视观众人数是现场参加这些活动人数的数百倍以上。

大众娱乐的传播、大量资金的流动以及这些活动不可避免伴随着的政治利益，使人们担心失去节日和娱乐活动的原始性质：产生有助于使人感到满足的情感。然而，除了炒作、金融刺激和大众媒体无个性化之外，各种庆祝活动的原始动机仍然是透明的：在电视前看到进球的叫声中，在戏剧舞台前激动的泪水中，或者人群在演唱会中合唱的同一首歌中，我们都可以体会到这一点。

古埃及的节日和其他庆典活动——公元前 15 世纪

纪念神灵

古埃及的主要庆祝活动都带有宗教色彩。在这些活动中，以法老为首的国家发挥了积极的作用。每年尼罗河的汛期来临的时候，古埃及人都会举办欧庇德节的盛大派对。活动时，人们组成一个游行队伍，从位于卡纳克的阿蒙神庙出发，向南走到位于底比斯城（今天的卢克索城）的阿蒙神庙，行进路程约 3 千米。这是一个关于生育和获得重生的节日，它重申了法老的神圣地位，而法老通过仪式可获得阿蒙（古埃及的几大主神之一）本身的生命能量。欧庇德节自公元前 15 世纪女法老哈特谢普苏特统治时期即有记载。

仪式的更迭

欧庇德节和河谷欢宴节是古埃及最重要和最神圣的节日。最初，欧庇德节只是对阿蒙神的雕像进行朝拜（通过礼仪船护送）。随后，朝拜仪式也包括了向其配偶姆特女神和他们的孩子孔苏神的雕像进行朝拜。在女法老哈特谢普苏特和她的继任者图特摩斯三世统治时期，由人群簇拥的游行队伍沿着狮身人面像大道从卡纳克神庙出发一直走到卢克索神庙。回程则是乘船沿尼罗河返回。在拉美西斯二世统治时期，往返都是在尼罗河上乘船进行。在哈特谢普苏特统治时期，活动持续 12 天；到拉美西斯二世统治时期，该节日的活动时间增加到了 27 天。阿蒙神的雕像在卢克索神庙停留 24 天，之后被送回卡纳克神庙。

音乐家
演奏的乐器包括弦乐器、打击乐器和吹奏乐器。

有关生育的庆典
自人类诞生以来，庆祝活动就与一种强烈的神圣感联系在一起。左图是安纳托利亚文化的雕塑。右图是公元前 2500 年位于马耳他的哈尔·萨夫列尼地下宫殿，这一著名古迹有"史前圣地"之称。

卢克索神庙

卢克索神庙于公元前 14 世纪前半叶,由当时的统治者阿蒙霍特普三世(著名的奥克亨那坦的父亲)建造,后来拉美西斯二世对神庙进行了大规模扩建。在返回卡纳克神庙的路上,运载阿蒙神雕像的小船从神庙壮观的入口处开始节日游行。

1 狮身人面像
斯芬克斯的双层狮身人面像是在公元前 4 世纪内克塔内布一世统治时建成的。

2 法老
在王后的陪伴下,率领朝拜队伍在欢庆游行中前进。

3 牧师
牧师身披豹皮,唱着圣歌,走在运载神明雕像的小船前面。

4 运载雕像的小船
阿蒙神的雕像被放置在小船里,由戴着代表各神面具的神职人员运送。

5 巨像
两座巨大的拉美西斯二世的大雕像守住神庙的入口。雕像大约高 15 米。

民众
人群中分发面包、啤酒和其他食物。

舞者
他们伴随着音乐在朝拜队伍中翩翩起舞。他们有时候也会表演杂技。

戏剧的起源——公元前 6 世纪

最早的演出

古希腊戏剧（公元前 6 世纪）最早出现于雅典举行的纪念酒神狄俄尼索斯的宗教庆典上，并为西方戏剧奠定了基础。悲剧经典大师（埃斯库罗斯、索福克勒斯和欧里庇得斯）和喜剧经典大师（阿里斯托芬）以现代方式塑造了戏剧表演。在戏剧发展的最初阶段，合唱团发挥了核心作用，作品包括唱歌和舞蹈，每场演出最多允许三名演员上场，而女性则不能参加演出。尽管与现代戏剧有很大不同，但所有后来的剧作家，从塞涅卡到莎士比亚和莫里哀，从奥尼尔到皮兰德娄，从萧伯纳到布莱希特，都对他们有所继承。

为观赏而创建

戏剧（theater）一词来自希腊语 theatron，即"观看的场所"，最初是指场馆面向公众开放的部分。随后，这一词语变成指代整个建筑物，同时也指代戏剧这一艺术形式。戏剧承认酒神颂为其起源，酒神颂是指古希腊酒神狄俄尼索斯的祭祀仪式中的颂歌，采取合唱团的方式。按照古希腊传统，第一位剧作家即第一位演员是泰斯庇斯，公元前 6 世纪中叶，他首先在雅典的演出中引入独唱，与合唱团合作进行表演。随后，在公元前 5 世纪，埃斯库罗斯在舞台上引入了第二个演员，同时将合唱团从 50 人减至 12 人。他的同期竞争对手索福克勒斯（《俄狄浦斯王》的作者）增加了第三个演员。古希腊三大悲剧作家之一的欧里庇得斯则在戏剧中加深了对人物心理本质的描写，同时经常利用"机械降神"等方式——剧终时出现某位神灵——来最终解决悲剧过程中出现的冲突。

合唱团
它的作用随着时间的流逝日渐削弱。

面具戏剧
演员们戴着代表特定角色的面具进行表演。因为戏剧院规模庞大，这些面具的使用能够使演员们演出更加便利，同时也使男性扮演的女性角色更加可信。

乐池
合唱团在乐池表演唱歌和舞蹈。

古代奥林匹克运动会——公元前 8 世纪

为荣誉而战

古代奥林匹克运动会是祭祀宙斯——"众神之父"的宗教庆典的一部分。第一届古代奥运会于公元前 776 年在奥林匹亚圣地举行，此后延续了 11 个世纪，直到公元 4 世纪末，罗马帝国将基督教视为国教并禁止举办奥运会。古代奥运会每四年举行一次（地点为奥林匹亚），是古希腊最重要的体育盛事。在战争时期，敌对双方可以自由参赛。胜利者在古希腊举世闻名，被视为英雄。除了体育比赛以外，奥林匹克运动会还包括动物祭祀活动以及雕刻家和诗人的演出。

体育节日

古希腊有四大赛会，称为泛希腊赛会：地峡运动会、尼米亚竞技会、皮提亚竞技会和奥林匹克运动会。奥林匹克运动会是其中最著名的赛会。奥林匹克运动会在奥林匹亚举行，最初只持续一天，仅有一个比赛项目，即距离约为 190 米的场地跑。后来运动会增加了其他项目，持续时间为 5 天（最后一天颁奖）。典型的比赛项目包括拳击、战车赛和武装赛跑，但当时并没有团体赛或球类比赛。尽管在其他活动中有女性参加比赛，但奥林匹克运动会只限于男性，而且只限于认同古希腊文明的人参加。根据一些历史资料记载，奥林匹克运动会甚至禁止女性作为旁观者出席。

胜利入口
体育场的拱形入口，奥林匹克运动会最古老和最有名的遗迹。

伟大的维多利亚
胜利女神尼姬（古罗马名字是维多利亚）象征着奥林匹克运动会胜利者的荣耀和出色的运动能力。左图中的《萨莫色雷斯的胜利女神》现收藏于法国巴黎的卢浮宫。

训练
一些比赛项目在现代奥运会中依然存在，如跳远、标枪和铁饼（左图）。

奥林匹亚圣地

奥林匹亚圣地位于伊利亚州境内。这里，以赫拉神庙和宙斯神庙最为著名。宙斯神庙中有一座著名的奥林匹亚宙斯巨像，是世界七大奇迹之一。在巨像的东侧，是跑步和战车赛的跑道。西边是供运动员住宿的地方和一个供摔跤手使用的场地。

橄榄冠
在古代奥运会大多数的比赛中，裸体参赛是很常见的，这一点并不令人震惊。比赛的获胜者在宙斯神庙中接受奖励，而奖励也仅仅是一顶橄榄冠和来自民众的崇敬。

1 市政厅
它位于赫拉神庙的旁边，是神职人员和治安法官居住的地方。

2 宙斯神庙
宙斯神庙内有由菲迪亚斯（巴特农神殿的建筑师）雕刻的奥林匹亚宙斯巨像。

3 运动场
这里是跑步比赛的场所。旁边是战车赛的赛场。

宝藏
克洛诺斯山脚下的建筑物用来摆放祭祀贡品。

民众
这一盛事吸引了古希腊成千上万的民众。

来宾
他们住在宙斯神庙周边的亭子里。

古希腊罗马世界的酒神节——公元前 8 世纪

其他宗教（非基督教）的节日

在古希腊神秘的宗教节日中，酒神节是其中之一（"神秘"在这里是指该仪式最初举办时是秘密的）。在古罗马，最早的酒神节仪式只有女性参加，后期男性才被允许参加。酒神狄俄尼索斯的追随者被称为女祭司，她们身披鹿皮，手持缠着常春藤和葡萄叶、杖顶缀着松果球的酒神杖。酒神节的社会习俗和大型庆祝活动影响了很多宗教庆祝仪式，如农神节等，并间接对基督教的狂欢节产生了影响。

神秘的仪式

酒神节是为纪念酒神狄俄尼索斯而举行的节日，狄俄尼索斯是从色雷斯（古希腊东北部）来到古希腊的神。古希腊人称他为巴克斯，这也是他在古罗马时的名字。由于这是一种秘密的仪式，人们并不完全知道这些仪式是如何进行的。目前关于酒神节的资料很大一部分来自于欧里庇得斯所著的古希腊悲剧《酒神的女祭司们》和提图斯·李维所著的《罗马史》。根据这些文字记载，酒神节的仪式采取了狂欢的形式，这种狂欢就是伴着音乐疯狂地跳舞，不加节制地痛饮葡萄酒，参与者们纷纷陷入疯狂的状态。在狂喜中，他们猎杀和肢解祭祀的动物，生吃动物的肉。在某些情况下（根据神话故事记载），还包括牺牲人类。狄俄尼索斯的宗教仪式以其可怕和夸张的表现形式，反映了人类渴望打破将人与神隔离的障碍，并使灵魂摆脱尘世的束缚。

在古希腊和古罗马，还有很多比酒神节更受欢迎的节日，比如农神节。

罗马建城日

每年 4 月 21 日是罗马建城的纪念日。这一天，人们会用羊群祭祀。

葡萄酒之神

狄俄尼索斯在古典时代被描绘成一个年轻的男性。葡萄酒造成的酒醉则被视为神所创造出的狂喜的一部分。

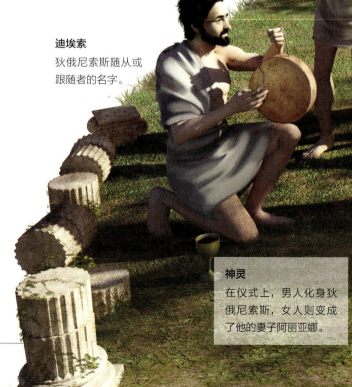

迪埃索

狄俄尼索斯随从或跟随者的名字。

神灵

在仪式上，男人化身狄俄尼索斯，女人则变成了他的妻子阿丽亚娜。

醉酒与欢乐

狄俄尼索斯不仅是葡萄酒神和欢乐神,也是植物、再生和繁殖之神。这就是为什么以他为名的庆祝活动是在山上的森林里并常常在晚上举行。这种与社会惯例相反的宗教仪式,吸引了社会中最边缘的群体,如妇女和奴隶。

① 音乐
在欢乐的气氛里,参加狂欢的人们在鼓声、长笛、钹和里拉琴的伴奏下疯狂地跳舞。

② 酒神杖
仪式参与者专用,酒神杖是用来识别酒神追随者的象征。

③ 女性
她们可以利用催眠控制蛇,传说她们获得了超人的力量。

④ 神庙附近
集会在开放且偏僻的地方举行,有时在神庙附近。

农神节
在古罗马,每年12月17日至23日为纪念农神萨图尔努斯举办农神节,在这期间,社会秩序被颠倒,禁忌被打破。

钹
仪式上使用的盘状乐器。

花冠
女人用草编的花冠来装饰自己。

宴会
除了酒水,宴会还提供水果和肉。

新参与者
如果不是活动的发起者,后来的参与者只能参加宗教仪式的部分活动。

罗马斗兽场——1 世纪

最大的露天剧场

在罗马帝国，曾经存在超过 250 个露天剧场，但是最大最负盛名的是罗马斗兽场，原名弗拉维圆形剧场。斗兽场建于公元 72 年—公元 80 年间，由韦斯帕芗皇帝和他的儿子兼继任者提图斯修建完成。斗兽场呈椭圆形，有超过 5 万个座位，由 76 个门进入（另外还有给皇帝和贵宾单独预留的 4 个入口）。在这里举办角斗士之间、角斗士与动物之间的厮杀和格斗表演并上演神话剧。

角斗与规模

苏维托尼乌斯和狄奥·卡西乌斯等古罗马历史学家们证实，斗兽场曾经通过输水道将水引入表演区，来进行血腥的海战演出。还修建了地下通道（地牢）把动物送上竞技台。这项工程的宏伟程度使其必须经过精心的设计。为了维持斗兽场的运作需要大量的工作和数百人的协作。演出的规模非常庞大。

250 根桅杆
用绳索固定布篷，用来遮挡斗兽场。

布篷
防晒和防雨。

雕塑
斗兽场外侧由雕塑装饰。

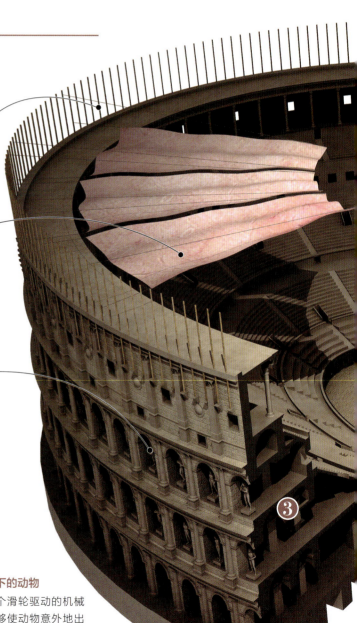

竞技台下的动物
通过一个滑轮驱动的机械装置能够使动物意外地出现在竞技台上。

巨型场景

斗兽场长 188 米，宽 156 米，高 48 米，有多个拱门和拱顶。场内大量使用了混凝土、大理石和石灰石。

座位
普通座位区域使用的是大理石。

门廊
木头制作，用于保护看台上层。

① 看台
观众因社会级别分属不同区域：贵族区在底层，女人、穷人和奴隶在顶层。

② 竞技台
地面由木头铺制而成。竞技台下面有一个廊道结构和许多间地下牢房。

角斗士
角斗士之间的格斗是罗马斗兽场最具吸引力的活动。观众们大拇指朝下的手势代表了对战败者的不满，并要求他拼杀至死。

③ 走廊
出口和入口通往看台下方，可在十几分钟之内疏散观众。

奇怪的野兽
与角斗士和狮子搏斗相比，和自然界其他动物的互动娱乐则没那么血腥，这包括了对于古罗马人来说是外来动物的巨型大象。

斗兽场中的角斗士——公元前3世纪

古代明星

在古罗马，角斗士通常来自社会最底层：奴隶、罪犯和俘虏。另一方面，他们也从工作中获得报酬，如果他们成绩显著，就可以获得自由。他们中最著名的人除了被大众视为英雄外，还享受着社会上层的一些乐趣，民众对最成功的角斗士像对待真正的明星。他们甚至可能被上流社会的女性所青睐。在某些特殊的情况下，自由人也会成为角斗士，但是社会对此不以为然。此外，虽然不常见，但也有女性角斗士。

角斗士种类

"角斗士"又名"剑斗士"，这个词来自于古罗马人使用的短剑"gladio"。角斗士的第一次表演发生在公元前264年。最初的战斗在1对至3对角斗士之间进行。尤利乌斯·恺撒组织了第一次大规模的角斗，当时有多达300对角斗士同时进行搏杀。提图斯皇帝（1世纪）曾组织过长达100天的激烈表演。107年，为纪念所取得的军事胜利，图拉真组织了5000对角斗士进行了大规模的对决。根据他们的武器和装备，角斗士至少分为15种。其中包括：斗兽士（与动物作战）、狩猎士（狩猎动物而不是与动物搏斗）、马背骑士（骑马入场）、莫米罗角斗士（又称重装盾剑角斗士，最有特点的一类，戴着有眼罩的头盔）、网戟斗士（带着三叉戟和网）、追击斗士（这类角斗士专门用来对付网戟斗士）和绳索斗士（使用绳索）。

组合固定
角斗士进行拼杀前都会预先确定好自己的类型。

短暂的职业生涯
角斗士的平均寿命不超过30岁。如果作为角斗士能够幸运地存活3~5年，便可以获得自由。

战斗训练和装备
角斗士在"训练营"或"学校"学习。学徒们通常要训练几年，直到做好战斗准备。古罗马共有4所这样的学校，最大一所学校有两千名拥有战斗装备的角斗士。

面具
高卢角斗士使用的面具。青铜材质，被用于公元前1世纪末。

头盔
莫米罗角斗士所特有的物品。头盔的顶饰和边缘都模仿鱼的形状。

护腿甲
用来保护膝盖和小腿。图中的护腿甲属于一名公元前1世纪的色雷斯角斗士。

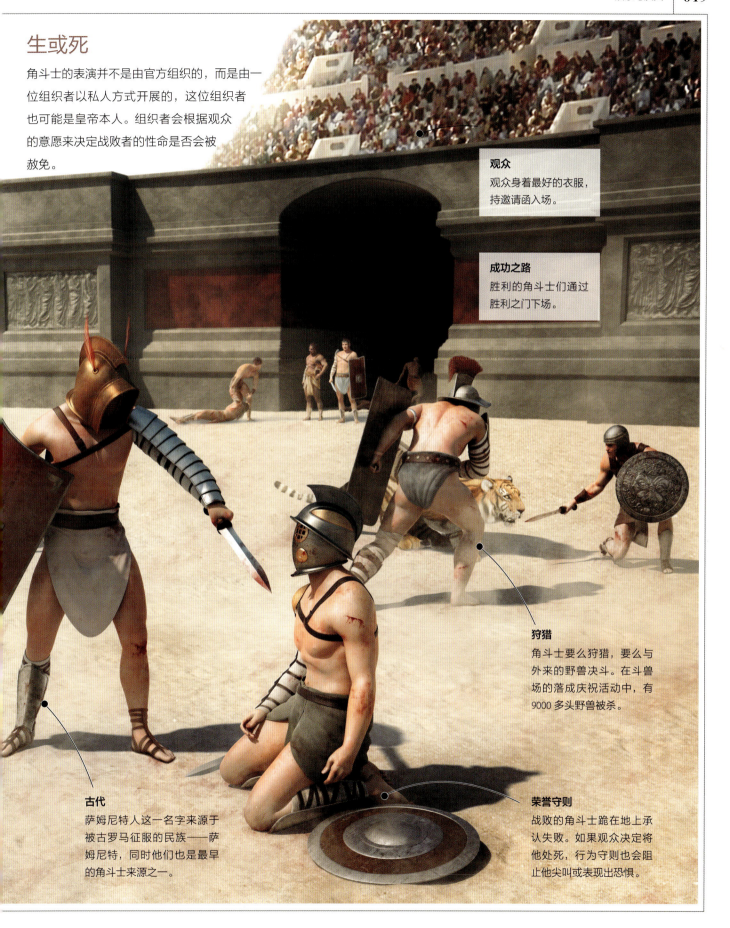

生或死

角斗士的表演并不是由官方组织的，而是由一位组织者以私人方式开展的，这位组织者也可能是皇帝本人。组织者会根据观众的意愿来决定战败者的性命是否会被赦免。

观众
观众身着最好的衣服，持邀请函入场。

成功之路
胜利的角斗士们通过胜利之门下场。

狩猎
角斗士要么狩猎，要么与外来的野兽决斗。在斗兽场的落成庆祝活动中，有9000多头野兽被杀。

古代
萨姆尼特人这一名字来源于被古罗马征服的民族——萨姆尼特，同时他们也是最早的角斗士来源之一。

荣誉守则
战败的角斗士跪在地上承认失败。如果观众决定将他处死，行为守则也会阻止他尖叫或表现出恐惧。

古罗马马克西姆斯竞技场与战车比赛——公元前 6 世纪

时代的表演

马克西姆斯竞技场建于公元前 6 世纪，正如它的名字（马克西姆斯为音译，是"最大"的意思），它是古罗马最大的体育场，也是这个城市的第一个马戏场。这还是一个跑马场，是用来开展战车赛的场所，战车赛是古罗马人从古希腊人那里继承来的一项运动和表演（这是古代奥林匹克运动会最吸引人的比赛之一）。竞技场长 621 米，宽 118 米。最初是木质结构，后来经过了多次重建，103 年图拉真皇帝统治时期，使用混凝土和大理石将竞技场修建成最后的宏伟规模。据说，竞技场可容纳 15 万观众，而老普林尼（古罗马时代的著名历史学家）则说可以容纳 25 万观众。

奴隶和英雄

战车比赛通常为 7 圈，由 12 辆马车参赛，每辆马车有 4 匹马。不同的马车分别属于 4 个固定的战队，并由绿色、红色、蓝色和白色 4 种颜色标明。马匹的缰绳被绑在战车手（马车驾驶者）的腰上，因此，他们每人都带着一把弯刀，以便发生事故时割断绳索。和角斗士一样，战车手也是奴隶。如果他们成功了，除了可以成为伟大的名人，还可以获得自由。最著名的战车手是盖尤斯·阿普利乌斯·迪奥克利斯，他 42 岁退休时已经赢得了 1462 场比赛的冠军。他被认为是有史以来收入最高的运动员：他的收入在今天算起来高达 150 亿美元，这是难以想象的!

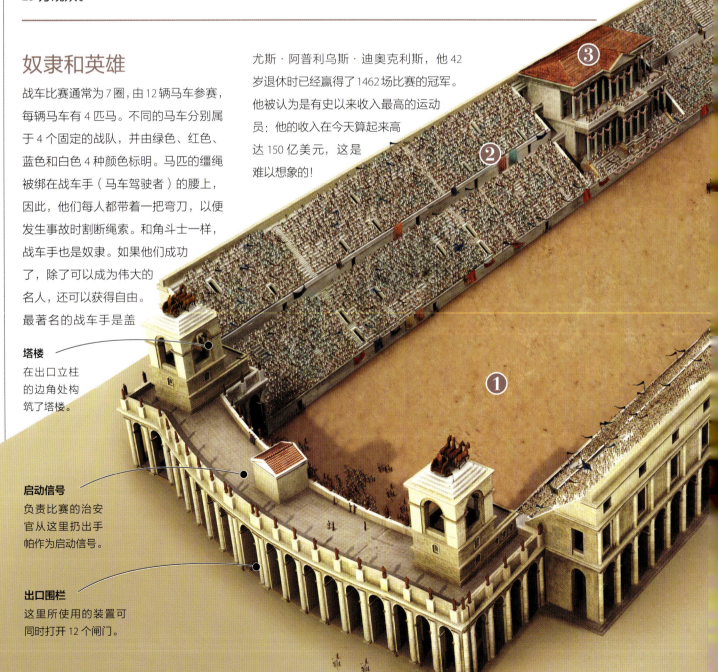

塔楼
在出口立柱的边角处构筑了塔楼。

启动信号
负责比赛的治安官从这里扔出手帕作为启动信号。

出口围栏
这里所使用的装置可同时打开 12 个闸门。

民族节日

集体庆祝

世界各地的民族和群体都有自己当地的节日。尽管目前很多节日更多地呈现出世俗化的特点，只有人类学家才能解释其仪式的根源，但是它们都被认为有其自己的宗教渊源。如：独立日、建国英雄的纪念日、自然周期的庆祝活动（以二至点和二分点为标志，二至点：冬至夏至，二分点：春分秋分）。所有这些都是用集会来充分表达文化同一性的良好理由。

崇尚多元主义

疯狂的舞蹈，五颜六色的服装，充满异国情调的音乐……在庆祝活动中出现了各种令人惊叹的舞蹈、游行和习俗，这些对参加活动的民众至关重要。有些活动涉及数亿人，如印度的排灯节，还有一些活动则在相对较少的人群内举办，如马里的多贡面具节。尽管经常在对外国人的旅游建议框架内展出这些活动，但它们仍与传统仪式保持着密切联系。

帕瓦节
北美印第安人的集会。

亡灵节
在墨西哥，这是一个重要的节日，每年11月2日举行。

太阳节
在南半球冬至这天，印加人感谢太阳神的盛典。

多贡面具节
诞生于马里（非洲）的有仪式感的节日，现在该节日具有巨大的旅游价值。

圣帕特里克节
是为了纪念爱尔兰守护神圣帕特里克，其传统游行和庆祝活动于3月17日举行。

自然力量的兴起

尽管各民族的庆祝活动多种多样,但也有很多活动是为了强调自然的周期(季节、播种和收获的连续性)和人类生活的不同阶段(向成年过渡、走向死亡)。通常与太阳有关的新年庆祝活动被视为秩序战胜混乱的胜利。与大地母亲有关的生育节庆在农业人口中占主导地位。因其神圣的起源,在这些节日中举行的仪式给予参与者一种身份的认同,使其出身和命运更有意义。

生育
为了丰收而举行的仪式。

太阳周期
冬至是重生的象征。

祖先
对祖先的崇拜可以追溯到史前时代。

成人
成人礼是最古老和最普遍的仪式。

火祭节是西班牙瓦伦西亚最古老的传统节日

为了纪念木匠的守护神——圣何塞,每年3月15日至3月19日举行火祭节。最具特色的是各式各样的巨型雕塑,这些雕塑是用硬纸板或塑料泡沫制作的,由木架搭成,高度可达30米。节日最后,这些雕塑都会被烧毁。

历史悠久的节日重申毛利人作为公民的权利。

因陀罗节
每年8月至9月,庆祝活动持续8天,该节日为纪念因陀罗雨神为尼泊尔加德满都的谷地带来雨水。

排灯节
这是"灯光之节",是印度最重要的节日。

怀唐伊日
新西兰毛利人每年2月6日庆祝这一节日。

谢肉节
俄罗斯谢肉节持续一周,是一个庆祝冬天结束并迎接春天到来的传统节日。

古老的中美洲球类运动——公元前 16 世纪

中美洲的体育

中美洲的球类运动既是一种运动,也是一种仪式。这既是表达身体力量的一种方式,也是与自然界较量的一种表现。因此,球赛被认为对于维持宇宙的能量和确保地球的生育力是必要的。玛雅人的主要神话之一描述了神圣英雄与冥界之人的斗争,这其中还包括一场球赛。球是由橡胶与其他植物混合制成的(中美洲的发明)。它很坚固但非常重,可能会对人造成严重伤害,甚至死亡。

娱乐

特奥蒂瓦坎人、玛雅人、阿兹特克人、萨波特克人、奥尔梅克人等所有的中美洲文明都有过各种形式的比赛。据说,这些比赛是在公元前 16 世纪出现的。考古学家们在中美洲发现了 1500 多个大小形状不同的球场。

除了其仪式性(通常伴随着球队的牺牲,但不一定是战败的队伍)之外,它也只是为了娱乐。这种比赛聚集了很多观众,并伴随很大的赌注,因此失去全部家当的人并不少见。有些球员专职从事这项运动。

观众
在各种非仪式性比赛中,观众聚集在一起观看表演,并投注。

楼梯
楼梯的底部有关于比赛场景的雕刻。

队伍
每支队伍有大约 1 至 7 名队员。

在遥远的东方
早在 7 世纪,蹴鞠就传入了日本。至今,日本神道节日的庆典中仍然会有这项运动。

复杂的规则

球赛是如何进行的，目前没有足够的资料记载，无法全面了解规则。然而，众所周知，随着时间和空间的推移，在众多的变化中，仍有一些特点是保持不变的。

① 规则允许的触球
可以用臀部、手肘和大腿触球，但禁止用手、脚和头去击球。

② 橡皮球
通常是直径为12至20厘米的实心球。大约重3千克，可能对球员造成严重伤害。

③ 护具
为了保护自己，并更好地击球，球员们开始使用护具，其中包括肘部、膝盖和前臂的护具。

石环
最古老的赛场并无此装饰。比赛时球穿过石环也可得分。

墙壁
不同高度的围墙把场地围成一个封闭空间。

比赛场地
为了防滑，场地上通常洒水。

目标
把球击打到对方的得分区而不使球落地。

现存的球场

球场的面积有大有小。奇琴伊察球场是古代中美洲最大的球场，有166米长、68米宽。

日本木偶戏——17世纪

属于成年人的木偶

"文乐木偶戏"与"能"、"歌舞伎"和"狂言"一起同属于日本四大古典戏剧。尽管使用木偶,但是这并不是适合孩子的戏剧。木偶的体积非常大,甚至可以达到真人身高的三分之二。除了木偶操纵者,参与表演的还有乐器演奏者(弹奏三味线,即三弦琴)和一位太夫,即说唱师,所有的登场人物都由太夫一个人来分别担任。尽管现在木偶操纵者、乐器演奏者和太夫都是展现在公众面前的,但是在戏剧诞生初期,这些人都是隐藏起来的。在这项艺术最初的时期,作为说唱师的太夫,他的地位是最重要的,然而随着伟大的剧作家近松门左卫门的出现,剧作家开始占据了主要地位。

艺术创作

虽然在 11 世纪日本就已经有了木偶表演,但直到 17 世纪末,日本的木偶戏才以其最终形式出现在大阪。近松门左卫门在戏剧方面进行了重大的创新,如推出了具有深刻心理渗透的"家庭戏剧"。他在这方面的第一部作品(《情死曾根崎》)正是反映了这一点。无论是木偶的构造、服装还是木偶本身的制作都微妙而精致。最初的时候所有的人物都由一个人来操纵,随后演变成核心人物由一名木偶主要表演者(负责头和右臂)和两名助手(一名负责左臂,另一名负责腿)操纵。表演者们穿着黑色的衣服,遮住头,以便不会分散观众的注意力。

歌舞伎:相互影响

木偶戏和歌舞伎是在同一时期发展起来的。这两种艺术表达方式相互影响,但又互相竞争吸引公众的兴趣。在歌舞伎舞团,演员们常常即兴表演,而在木偶戏中,演员们则忠实地按照剧本演出。

传统

日本戏剧的特点是演员都会精心化妆。

舞台上的木偶戏

演出一部木偶戏需要长时间的训练和强大的耐力,因为木偶可能重达 20 千克。乐器演奏者要格外注意故事的描述,因为他不会看向太夫。现在,在东京国立剧场和大阪的国立文乐剧场都有木偶戏的展览。

① 木偶操纵者
在某些情况下,最著名的木偶操作者并不遮盖头部,但他们必须始终保持僵直的姿势。

② 配件
一系列手工艺品,如剑、鼓或手帕,都是由专业的工匠制作的。

③ 木偶的头
根据角色的年龄、级别和职业,有不同的类别。木偶的头约有 70 多种。

④ 假发
由专门的艺术家使用人的头发制作完成。

⑤ 结构
女性木偶的结构并没有四肢,因为她们的衣服总是覆盖着她们的四肢。

舞台
乐器演奏者和太夫站在观众的右边。木偶操纵者则站在屏风后面。

服装
衣服豪华奢侈,并全部由专门的师傅制作和缝补。

莎士比亚戏剧

舞台上的戏剧

伊丽莎白戏剧之所以得名如此，因为这一戏剧种类是在伊丽莎白一世统治期间形成的，尽管它一直延续到詹姆斯一世的统治时期，但它也标志着英国文艺复兴时期的一个黄金时代。威廉·莎士比亚是那一时期最活跃的人物，同时也还有其他伟大的剧作家，如克里斯托弗·马洛和本·琼森。与欧洲大陆的距离（不仅是地理上的，还指政治上的距离：英国圣公会被作为国家教会。）使之形成了一种具有自身特点的戏剧风格，更加注重对普通阶层而不是精英阶层的描写，更多是世俗化的而不是宗教的。舞台设计极简，这使演员承担了更多重任。喜剧和悲剧是其最成熟的类别。

大众剧场

第一个专门为戏剧表演设计的英国剧场建于1576年，它被称为唯一剧场。剧场坐落在伦敦郊外，1598年年底被拆除。一年后，该剧场的木材被用于建造环球剧场（伦敦市内），这个剧场由威廉·莎士比亚所属的演艺公司经营。这个伟大的剧作家的大部分作品都是在这个剧场大厅里首演的：他和马洛一起创作了无韵诗（符合常规的格律要求，但不押韵）作为戏剧的主要形式。当时的工作条件与现在的工作条件大不相同：例如，莎士比亚不仅是一名作家，而且还是一名演员；女性被禁止参加演出，因此由男孩来扮演女性角色；剧作家将自己的作品卖给剧团后，他们就失去了对这部作品的所有权利。

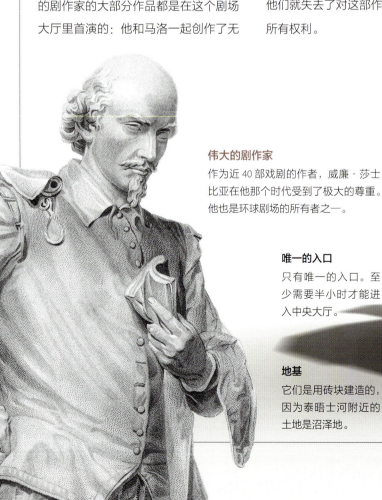

伟大的剧作家
作为近40部戏剧的作者，威廉·莎士比亚在他那个时代受到了极大的尊重。他也是环球剧场的所有者之一。

唯一的入口
只有唯一的入口。至少需要半小时才能进入中央大厅。

地基
它们是用砖块建造的，因为泰晤士河附近的土地是沼泽地。

结构
木质结构，这使剧场很脆弱。

环球剧场

环球剧场建于 1599 年,由唯一剧场的所有人主持建造。1613 年一场大火把它完全摧毁,但于次年重建。环球剧场于 1642 年关闭。1997 年,一座现代仿造的环球剧场在距离原址几百米的地方落成。

① 等级
剧场有三层围廊。最受欢迎的价格是那些站着看演出的区域。

② 女性
女性不是常客。在观看演出的时候,通常会使用面具来隐藏她们的身份。

③ 公众
最受追捧的区域是底层的池座,获得的增值就是附赠一个坐垫。

④ 开放式舞台
舞台设计不是镜框式舞台,观众三面围绕舞台观看演出。

⑤ 道具
主要的服装道具和剧场布景都被存放在高层的舞台后面。

⑥ 休息室
更衣室区域,在这里演员可以更换衣服和候场。

屋顶
只有舞台和周围的摊位有屋顶覆盖,中央观看区域是露天的。

天棚
保护演员免受恶劣天气的影响。

室内表演

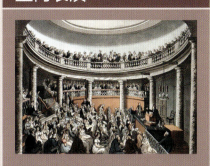

很长一段时间,剧场都是露天的,娱乐活动常由于下雨而暂停。英国黑衣修士剧院(上图)是第一个有屋顶结构的剧院。不同于环球剧场的是,这是一个私人剧院,观众都是经过精挑细选的。

威斯尼狂欢节——17世纪—18世纪

面具舞会

因其独特的面具和奢华绚烂的服饰，威尼斯狂欢节成为这座城市的象征，也是它最重要的节日。威尼斯狂欢节诞生于中世纪，在17世纪开始流行，到18世纪则盛极一时，当时不同地区的贵族们都赶到威尼斯参加庆祝活动。从那时起，威尼斯狂欢节就散发出复杂的气息，一种不可抗拒的魅力，一种优雅和独特的魅力，并带有典型的欧洲味道。面朝大运河的许多宫殿里都会举行庆祝活动和舞会，街道上也有民众的狂欢活动，特别是在圣马可广场，狂欢节正是在那里开始并在那里结束。

盛大的节日

威尼斯狂欢节诞生于中世纪，这是欧洲节日复兴的时期。早在1300年，这已成为由威尼斯共和国最高执政官主持的正式庆祝活动。它最辉煌的时期是17至18世纪，直到拿破仑的到来粗暴地中止了这一传统庆典活动。大约两个世纪之后，到了20世纪70年代末，狂欢节又重新恢复，并伴有强烈的旅游特点，不过它也重申了威尼斯这座城市的特性。狂欢节开始于圣灰星期三（基督教大斋期之始）之前的两周。在圣马可广场，狂欢节以"天使飞翔"这一传统节目正式开始，该节目由一名装扮成天使的女性在绳子的保护下，从圣马可广场的钟楼顶端降至广场中心，直至忏悔星期二（圣灰星期三之前的一天），在同一广场上，以烟花表演的狂欢活动宣布结束。

狂欢节暂时取消
1797年拿破仑·波拿巴入侵威尼斯，立即禁止狂欢节，认为它是革命阴谋的潜在交汇点。

执政官官邸
位于著名的圣马可广场，是最高执政官的官邸。

最典型的款式
通常由闪亮的材料和羽毛做装饰遮住半张脸。

娱乐与庆典 | **031**

其他狂欢节

里约热内卢狂欢节
它最早的历史可追溯到16世纪,当时的葡萄牙人把狂欢节带到了巴西。狂欢节期间,人们走上街头跳舞、泼水。

巴黎狂欢节
巴黎狂欢节的前身是愚人节,诞生于16世纪,在19世纪盛极一时,曾吸引了大约40万人参加。

隐藏的乐趣

威尼斯狂欢节的一个显著特点就是面具,它反映了这一节日的性质,抹去了身份和阶级差异。

① 包塔
包塔是最经典的面具之一。面具本身没有嘴,但是使用者可以吃喝和交谈。

② 瘟疫大夫
这种面罩有一个类似鸟嘴的造型:16世纪的医生查尔斯·德·奥尔姆发明了一个这样的面具以防感染。

③ 伏尔托(Volto)
它的名字被翻译成"脸"。最简单和最常用的是白色,又称拉尔瓦(Larva,意为"鬼")。

竞争
现在,在狂欢节结束之前,将评选出最佳面具。

服装
今天,17世纪和18世纪的衣服仍在被复制。

各种狂欢节

有所控制的狂欢

狂欢节是基督教大斋期之前的庆祝活动。斋期里,人们生活肃穆沉闷,于是最初这是作为即将进入斋期的过渡时期,也是为了可以更容易地面对接下来的日子。然而在今天,它同圣诞节一样,是一个全球性的庆祝活动,基本上脱离了其宗教意义。庆祝活动的时间长短和形式也因地区而有所差异。

脱离正轨的遗产

狂欢节持续的时间各不相同:有些国家在圣灰星期三前三天举行,而另一些国家(如德国部分地区)则从 11 月 11 日开始。在街头装饰好的彩车大游行是家常便饭。但习俗也各有不同:在有些地方,人们扔鸡蛋和面粉,而在另一些地方,人们泼水;在有些地方,使用精心制作的面具是传统,而在另一些地方,化好妆的游行人群则喜欢身披亮片服装。虽然狂欢节是基督教的节日,但是它也有来自古罗马的背景。违反社会惯例的农神节便与狂欢节有着直接联系。即使在今天的庆祝活动中,也融入了基督教到达前的活动方式。奥鲁罗狂欢节是这种结合的最突出例子之一,它代表了基督教传统与印加宗教遗产的融合。

面具
节日上不可或缺的元素。

玩具娃娃
游行队伍和花车中的传统元素。

马德拉群岛 – 葡萄牙
马德拉狂欢节在马德拉群岛举办,人们跳起桑巴舞游行。

韦拉克鲁斯 – 墨西哥
韦拉克鲁斯狂欢节已经有 90 多年的历史,它的宣传词是:"世界上最快乐的狂欢节"。

奥鲁罗 – 玻利维亚
奥鲁罗狂欢节包括了西班牙前安第斯文化的一些要素,如魔鬼之舞。

特立尼达和多巴哥
音乐,特别是卡利普索音乐,在这个节日里占据了主导地位。

狂欢节的游行人群

游行队伍由打头方阵领着一路走来,随后而来的是开幕彩车,之后是中间彩车(乐队在这一部分),人们分成小队在舞蹈指挥的带领下一起走过。接下来是收尾彩车,这部分的彩车队伍中还包括鼓手。活动形象大使夫妇在队伍最后。

从中世纪的马车到游行彩车

游行彩车是具有悠久历史的:最早是中世纪的步行马车,并上演宗教剧目。这些马车随着专业剧场的出现而被遗弃,但是它们逐渐向彩车过渡,并在狂欢节的游行中表现突出。在图片中,一辆带有中国传统主题的彩车出现在意大利的维亚雷吉奥狂欢节上。

里约热内卢 - 巴西
对于参与者和旅游者而言,这是世界上最著名、最令人神往的狂欢节。

特内里费 - 西班牙
特内里费狂欢节被认为是继里约热内卢狂欢节之后,世界上第二大受欢迎的狂欢节。

新奥尔良 - 美国
马尔迪·格拉音乐狂欢节自18世纪兴起,从圣灰星期三之前的周二开始。

美因茨 - 德国
美因茨狂欢节的特点是拥有巨大头部的雕像。

斗牛——18 世纪

向野兽挑战

斗牛是西班牙的传统象征之一，自 12 世纪以来，就有关于斗牛的记录。尽管可以追溯到古老的克里特人斗牛的遥远历史（大约 4000 年前），但以现今的方式进行斗牛并转变成群众性表演的记载则是从 18 世纪开始的。西班牙是世界上斗牛最热门的国家，在葡萄牙、法国南部和一些拉丁美洲国家，如墨西哥、哥伦比亚和秘鲁等国也有斗牛表演。如今，许多批评家认为这是一种残酷的活动。

鲜血与斗牛场

通常一场斗牛比赛有三个斗牛士，每个斗牛士杀死两头公牛。斗牛表演正式开始之前会有一个以入场式为名的游行。在游行中，斗牛士们列队游行到斗牛场主席的包厢。每场斗牛都分为三部分：第一部分——长矛，斗牛士挥舞斗篷刺激公牛，长矛手（一名骑马者手持长矛）刺向公牛；第二部分——短扎枪，这时短扎枪手成为全场的主角；第三部分——死亡，斗牛士使用斗牛红布（小块手绢）来挑逗公牛，最后用带弯头的利剑杀死公牛。在其整个历史过程中，曾涌现过许多伟大的斗牛士，包括何塞利托、胡安·贝尔蒙特、马诺莱特，以及科尔多瓦、罗梅罗和奥多涅斯家族的成员。最古老和最具传统的斗牛场是西班牙塞维利亚的皇家骑士俱乐部斗牛场，建于 18 世纪中叶，称为"斗牛堂"，能容纳 13000 名观众。

塞维利亚
它的斗牛场是西班牙最重要的斗牛场。

公众
斗牛吸引了很多观众。

助手
在西班牙的斗牛中，助手一般是站立的。在美洲，助手通常是骑在马背上的。

禁止
从 2012 年起，西班牙加泰罗尼亚地区禁止斗牛。

抗议
这项活动加大了动物的痛苦。

政治争议
各种动物保护组织都认为，斗牛是对公牛的一种虐待。有批评说，甚至还有人自费赞助这项活动。

娱乐与庆典 | **035**

漫长的仪式

斗牛活动遵循一种复杂的仪式：从斗牛士的装扮到学员的培训（斗牛前导、斗牛士、长矛手、队伍），斗牛士的长矛和斗牛动作，以及公牛的行动，都是经过严格训练的。斗牛场的土席用不同颜色的手帕发出进行斗牛的各种命令。

1 短扎枪手
共有三位。他们协助斗牛士并负责将花镖插入公牛后颈背来刺激它们。

2 主席
也被称作裁判，是最高权威，负责引导比赛并颁奖。

3 西班牙斗牛
体重约 500 千克，人们欣赏它的长相和姿态，当然还有它的勇气。

4 斗牛士
无论是挥舞斗篷还是红布，斗牛士的技巧对于斗牛表演来说都是最基本的。

欧内斯特·海明威
这位作家是斗牛表演的狂热爱好者。

主席使用的手帕

白色	绿色	红色	蓝色	橙色
斗牛开始的讯号	让受伤的公牛返回	插入花镖的时刻	公牛回到赛场	赦免公牛

斗牛用的红布
引导公牛发起猛烈攻击的红布。

现代马戏团——18世纪

让人惊奇的表演

虽然古罗马的表演（包括体操表演和野生动物杂技表演），以及古希腊人、古埃及人和古巴比伦人的竞技表演，都被记录并被承认，但马戏团仍是18世纪的产物。它的鼎盛时期是19世纪末至20世纪初。动物、小丑和杂技演员共同在巨大的帐篷里表演节目，无论对儿童还是成年人来说都是一个惊喜。带着不同地区的差异，马戏团已扩展到世界各地。从本质上讲，这是一种只能在现场充分享受的体验。

家庭娱乐

马戏团的表演有三个主要特点：小丑的幽默感；运动员和杂技演员的体能；动物（野生动物，如狮子和大象；或驯养动物，如狗和马）的杂技演出。

第一个现代马戏团由英国人菲利普·阿斯特利于1768年创立，他为欧洲大陆带来了新奇。在美国，第一批马戏团出现在1793年的纽约和费城。商人费尼尔司·泰勒·巴纳姆在1871年创建了自己的马戏团，并于1881年与詹姆士·贝里合作，创建了当今的马戏团模式。他创建了三环马戏团（有三个小舞台，分别有三种不同的表演同时进行），通过展示一头巨大的非洲大象而名声大噪，并自我宣传是"世界上最棒的表演"。1907年，他的竞争对手玲玲兄弟马戏团购买了巴纳姆的马戏团，从而诞生了"玲玲兄弟与巴纳姆贝里马戏团"。

在过去的几十年里，有很多人批评在马戏团表演中使用野生动物，认为这是一种残忍的做法。因此，许多现代马戏团已经将动物的作用缩小到最低限度，转换思路使演出变得更加戏剧化，包括使用先进技术和更加强调音乐的作用。

巴纳姆贝里马戏团
这个美国马戏团定义了现代马戏团的典型特点。

驯养动物
马戏团自起源，就已经有狗和其他驯养动物的表演。

杂耍
小丑们的幽默加上平衡技巧的表演。

娱乐与庆典 | **037**

无休止的行进

马戏表演的概念是一种不间断的杂技演出，一个动作接着另一个动作（或在许多情况下同时进行），其目的是出其不意地制造惊喜。表演包括复杂的高空特技、搞笑的小丑表演和令人难以置信的动物演出。所有的这些表演在一场演出中呈现。

① 小丑
通过喜剧表演，表现出训练动物的技巧。

② 杂技演员
最早的杂技演员都是软绳的平衡高手。随后，高空的演出变得更加多样化。

③ 柔术表演者
柔术表演者的非凡能力似乎违背了人体解剖学的法则。

④ 大象
大象的出现是现代马戏团早期的经典。如今，很多国家禁止让大象表演马戏。

古代马戏

最古老的马戏训练出现在古埃及。有记录的杂技和小丑表演可以追溯到4500年前。

帐篷
为马戏团演出特意支起的帐篷，是一个典型的马戏团舞台。

演出场地
除了主要场地，通常还有另外两个场地在同时演出。

现代奥林匹克运动会——19世纪—20世纪

伟大的体育盛会

第一届现代奥林匹克运动会（以下简称奥运会）于1896年在雅典举行。自从皮埃尔·德·顾拜旦男爵创办首届现代奥运会以来，它已经发展成为全世界最大的体育盛会。奥运会首场比赛中仅有14个国家参加了共计43个小项的比赛；发展至今，有200多个国家和地区参加，共包括300多个小项比赛。1900年在巴黎举办的奥运会第一次有女子运动员参加，1904年（美国）圣路易斯奥运会设立了三个名次的奖牌（之前只有两个名次）。美国主办过四次奥运会，2012年，伦敦成为第一个主办过三次奥运会的城市。

燃烧的圣火

每届现代奥运会的开幕式都是一个盛大的仪式。每个代表团都是以国家或地区为单位出场，并得到一一介绍。作为奥运会的起源地，希腊历来排在第一位，而东道国则在最后出场。在现代史上，奥林匹克圣火第一次被点燃是在1928年的阿姆斯特丹奥运会上。如今，它的点燃伴随着音乐和舞蹈表演，点火仪式也越来越精彩。在整个历史上，许多运动员取得了伟大的成就，并载入体育史册。其中值得一提的是，1936年柏林奥运会，美国黑人运动员杰西·欧文斯在比赛中取得了一系列的胜利。他先后在100米，200米，4×100米接力和跳远比赛中赢得了金牌。1960年罗马奥运会，埃塞俄比亚人阿贝贝·比基拉赤脚参加了马拉松长跑并赢得了胜利。1964年东京奥运会，他穿上鞋参加了马拉松比赛并再次赢得金牌。美国的鲍勃·比蒙于1968年的墨西哥奥运会中创下了跳远纪录并保持了近23年，直到1991年才被美国选手麦克·鲍威尔打破。

奥运圣火
圣火点燃后，奥运会正式开始。

伟大运动员的里程碑

一些运动员由于在奥运会上的出色表现赢得了世界声誉，创下了多年来一直有效的纪录。

马克·斯皮茨
这位游泳运动员在1972年慕尼黑奥运会上赢得7枚金牌。

娜蒂娅·科马内奇
1976年蒙特利尔奥运会，这位罗马尼亚运动员在女子高低杠比赛中第一次获得了10分的完美成绩。

卡尔·刘易斯
这位美国选手在田径比赛中赢得了10枚奥运会奖牌，其中9枚是金牌。他在1984年洛杉矶奥运会和1988年汉城奥运会上大放异彩。

持续增长

两次世界大战和高昂的组织费用等各种因素曾使奥运会停办。尽管有这些障碍,运动员的参与和观众的兴趣仍持续增长,使每一届奥林匹克运动会都成为当今社会的重大活动。

1896 年雅典
在法国的皮埃尔·德·顾拜旦的推动下,雅典举办了第一届现代奥运会。

1928 年阿姆斯特丹
这次奥运会上的很多体育创举成为惯例沿用至今。

1996 年亚特兰大
现代奥运会诞生一百周年,耗资 18 亿美元。

罗恩·克拉克
这位澳大利亚运动员在墨尔本奥运会上点燃了圣火。

1956 年墨尔本
这是在南半球举办的第一届奥运会。

奥林匹克运动会——21世纪

追求金牌

在21世纪的奥运会上，预算、观众、国家参与和体育表现的增长趋势更加明显。在2004年雅典奥运会开幕之前，奥运火炬第一次在世界五大洲的各大主要城市传递。在最近的几届比赛中，参加的人数有所增长。最近一届奥运会于2016年在里约热内卢举行，有205个国家和地区共11000多名运动员参赛。在2008年北京奥运会上，至少有87个国家和地区获得奖牌，超过了悉尼奥运会共有80个国家和地区获得奖牌的纪录。2004年，雅典奥运会启动了比赛的网络视频转播。

全球竞赛

进入21世纪的第一次奥运会在澳大利亚悉尼举行。比赛开始前近四个月，随着奥运火炬在十多个国家传递，这场盛大的表演就开始了。在接下来的希腊雅典奥运会中，奥运五环从主体育场中心的大游泳池中升起，以壮丽的姿态开启了奥运比赛。本届奥运会的吉祥物（奥运会吉祥物第一次出现在1972年）是以古希腊陶土雕塑玩偶为原型的。第29届北京奥运会不仅产生了新的体育纪录，而且还有组织活动纪录。在开幕式上，一场烟花表演描绘了奥运会的历史。来自204个国家和地区的11000多名运动员参加了为期两周共计302个小项的比赛，产生了43项新的世界纪录和132项新的奥运会纪录。比赛的电视转播吸引了47亿观众，比前几届比赛增加了20%，仅开幕式就有20亿电视观众观看。这是第一次高清晰度转播的奥运会。随后举行的伦敦奥运会（2012年）和里约热内卢奥运会（2016年）再次证明了这项综合体育赛事的巨大规模。

超级运动员

北京奥运会打破了多项保持了较长历史的世界纪录。牙买加短跑运动员尤塞恩·博尔特在100米、200米和4×100米接力中获得了金牌。他的100米（奥运会热门比赛项目）纪录是9.69秒。

迈克尔·费尔普斯
历史上获得金牌最多的运动员，截止到里约奥运会已获得23块金牌。

伊莲娜·伊辛巴耶娃
以5.05米的成绩打破了女子撑竿跳的世界纪录。

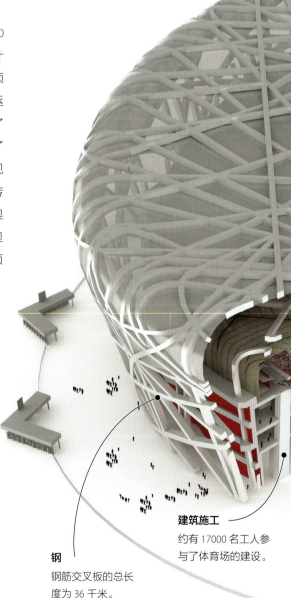

钢
钢筋交叉板的总长度为36千米。

建筑施工
约有17000名工人参与了体育场的建设。

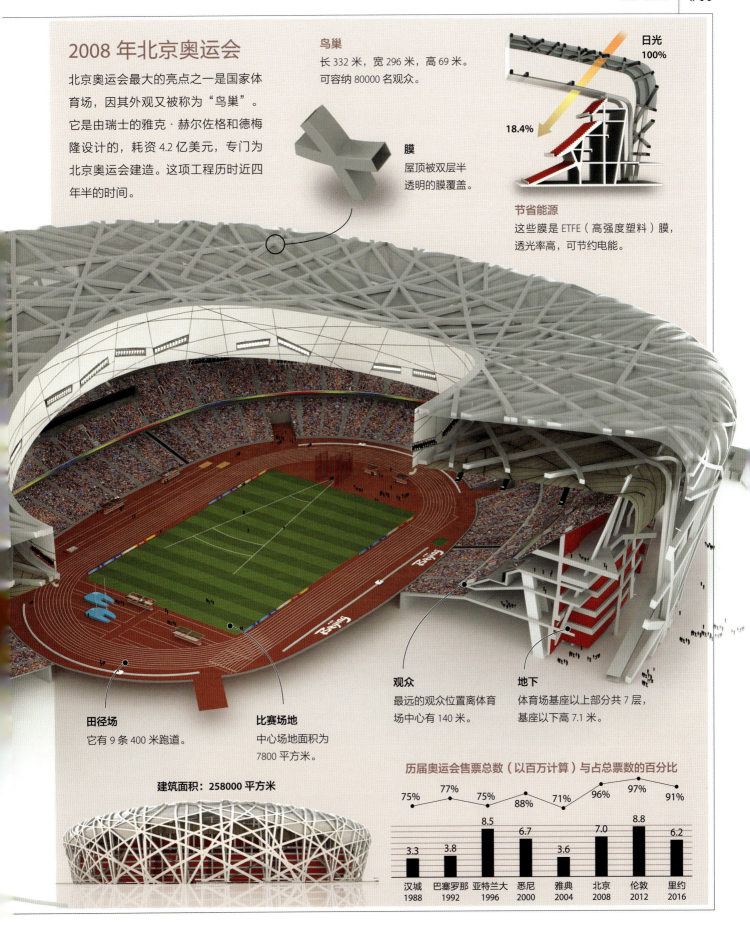

世界杯足球赛——20 世纪

世界现象

足球这一运动受欢迎的程度反映在世界杯足球赛上,这项赛事每四年举行一次,为期一个月。乌拉圭组织举办了 1930 年第一届世界杯,也是该项赛事的第一位冠军。只有 13 个国家参加了这届世界杯:9 个来自美洲,4 个来自欧洲。1982 年,进入决赛阶段的国家增至 24 个,到 1998 年这一数字增加到现今的 32 个。包括 2018 年的俄罗斯世界杯,德国和巴西是世界杯历史上比赛场次最多的国家(109 场),而巴西是进球最多的国家(229 个)。

全球轮流

自 1930 年世界杯开始以来,世界杯主要在欧洲和美洲的国家轮流举办。直到进入新千年,才发展成为真正意义上的全球性赛事,在非洲和亚洲也开始举办。尽管在 20 世纪末,东欧国家(如俄罗斯、罗马尼亚、保加利亚和南斯拉夫)和非洲国家(喀麦隆、尼日利亚)也开始崭露头角,但是欧洲(意大利、德国、法国、英国、荷兰)和南美洲(阿根廷、巴西、乌拉圭)的传统足球强国在其历史上的大部分时间里仍主宰了世界杯。

国际足球联合会(国际足联)于 1904 年在巴黎成立,是负责管理国际足球比赛的机构。巴西一直是最具实力的国家:它赢得了 5 次世界杯冠军,是唯一一个打进了每一届世界杯决赛阶段的国家。只有 8 个国家获得过冠军。除巴西外,还包括意大利(4 次)、德国(4 次)、乌拉圭(2 次)、阿根廷(2 次)和法国(2 次),此外,西班牙和英国曾经各赢得过一届世界杯冠军。为了进入世界杯决赛阶段,各个国家队需要首先参加预选赛进行选拔。

这项赛事的第一次电视直播是在 1954 年,自那时起,比赛就吸引了全世界数以百万计的观众。现场观看赛事的人数最多的是 1994 年美国世界杯,观众为 350 多万人,平均每场比赛有近 7 万人观看。

马拉卡纳球场

位于巴西里约热内卢,在很长一段时间内都是世界上最大的体育场。是 1950 年和 2014 年世界杯足球赛的举办地。

主角

参加世界杯足球赛是每一位足球运动员最神圣的追求。1986年世界杯在墨西哥举办时,阿根廷国家队在迭戈·阿曼多·马拉多纳的带领下获得了冠军,这被认为是他个人精湛技艺的最佳范例之一。在那场对战英国的比赛中,他踢进了"世界杯最佳进球"。

贝利
他是唯一一个获得三届世界杯足球赛冠军的球员。

弗朗茨·贝肯鲍尔
这名德国人作为队长和教练帮助联邦德国队赢得了冠军。

齐内丁·齐达内
他是后马拉多纳时代最优秀的运动员之一,于1998年赢得了世界杯。

① 奖杯
现在使用的奖杯是1974年投入使用的。18K黄金制作,高36厘米,重约6千克。

② 马拉多纳
他在1986年世界杯上被一致推选为世界上最好的足球运动员。那是他职业生涯的顶峰。

③ 世界新闻
世界上的媒体都在报道这一赛事。第一次彩色电视直播出现在1970年的墨西哥世界杯。

④ 阿兹特克体育场
能容纳近11万名观众,也是唯一一个举办过两次世界杯决赛的体育场。

世界杯足球赛——21世纪

全球性盛事

世界杯足球赛是世界上观看次数最多、传播最广泛的体育赛事。2006年和2010年的总决赛受到了全世界超过7亿人的关注。2010年世界杯在200个国家和地区通过204个频道进行了电视转播。这也是一场以金钱为代价的竞赛。2010年，世界杯的奖金比上一届增加了60%，分配给各参赛队伍的奖金总计有4.2亿美元，其中冠军西班牙队赢得了3000万美元。至少有317万名观众在南非现场观看了比赛。该届世界杯在10个体育场里共进行了64场比赛。

人群的激情

无论是业余领域还是专业领域，足球都是世界上最流行的运动之一。为了进入决赛阶段，共有来自六大洲的200多支队伍进行了800多场比赛。足球的发展在多媒体中也有所体现：国际足联的官方网站（www.fifa.com）在2010年南非世界杯举办期间记录了2.5亿次点击（1.5亿用户）。这个数字是上一届世界杯的三倍。在同一时期，国际足联官方推特（Twitter）有220000名的支持者。最近的一届世界杯在俄罗斯（2018年）举行，下一届世界杯将在卡塔尔（2022年）举行。

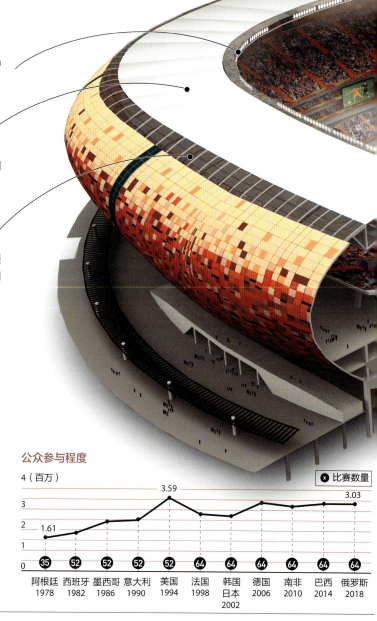

探照灯
体育场有540个探照灯。

顶棚
顶棚为半透明的聚碳酸酯。

膜
看台上的屋顶用膜包覆起到防水的作用。

新一代运动好手
阿根廷前锋利昂内尔·梅西（左图）在最近几次世界杯比赛中被寄予厚望。然而，他在19场比赛中只进了6球，未能与阿根廷一起夺冠。

安德雷斯·伊涅斯塔
西班牙足球运动员，2010年世界杯足球赛决赛上他的进球决定了大力神杯的归属。

姆巴佩
这位法国球员是2018年俄罗斯世界杯上最受瞩目的球员之一。

公众参与程度

4（百万）　　　　　　　　　　　　　　　　　　　　　　　　　　　　　ⓧ 比赛数量

　　　　　　　　　　　　　　　　　　　3.59
3　　　　　　　　　　　　　　　　　　　　　　　　　　　　　　　　3.03
2　　　　1.61

阿根廷	西班牙	墨西哥	意大利	美国	法国	韩国日本	德国	南非	巴西	俄罗斯
1978	1982	1986	1990	1994	1998	2002	2006	2010	2014	2018
35	52	52	52	52	64	64	64	64	64	64

2010 年南非世界杯

该届世界杯的开幕式和决赛都是在约翰内斯堡的足球城体育场举行的。这个体育场建于 1987 年,为举办世界杯进行了扩建,扩建后面积为 61000 平方米,装有滑动屋顶,可容纳 94700 名观众。这是非洲最大的体育场,翻修工程的费用为 2 亿美元。

足球城
设计灵感来源于主妇烹制美食用的传统炊具"南瓜罐",之所以这么叫是因为传统上它是用南瓜做的。

容纳
230 个私人包厢和 184 间套房。

外观
它由四万块玻璃纤维强化水泥板组成。

纳尔逊·曼德拉
南非领导人,1990 年获释后在这里发表了第一次演讲。

高度
它位于海拔 1753 米之处。

草坪
有一整套复杂的雨水收集系统,用来灌溉球场上的草地。

电视转播
约有 7 亿观众观看了西班牙和荷兰之间的决赛。

一级方程式赛车——20 世纪—21 世纪

速度激情

这是赛车的最高等级。目前，每次大赛共有10支车队，每支车队有两名车手共计20辆赛车参加比赛。每年，比赛在欧洲、亚洲、美洲和大洋洲的不同城市举办。从2010年开始，每一场比赛前几名获胜者可获得积分：第一名积25分，第十名积1分。积分不但关系到车手总冠军也关系到车队总冠军。这是每项比赛都可以创造出巨额收入的赛事，赛车手是世界上薪酬最高的运动员之一（刘易斯·汉密尔顿以每年4200万欧元成为目前收入最高的车手）。

有关历史

第一届世界一级方程式锦标赛（简称F1）于1950年举行，获胜者是朱塞佩·法里纳。这一季只有7场比赛，到了2019年则有21场分站赛。从1950年到2011年，共有62次冠军赛，产生了33名一级方程式锦标赛冠军车手。其中有10名来自英国的车手在14场锦标赛中获得冠军。赢得胜利最多的车手是迈克尔·舒马赫（7次世界冠军），获胜次数最多的车队是法拉利车队（16次）。在该项比赛中最杰出的车手包括胡安·曼纽尔·方吉奥、阿兰·普罗斯特、埃尔顿·塞纳、尼基·劳达、尼尔森·皮奎特和杰克·布拉汉姆。英国大奖赛和意大利大奖赛是从未缺席任何一场锦标赛的赛事（截止到2019年有70场比赛）。2010年，德国车手塞巴斯蒂安·维特尔成为最年轻的冠军，年仅23岁。在整个F1赛车史中，有几十名车手不幸遇难，最近的一位是2015年去世的车手朱尔斯-比安奇。

摩纳哥
这条赛道位于蒙特卡洛的街道上，是世界上最负盛名、要求最高的赛车场之一。

车队
车队每年花费高达4亿美元，其中一半用于改进汽车发动机。

数字
上海国际赛道由一支上千名工程师组成的队伍在18个月内完成。这是世界一级方程式锦标赛中最贵的场地之一。

胡安·曼纽尔·方吉奥
他在 20 世纪 50 年代赢得了 F1 的 5 个冠军，并将这个纪录保持了 45 年。他是年龄最大的冠军，在比赛和杆位上平均获胜最多。

迈克尔·舒马赫
曾获得7次世界冠军（1994年至2004年）。除此以外，他创造的纪录还包括分站冠军次数（91次）、F1大奖赛杆位次数（68次），并与维特尔共同保持了单赛季最多分站冠军次数（13次）的纪录。

中国大奖赛

中国大奖赛在上海国际赛道举办，该赛道于 2004 年启用，耗资约 4.5 亿美元。多名车手在这个赛道上获得过冠军。2019 年，刘易斯·汉密尔顿的胜利完成了他在上海大奖赛上的第 6 次夺冠。该赛道极为复杂，由德国工程师赫曼·蒂尔克设计。每一次比赛都会吸引大量的观众观看。

象征
赛道形状让人联想到上海的"上"字。

① 观众
看台可以容纳 20 万观众。在主看台可以看到比赛全景的 80%。

② 弯道
共有 16 个弯道，9 个向右，7 个向左。发车后最初两个弯道对车手要求非常高。

③ 土地
总占地面积为 5.3 平方千米。每年还会举办其他多项国际汽车运动和摩托车赛事。

④ 路线
赛道一圈长度为 5.45 千米，比赛需完成 56 圈。比赛总长 305 千米。

长直线
这一段长 1.2 千米，速度可达每小时 320 千米。

观众
每一场比赛都会涉及 200 多个国家和地区，2018 年，通过电视观看比赛的全球观众达到 4.9 亿。

快
参加世界一级方程式锦标赛的赛车是赛车比赛中速度最快的；时速可达每小时 360 千米。

超级碗——20 世纪—21 世纪

美国大秀

超级碗是美国职业橄榄球大联盟（NFL）的年度冠军赛。在大约六个月的赛季里，32 支球队分成两个联合会进行比赛。每个联合会的获胜队伍将在"超级碗"中相遇，比赛时间通常为 2 月初。这是美国电视观众最多、经济收入最高的国内体育赛事（非国际性赛事）。美式橄榄球明星可与世界上收入最高的体育明星相媲美。多数的决赛是在迈阿密、新奥尔良和洛杉矶的体育场进行的，这些地区气候温和，适合在冬天举办超级碗比赛。

不只是一场决赛

这一活动对美国非常重要，已成为一个全国性的节日。表演是体育比赛的一部分：从 20 世纪 90 年代开始，在比赛之前和中场休息期间都有小型演出。1993 年，迈克尔·杰克逊是第一个独享舞台进行表演的明星；滚石乐队和 U2 乐队也在此演出过。超级碗也是一个著名企业展示新广告的机会。这种习俗始于 1984 年著名的麦金塔计算机的广告。最主要的是汽车、啤酒和汽水的广告。超级碗也是每年最受欢迎的电视节目：美国历史上最受瞩目的 45 个节目中有 25 个是美式橄榄球决赛。收视率最高的前两名分别是 2015 年和 2014 年的超级碗比赛。这也是美国仅次于感恩节的第二大食品消费日。

啦啦队表演

啦啦队是传统表演的一部分。但是，32 支队伍中有 6 支没有啦啦队。

滑动场地

这是美国唯一一座有滑动场地的体育场。它保持开放，使草坪充分利用阳光。（这个场地是一片可以卷起来的自然草坪，为了多点日照，就尽量保持打开的状态）

超现代化的体育场

位于亚利桑那州格伦达的凤凰城大学体育场是最现代化的美式橄榄球场地之一。自2006年建成以来，这座体育场就是亚利桑那红雀队的主场。2015年2月1日在这里举办了第49届超级碗比赛：新英格兰爱国者队击败了西雅图海鹰队。

先进的设计
它的形状令人想起亚利桑那州具有代表性的仙人掌。建设体育场花费了4.55亿美元。屋顶可伸缩，主要在夏天使用。

可收缩的屋顶
屋顶是半透明的，可以在15分钟内打开。

观众
总共可容纳63400名观众（可扩大到7万人以上）。

公众设施
88个包厢，10个电梯和47个销售摊位。

顶级球星
最勇敢的球员可赚得100万美元。2011年，佩顿·曼宁创下了2300万美元的纪录。

1 汤姆·布雷迪
他曾效力于新英格兰爱国者队20年，并带领该队夺得了6次超级碗冠军。

2 伊莱·曼宁
他效力于纽约巨人队并赢得了2届超级碗冠军及最有价值球员。

观众和宣传纪录
— 电视观众（百万）
— 30秒广告价格数（百万美元）

舞蹈节

舞蹈世界

舞蹈在世界范围内普遍存在,它随着音乐的节奏进行舞动。从舞厅舞蹈到土著的节奏性舞蹈,从古典芭蕾舞到在迪斯科舞厅的众多聚会,舞蹈在人类的各种表现形式中占有重要地位。虽然今天人们往往把它视为纯粹的审美和世俗艺术,但许多文化的舞蹈都体现了一种仪式感,使它们具有神圣性。

表达情感

世界各地对舞蹈有多种不同的解释。舞蹈包括与不同的仪式相结合的美洲和非洲土著舞蹈、节奏感强的舞蹈、集体舞和体育舞蹈;在婚礼和当地节日上出现的传统民俗舞蹈(通常是双人、固定舞步);经过专业编排的舞蹈,如古典芭蕾舞或印度各种不同风格的传统舞蹈;神秘主义性质的作品,如苏菲舞(回旋舞);或者简单直接的世俗舞蹈,如在迪斯科舞厅或现代音乐节中出现的作品,可以从摇滚到探戈和萨尔萨舞。无论是独舞还是群舞,即兴的还是编排好的,舞蹈都是为了传递一种情感,表达与周围环境的和谐。

回旋舞
鲁米大师在土耳其创作的神秘舞蹈。

探戈
在拉普拉塔河畔的贫民窟里诞生的双人舞。

英格玛舞蹈
非洲传统祖鲁舞中最纯粹的舞蹈之一。

舞踏
20世纪下半叶出现的日本舞蹈。

西方世界的娱乐

在西方，尽管舞蹈已经失去了其仪式和神圣的价值，但它已经广泛发展成为伴随着音乐节奏来表达世俗情感的一种方式。无论是古典舞蹈如芭蕾舞，现代舞蹈如摇滚，还是各种民间舞蹈，这都是文化不可缺少的一个方面。

霹雳舞
20世纪70年代出现的一种杂技舞蹈。

摇滚舞
20世纪60年代出现在美国。

芭蕾舞
这种传统舞蹈起源于17世纪。

民俗舞
能够表现丰富传统的流行舞蹈。

舞蹈是美洲土著人之间的仪式

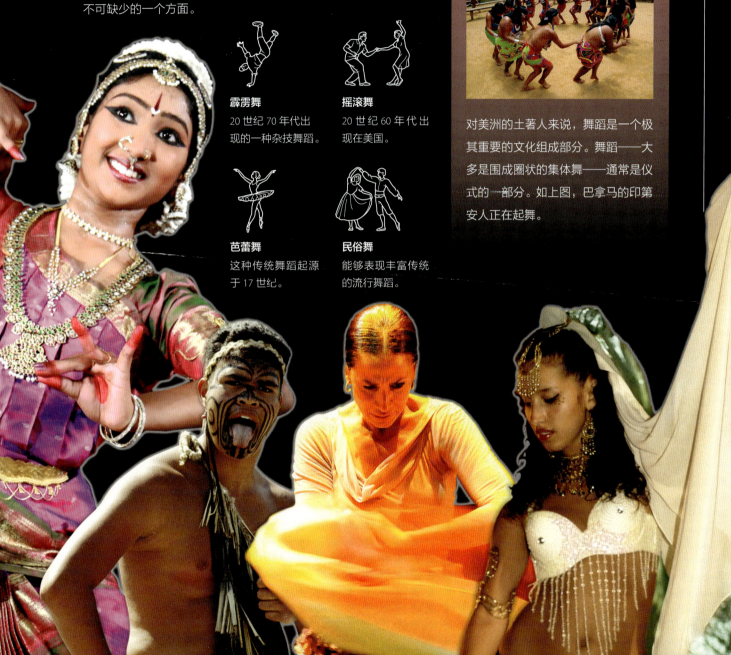

对美洲的土著人来说，舞蹈是一个极其重要的文化组成部分。舞蹈——大多是围成圈状的集体舞——通常是仪式的一部分。如上图，巴拿马的印第安人正在起舞。

印度舞
婆罗多舞是最具代表性的印度古典舞蹈。

毛利哈卡舞
在对抗时试图吓倒对手的战舞。

弗拉明戈
西班牙安达卢西亚地区吉普赛人的传统舞蹈。

肚皮舞
具有阿拉伯风情的舞蹈形式，如今已成为一种国际性舞蹈。

大型演出——自 20 世纪起

音乐的力量

伍德斯托克音乐节不仅是一场摇滚音乐会，它还以其现场观看音乐的方式开创了历史。尽管这是一场经济灾难，但是这一概念却持续下来：在拥挤的空间中一连举办几天有多个乐队参与的音乐会，作为现场音乐体验的最高形式。这种特大集会最明显的例子可能是自 1969 年以来几乎不间断地在美国威斯康星州举行的夏季音乐节。在 11 天的时间里，700 多支乐队分布在 11 个舞台上，大约有 100 万人参加，这个音乐节作为"世界上最大的音乐节"已被收录进《吉尼斯世界纪录大全》。

大型演唱会

1965 年和 1966 年，甲壳虫乐队在纽约希叶露天体育馆举行的演唱会成了大型演出的最初尝试。此后，1967 年举行了蒙特利流行音乐节，20 世纪 70 年代最重要的乐队和独唱者参加了为期三天的大型活动。这场演出所取得的成功对 1969 年的伍德斯托克音乐节产生了决定性的影响。接下来的几年里，从里约摇滚音乐节到"爱的旅行"电子音乐节等各种群众音乐节，都是伍德斯托克音乐节影响的继承者。20 世纪 80 年代，许多乐队的音乐会成倍增加，其中最突出的是 1985 年的里约摇滚音乐节和名为"拯救生命"的大型摇滚乐演唱会。20 世纪 90 年代，主题音乐节和电子音乐节获得了发展，开始有著名的唱片节目主持人参加演出，以及作为主要节目组成部分的舞台表演。在主要乐队开始表演之前，通常先有艺术家或乐队，在大型表演开始前几个小时到达体育场，为观众提供娱乐活动。

电子音乐节
德国的 Nature One 电子音乐节可以持续几天，是欧洲最重要的音乐节之一。

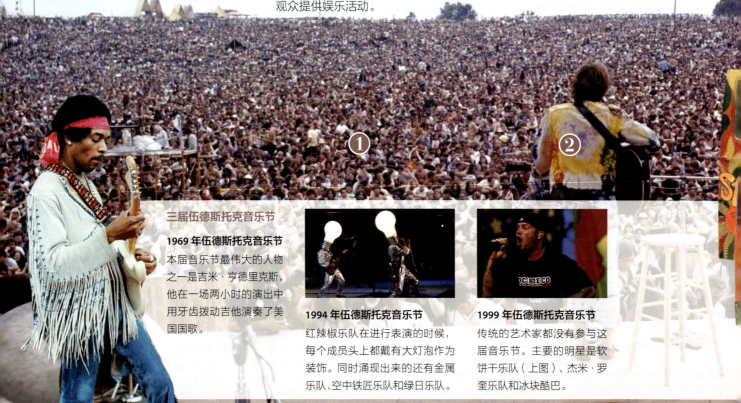

三届伍德斯托克音乐节

1969 年伍德斯托克音乐节
本届音乐节最伟大的人物之一是吉米·亨德里克斯，他在一场两小时的演出中用牙齿拨动吉他演奏了美国国歌。

1994 年伍德斯托克音乐节
红辣椒乐队在进行表演的时候，每个成员头上都戴有大灯泡作为装饰。同时涌现出来的还有金属乐队、空中铁匠乐队和绿日乐队。

1999 年伍德斯托克音乐节
传统的艺术家都没有参与这届音乐节。主要的明星是软饼干乐队（上图）、杰米·罗奎乐队和冰块酷巴。

伍德斯托克音乐节

"爱,和平和音乐的三天"是 1969 年纽约大型集会的主题。约有 50 万人参加,包括吉米·亨德里克斯和詹尼斯·乔普林等摇滚明星,乔·库克和桑塔纳乐队等艺术家通过活动获得了世界知名度。在磅礴的大雨中,观众是与那个时代嬉皮士精神相统一的主角。

其他大规模的音乐活动

现场 8
这是歌手鲍勃·盖尔多夫在 2005 年组织的慈善活动,有 1000 多名艺术家同时在 10 场音乐会演出。

瓦肯露天音乐节
总部设在德国,有超过 70 个重金属乐队在为期三天的艺术节上演出,有 8 万人参加。

① 群众性
观众超过了预期,积极参加表演。

② 乐队
在音乐节三天的时间里,共有 30 多场演出。

听众
嬉皮士运动的年轻成员。

参与
观众们在体育场里创作了"流行歌曲"。

③ 幻觉
无论是在服装还是在交通工具上,都体现了丰富多彩的美学元素。

④ 免费入场
入场费是 18 美元,但由于公众大量涌入,无法正常收取费用。

现代西方戏剧——20世纪—21世纪

舞台表演的魅力

现实主义经过几个世纪更高程度的发展之后，20世纪的先锋趋势显示出某种程度的解构主义倾向。现代戏剧之父，19世纪的亨利克·易卜生和瑞典现代文学的奠基人奥古斯特·斯特林堡，进一步加深了心理意识在戏剧中的分量，使20世纪初的先驱，如贝托尔德·布莱希特和安托南·阿尔托等人，对古典戏剧的传统做出了反抗。目前的许多表演都是跨流派和跨学科的，目的是吸引观众参与，并使用先进的技术工具。

打破模型

在过去的几十年里，裂痕出现在各个方面：故事的线性化，演员的表达方式，场景的制作方式……但最重要的是，他们改变了自己的风格：如加拿大太阳剧团和西班牙拉夫拉前卫剧团等团体，除了戏剧演出，他们还融入了舞蹈、音乐和杂技（其他领域）的表演。冲突也发生在打破将主角和观众分开的无形屏障上。观众积极参与，并成为表演的一个组成部分。将先进技术纳入表演也是这些作品的一个独有的特征：复杂的灯光变换、场景的移动、用于"飞行"的钢丝和绳索、位于重要位置的高清晰度视频屏幕和音箱是目前使用的一些创新技术工具。

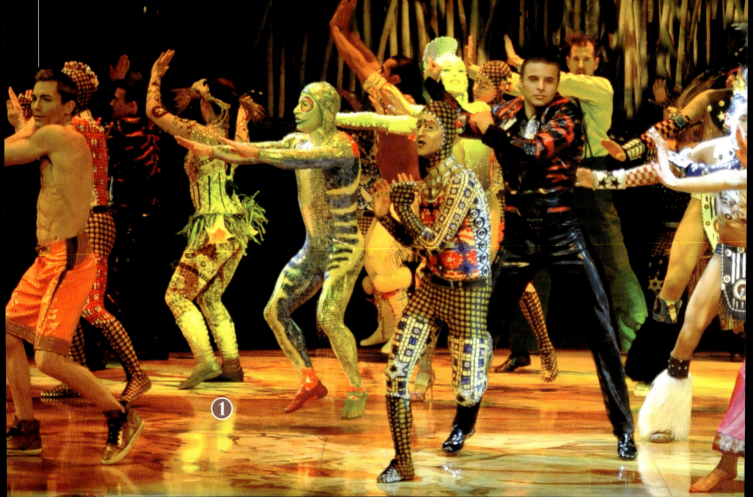

走向20世纪的实验剧院

偶发艺术

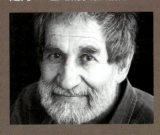

这个词是阿伦·卡普罗（左图）在20世纪50年代后期创造的，用来指结构失调、高度即兴的事件，以体验艺术，消除演员和观众之间的界限。

生活戏剧

自19世纪末以来，出现了寻求更真实和更直接的戏剧体验的激进运动。其中最著名的是1947年在纽约成立的"生活戏剧"（左图）。

太阳剧团

1984年成立于加拿大魁北克，主要有音乐、舞蹈、小丑、杂技和街头表演等多种形式的演出，有5000雇员，并有分支机构常驻在不同城市演出。

① 舞台
表演的种类因帐篷、体育场或剧场而异。他们制作了大约30场剧目，其中一场是关于迈克尔·杰克逊的。

② 杂技
传统的马戏团是表演的一个重要部分，同时也利用先进的技术来进行演出。

西班牙拉夫拉前卫剧团

1970年，加泰罗尼亚的"城市戏剧"团体在巴塞罗那成立。该剧团旨在促进参与性的表演创作。

③ 舞蹈
舞蹈是预先编排好的，并在演出前的几个月进行彩排。剧团里有来自50个不同国家的艺术家。

④ 服装
由超过400名员工手工制作所需要的服装，2011年，剧团共制作了20000件服装。

斯坦尼斯拉夫斯基

他创造出了一种以自己名字命名的方法，以寻求演员的情绪控制和角色体验。

歌剧——21世纪

精心策划的舞台

芭蕾舞剧院和歌剧院是集卓越的建筑、完美的声学和最新的技术为一体的建筑,以提供最好的舞台表演。世界上最负盛名的舞台之一是巴塞罗那的利塞乌大剧院,该剧院于1847年落成开张,1999年豪华重建并重新开放。

演出和音响效果

一部歌剧的上演需要在舞台设计、更衣室以及表演空间上进行大量投资。剧院对音响的要求较高,以便能够为所有位置的观众提供良好的听觉效果,还需要为管弦乐队和合唱团的排练提供必要的基础设施,以及适当的灯光和装饰布置。巴塞罗那利塞乌大剧院的礼堂采用马蹄形剧院的经典形式,最宽处27米,最长处33米。观众分为池座、包厢,共计五层。它由建筑师米格尔·卡里卡设计建造并于1847年启用。1994年,一次意外的火灾摧毁了大部分地方。经过迅速重建之后,大剧院在1999年重新开放。

伟大的艺术家

利塞乌大剧院出现过很多伟大的抒情歌剧的歌手,如蒙塞拉·卡巴耶、阿尔弗莱德·克劳斯、何塞·卡雷拉斯和普拉西多·多明戈。

通风
无论是剧院上层还是舞台,都有通风管道。

舞台布景
杆子支撑着上层的舞台布景,幕间休息时放下来。

①

地下
内部比舞台低24米。

利塞乌大剧院的重建

剧院的重建是在尊重原有风格的基础上进行的，人们借此机会将高科技资源融入基础设施中，以改善作品的录制、传输以及对布景的复杂处理，例如可以有多达12个布景车台。

1 舞台
由四个带轮子的平台（车台）组成，它们可以在内部移动以改变场景。

2 排演室
在剧院的顶部，梅斯特雷斯·卡巴内斯厅主要用来进行总彩排和芭蕾舞彩排。那里同样也模拟布置了舞台背景。

3 大厅
设计灵感来自于米兰的斯卡拉大剧院。最多可容纳2292个座位。

《费德里奥》贝多芬的歌剧
利赛乌大剧院在重建之后最著名的表演之一是《费德里奥》，这是一部路德维希·凡·贝多芬作曲的两幕剧。这部歌剧用了一个月来搭建舞台，包括一座18世纪监狱的场景。

镜子大厅
这是少数几个没有被1994年火灾烧毁的地方之一。

管弦乐池
68名音乐家和近100名伴唱歌手参加了《费德里奥》的演出。

圣诞节——19世纪—21世纪

习俗盛宴

这是基督教最重要的庆祝活动（耶稣基督的诞生），今天全世界很多地方的人都在庆祝这一节日。目前庆祝的方式是19世纪流传下来的，圣诞老人穿着典型的红色衣服出现，并有发送寓言卡片的习俗。如今，这一天已经成为一年中用于购买礼物花销最大的日子。历史学家发现，许多与耶稣诞生有关的传统与基督教习俗有明显的相似之处。4世纪以来，人们普遍认为圣诞节是12月25日。

几个世纪的准备

圣诞民俗是几百年来逐步建立的。据说，12月25日是根据圣经的计算选定的，根据圣经所述，耶稣的死亡日期（3月25日）与他的受孕日期相同。此外，圣诞节其实是源自古罗马太阳神庆典，包括在这之前几天举办的农神节。斯堪的纳维亚冬至节也被称作圣诞季节。在英语中，圣诞季指的是过圣诞节这一期间。

马太福音中提到了东方三王。释义中说明，他们是三个人，身份是王，他们的名字来自6世纪的希腊手稿。交换礼物的传统可追溯到15世纪。圣诞老人作为礼物赠送者的角色起源于4世纪的圣尼古拉主教，根据传说，他是儿童的保护者，为穷人提供礼物。19世纪克莱门特·克拉克·穆尔的一首诗和漫画家托马斯·纳斯特的插图塑造了圣诞老人目前在美国的形象。

圣诞颂歌
圣诞赞美诗自4世纪起就为人所知，从13世纪起，它们开始成形，并于19世纪开始在教堂里定期唱歌。

传说的开始
最开始的时候，圣·克劳蒂和诺埃尔老人原来是两个不同的角色：后者是一个善良的超自然的人，他最能体现"圣诞精神"。

圣·尼古拉
在荷兰，他被称作圣·尼古拉，由此被传成圣诞老人。

圣诞老人
托马斯·纳斯特创造出了当今圣诞老人的形象。

礼物
人们认为，这种习俗源于古罗马的传统。

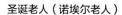

圣诞老人（诺埃尔老人）
可口可乐公司创作其形象的传言是假的，但这的确有助于他在全世界范围内建立自己的形象。

娱乐与庆典 | 059

平安夜

圣诞节前夕装饰树的习俗可追溯到16世纪，起源于德国和其邻近地区。经常出现的最具特点的元素（饰品、礼物、马槽）来自不同的时间和地点，甚至许多源自基督教诞生之前。

伯利恒之星
它位于顶端，代表着指引东方三王的天体。

灯光和装饰品
起初是蜡烛。据说是路德发起了这一传统，尽管缺乏依据。

槲寄生
在罗马帝国时期被认为是和平的象征。

圣诞卡
第一批圣诞卡是19世纪英国人约翰·卡尔科特·霍斯利制造的。

新的一年
全球庆祝

新年是全世界最为普遍的一个节日。几乎全世界都是从12月31日晚上开始庆祝直到第二年的1月1日。许多传统都是节日的一部分,例如新年伊始许愿、穿新衣服、年底前还清债务和家庭聚餐等。还经常举办音乐会和舞蹈活动,如在里约热内卢举办的新年狂欢活动。甚至还可能包括由个人、各城市的不同组织和政府机构组织的烟花表演。例如,在纽约,有100多万人聚集在时代广场迎接新年。

日期变化

世界各国人民都庆祝新年,但并不总是在同一天。1582年,格列高利十三世指定1月1日为一年的开始,制定了一直使用至今的公历。虽然这一日期在古罗马已经确立,但是在中世纪时,人们仍倾向于使用其他日期来指定新一年的开始,通常是3月25日(春分前后)。公历纪年法(和年份的开始日期)推广得很快。但是,仍有一些国家按照自己的日历在其他日期庆祝新年:犹太人的庆祝活动(犹太节日)在9月至10月之间举行;在印度,是4月中旬;在中国,春节一般在1月至2月间;印加人的后裔克丘亚人,新年大约在6月21日(冬至,南半球的冬至是6月)。然而,无论在任何地方,新年都是一个新的开始,是家庭团聚和庆祝生活的机会。

元宵节

它标志着中国农历新年庆祝活动的结束，庆祝活动持续15天，通常是从1月到2月。

时代广场

时代广场位于曼哈顿第七大道和百老汇交汇处。广场的柱子上悬挂着一个巨大的球，在一年的最后一分钟以倒计时的方式降落在人群中。

香港灯光秀

在世界各大城市中，新年的庆祝活动是展示灯光和烟火的机会。香港正是一个有大型烟火表演的城市之一（毕竟是中国人发明的烟花）。

① 灯光与音乐
表演中，灯光、激光光束和音乐同步配合。该活动面向全世界进行电视转播。

② 烟火
烟花在夜空中绽放，是香港庆祝新年的热门表演。

③ 摩天大楼
在新的一年到来之际，为了配合烟火表演，很多建筑都会用不同的灯光组合参加灯光秀。

大事记

穿越时光

从旧石器时代开始就有音乐和舞蹈的记录。古希腊文化确立了西方表演的形式。在文艺复兴时期，意大利的佛罗伦萨、热那亚和威尼斯为不同的艺术领域——音乐、文学、绘画——确定了方向。在20世纪，国际体育巡回赛等比赛蓬勃发展。在21世纪，大众媒体已经可以使人们在世界任何地方现场或直播观看各种庆典和表演。

公元前 33000 年
乐器
在德国霍勒·费尔山洞发现了距今35000年的秃鹫骨笛，这是最古老的音乐活动记录。

公元前 11000—公元前 7000 年
史前舞蹈
印度比莫贝卡特石窟的岩石绘画，表现出了群体舞蹈的场景。在法国维埃纳省的巫师山岩中，有一个处于舞蹈姿态的神像（巫师）。

公元前 2000 年
古埃及节日
为了纪念奥西里斯被其兄弟赛特秘密杀害，古埃及每年都举行奥西里斯节。这是一个有关繁殖和重生的仪式。

公元前 336 年
古罗马运动会
有记录的第一届古罗马运动会在马克西姆斯竞技场举办。在共和国时期，每年有57天用来举办路迪节；在帝国时期，这一数字上升到135天。

221 年
圣诞节
塞克图斯·阿菲利加努斯（教会历史学家）将耶稣的出生日期确定为12月25日。圣诞节宗教庆祝活动从9世纪才开始传播开来。

10 世纪
宗教戏剧与歌唱
这里指的是现存的最古老的宗教戏剧《探访圣墓》。在这一时期，格里高利圣咏是天主教礼拜仪式的歌曲。

17 世纪
芭蕾舞的创立
芭蕾舞诞生于文艺复兴时期的意大利，1661年，法国国王路易十四创立了法国皇家舞蹈学院，确立了现代芭蕾舞的标准。

18 世纪
古典音乐
在欧洲，交响乐是古典音乐的主要组成部分。它的主要代表人物是约瑟夫·海顿、沃尔夫冈·阿玛多伊斯·莫扎特和路德维希·凡·贝多芬。

19 世纪
现代戏剧
挪威戏剧家亨利克·易卜生的代表作是1879年出版的《玩偶之家》。这与他的其他戏剧（《海达·加布勒》和《培尔·金特》）一起使他成为现代戏剧之父。

公元前 16 世纪
球赛
中美洲球类运动最早的记载是在奥尔梅克人时期。这种活动以不同形式最终扩展到整个中美洲地区。

公元前 776 年
古代奥运会
古代奥林匹克运动会在希腊奥林匹亚圣地举行，每四年举行一次。直到 394 年，狄奥多西一世宣布禁止举办奥运会。

公元前 6 世纪
戏剧
西方戏剧起源于古希腊，从纪念狄俄尼索斯（酒神）的赞美诗开始。埃斯库罗斯，索福克勒斯和欧里庇得斯的悲剧以及喜剧作家阿里斯托芬的作品都是先驱。

14 世纪
威尼斯狂欢节
威尼斯狂欢节诞生于中世纪，在 17 世纪普及开来，活动期间圣马可广场充满着各式面具和五彩的颜色。16 世纪，西班牙和葡萄牙也将狂欢节带到了美洲。

16 世纪
伊丽莎白戏剧
伊丽莎白戏剧是指伊丽莎白一世统治英国期间的戏剧作品。在此期间，威廉·莎士比亚的作品登上了舞台。

17 世纪
日本木偶戏
伴随着朗诵和音乐的文乐木偶戏是日本四大古典戏剧之一，在 17 世纪达到辉煌。

1896 年
现代奥运会
在皮埃尔·德·顾拜旦男爵的推动下，第一届现代奥林匹克运动会在雅典举行。随后，每四年在事先选定的城市举行一次。

20 世纪
体育比赛
乌拉圭成为国际足联第一届世界杯足球赛冠军（1930 年）。第一届世界一级方程式锦标赛举行（1950 年）。美国举办了第一届超级碗（1967 年）。

21 世纪
大型演出
这是一个信息技术的时代，娱乐和体育节目通过大众媒体（电视、互联网）向全世界直播。

食 物

人类的生计

历史上的食物

通过对人类饮食习惯的分析,揭示了人类这一物种的基本特征、进化过程以及今后将面临的某些挑战。法国人让·安泰尔姆·布里亚-萨瓦兰说过,"告诉我你吃什么,我就告诉你你是谁",这句话,暗示着食物对人们生活质量的直接影响。毫无疑问,这也可以揭示食物的各个历史阶段。食物是所有生物生存的基本前提。其中,人类是唯一通过学会烹饪食物和能够提高其自然需求而与众不同的生物:他们把对食物的基本需求转化为巨大的文化表现形式,释放出刺激因素,决定了不同团体的生活方式、组织方式和定居方式。最早的文化表达方式就与食物获取有关。"能人"制造石器,用来打碎野生水果或从地面上拔取根和块茎。直立人学会控制火,这使他们能够烹饪食物,并为人类进化做出了决定性的贡献。烹饪使食物变软,产生氨基酸和糖,使脂肪更容易消化,提高食物的营养价值,减少吸收营养的时间和精力。由于能量摄入增加,胃、骨盆、胸腔和牙齿开始收缩,大脑的体积开始变大。烹饪涉及规划捕获猎物,以及在群体内进行食物的准备和分配。这迫使人们增强智力锻炼,反过来,得到锻炼的智力也提高了饮食和烹饪的技术,无休止的循环一直持续至今。从那时起,人类经历了与食物有关的三次重大生产革命:新石器革命、近代农业革命和绿色革命。在新石器时代,群体不再经常迁移,而是学会种植植物和驯养动物以维持生计。农业和畜牧业的发明使盈余得以积累,从而增加了空闲时间。大约1万年前,这些第一批定居的群居团体学会了规划灌溉渠道,建造更坚固的建筑,并开发储存产品的容器。谷物碾磨有助于收集面粉,并易于储存,特别是可以用在肉类和蔬菜短缺的时候。从这个意义上说,谷物在人类食物史上占据了中心位置。在古埃及或美索不达米亚等古老的伟大文明中,统治者负责管理小麦和大麦仓库,只有他们才有权开发水资源和田地来建造灌溉系统。古希腊罗马农业文化取得了生产性的进步,这种进步一直持续到中世纪,并在封建经济中很常见,包括风车、水车和金属犁等的发明与应用。从 18 世纪农业革命以来，通过实施新的土地开发系统，如以三年为一周期的无休轮作和使用农业机械，实现了粮食生产力前所未有的提升。农业的变化推动人口从农村向城市移徙，城市化进程持续至当代世界。早在 20 世纪中叶，作为绿色革命的一部分，改良谷物就开始在实验室中使用，并在农田中应用大量的水、肥料和杀虫剂。尽管由于分配不均，世界上某些地区仍继续遭受饥饿，但实际的粮食生产可能已经超过了世界人口的需求。

不惜一切代价提高粮食生产力已经使人类的健康和地球的平衡处于危险之中，地球的保护受到了对土壤、水域和其他自然资源的开采的威胁。较贫穷的国家受到营养不良的困扰，在发达国家和发展中国家，以身体形象扭曲为特点的暴食和厌食等饮食失调已成为司空见惯的现象。目前最大的挑战之一是能否预测粮食、科学和技术变革对人类未来的影响。虽然食物使我们成为人，但我们现在面临的不可避免的挑战是防止食物的破坏性和保护食物的来源。

人类起源时的食物——史前

为吃饭而狩猎

在旧石器时代，人类不再仅仅是拾荒者，而成了专门的狩猎者。他们逐渐从捕食小猎物转向捕食大猎物作为主要食物来源。狩猎需要一个群体所有成员的合作和某些策略，这也有助于建立更复杂的社会组织形式。长毛象是一种宝贵的财富，因为长毛象的体积巨大需要几个人一起合作，但它确保了所有人都有充足的肉类供应。

抓住猎物

史前的人类是游牧民族，他们在某些地方停留，直到食物耗尽。史前人类基本上依靠采集植物、块茎作物和其他蔬菜。狩猎需要使用特殊工具，也需要个人之间的某种组织来协调活动。旧石器时代的主要猎物是生活在群落中的大中型动物，洞穴中发现的图画就证明了这一点。被捕食的猎物通常是如长毛象这样的食草哺乳动物，它们的攻击性和敏捷性不如食肉动物。长毛象往往生活在一个大的群体中，由于它们聚集在河边吃草，所以比较容易找到。狩猎任务使用了各种技术：伏击、追逐和围捕。猎手们常常包围一个群体，通过各种策略和陷阱，将其中一只与群体的其他成员分开，以便集中攻击。

象群
长毛象的体型和现在的大象差不多，象群主要由雌性长毛象组成，首领也是雌性。雄性长毛象在性成熟后生活在小群体中。

从陆地到水

最初，人类在不同的水域表面收集螃蟹、小鱼或双壳类动物。逐渐地，开始使用捕鱼工具——长矛、弓和箭。

幸运投掷
长矛是捕捉和杀死长毛象最有力的武器。

策略
有些人发出声音把动物引向其他猎人。

怀孕雌象
作为食物资源管理的一种方式，人们避免捕食它们。

食物 | **067**

菜单：巨型动物

1万多年前，冰川消融导致全球变暖，地球上的主要哺乳动物经历了灭绝、迁移或消失的过程。其中包括长毛象，它们是当时最重要的食物来源之一。

① 猎人领导者
寻找食物是该团体成员合作开展的一项有计划的活动，最有能力的猎人往往是领导者。

② 可用性
人口增长的自然极限是由食物的可用性决定的。

③ 总消耗
每一只长毛象的全部都被吃掉了，即使是脂肪丰富的舌头也是一种宝贵的食物。

④ 任务分工
除了领导者的角色外，其他猎人的职责通常根据每次伏击的情况和需要轮流承担。

收集
人们在饮食中补充了果实和种子，并在沿途的采集和食用中了解了各种植物的生长周期及其特色。

肉
狩猎后，将肉切碎，然后直接用火烤熟。

象牙
它们被用作庇护所的支架和器具的原料。

农业和畜牧业——新石器时代
地球的礼物

农业和畜牧业的出现是人类历史上的根本变革之一。人类第一次开展了永久定居的模式,成为生产群体,成为自己食物的创造者。他们不再单纯依赖环境,而是开始参与生产的过程。工具的专业化和不同的任务分工也逐渐形成。

生产食物

最早的农作物和家畜品种出现在1万年前的近东地区。渐渐地,一些人类群体开始与自然环境建立新的关系:他们不再仅仅是捕食者,而是开始生产自己的食物。最早的农作物是谷类作物,它们生长迅速而丰富,且种植和收获也相对简单;最早饲养的家畜是山羊和绵羊。可以说,当人们带着一些中型动物进入定居点,然后选择和宰杀它们时,畜牧业就以这种意外的方式诞生了。

储存容器
新石器时代人们发明了储存食物的新技术。他们模制了各种黏土容器,然后在火中烧,使它们变得更加坚固和耐用。

畜牧业
食草动物感到寒冷,人们在冬季照顾它们。

村庄的食物

劳动分工是新石器时代定居点的特点。农业和畜牧业有不同的任务，并在一年中间隔一定的时间，种植和收获是最繁忙的时期。与此同时，人们还研磨谷物，生产用于储存食物的黏土容器，给牲畜剪毛和对肉类进行加工。

准备
清理土地对于耕作至关重要。

收割
在适当的成熟时间点收割谷物。

研磨
这方便在粮食短缺时进行储存。

① 生产周期
在收获后，人们开始对作物进行脱粒处理，就是把谷粒从谷穗上脱下。一部分谷物被研磨，另一部分作为种子留到第二年播种。

② 驯化
为了保证畜群的繁殖，人们优先照顾雌性牲畜和幼崽。被选中食用的是最老的雄性牲畜。

③ 过渡
在新石器时代，狩猎和捕鱼活动仍在继续，尤其在作物歉收时能够发挥补充食物的重要作用。

④ 播种
犁能使人们更好地开垦土地并耕种更多的土地。经过抛光的石头也改进了工具的性能。

野生果实
除此之外，人们还收集杜松浆果、橡子、接骨木浆果和其他水果补充膳食。

肉类：准备
人们经常在太阳下烘干肉类，然后把肉烤熟或煮制肉汤。

史前食物

丰富而自然的菜单

在旧石器时代，人类从事狩猎和采集，依赖季节变化，食用的食物很少加工。火的发现和使用彻底改变了人类的生活方式。

吃能得到的

在人类发展的早期阶段，主要的生存策略是捕猎动物，同时收集野生水果和根茎。第一批人类群体逐渐了解了食用植物的生命周期，并设法返回到植物丰盛的地区。谷物在大约2万年前就为人类所知。例如欧亚大陆的黍和美洲的玉米。在末次冰期之后，随着全球温度的上升，巨大的食草动物变得稀有，而水的变暖则有利于鱼类的丰富。与目前的饮食相比，那时食物的蛋白质含量高，脂肪含量低。

野生水果
在新石器时代的几个遗址中，发现了食用无花果和樱桃的证据。

蛋类
鹌鹑蛋富含蛋白质，易于消化。

树枝
它们被用作火堆的燃料和挖取根茎的工具。

火的发现
火的发现和使用给人类带来了根本性的变化。烹调食物使消化得到改善，并防止了疾病的传播，尽管这种益处在史前时期尚不明确。

生存问题

在史前，大多数的日常活动都是为了生存寻找食物。那时候的许多食物在今天依然是日常饮食的一部分。

① 肉类
史前食物中蛋白质含量高，脂肪含量低。如在集体捕猎中被捕获的有长毛象、鹿和野兔等食草动物。

② 海产品
人们用鱼叉和网捕鱼，而像牡蛎和蛤蜊这样的双壳类动物，人们可以直接用手捡。

③ 干果
从树上选取榛子和核桃等高能量食品，然后用石臼或锤等石器打开。

草药
人们知道如何利用植物来利尿和缓泻，如蒲公英。

海产品
如鲑鱼等鱼类在篝火上烤熟后被吃掉。

种子
在许多考古遗址中都发现了胡卢巴、芫荽、孜然和向日葵的种子。

古埃及的饮食——公元前 3000 年

面包，神圣的食物

尼罗河的周期性洪涝在其河岸沉积了一种天然肥料——淤泥。然而，古埃及人把这种现象归因于尼罗河的神圣，他们感谢神赐予他们土地的生产力。他们收获的主要作物是谷物。小麦可供人们烘焙面包，这是大多数人的基本食物。大麦有利于酿造啤酒（与现代的啤酒味道大不相同），这是古埃及的主要饮料。

农业繁荣

古埃及人认为农作物和收成都是神给予他们的好处或者约束。事实上，除了他们的宗教观念，他们还沿着尼罗河建造了宽阔的堤坝和运河系统，这使他们每年可以收获三次作物。食物的丰收是人们与自然共同努力的结果。谷物，如小麦和大麦，是农业的基本产品。此外，他们还种植各种各样的蔬菜，如芹菜、芦笋、生菜、大蒜、洋葱。最受欢迎的水果是无花果、葡萄、苹果和甜瓜。

虽然所有人每天都食用面包和啤酒，但饮食习惯因社会群体而异。特权阶层吃各种各样的食物，尤其是家禽或家畜的肉。相反，大多数人吃不上肉，因为养护牧群的费用非常昂贵。其他人只能在过节时吃到牛肉，因为牲畜在寺庙中用以祭祀，它的肉会分配给人们。食用从狩猎和捕鱼中获取的鸟类和鱼类则更为普遍。

上缴食物
法老的粮仓在古埃及各地都有。有专门的职能部门负责组织安排对谷物进行收集和储存。

狩猎和捕鱼
尼罗河沿岸的捕鸟和捕鱼是对农业的补充。人们用鹅肝做馅饼。

饮料
啤酒是古埃及最普遍的饮料。相反，葡萄酒则与贵族阶层的习惯养成有关。

使用亚麻
他们种植不同种类的亚麻，用于饮食或做成布料来制作衣服。

面包的生产

古埃及人发现了酵母的处理和发酵过程,这使他们成为面包生产技术的先驱。为了避免炉子的高温,在富裕的家庭里,厨房远离其他房间。没有炉子的人将面团带到公用的炉子中,每个人都有独特的模具来识别自己的面包。

1 分配
收获的作物产品分三部分:上缴贡品,留待下一季播种,研磨以供食用。

2 研磨
妇女们专门从事这方面的工作。她们耐心地将谷物碾碎,直到获得制作面包所需的面粉。

3 混合
湿润面粉,与酵母混合。人们用双手在柳条篮里将它揉成团,直到其结实度可以进入烤炉。

水
人们把水储存在石头坑里,或每天从河岸搬运。

户外任务
富裕家庭拥有放置炉子的庭院,但其他人只能在屋顶上做饭。

内部任务
对谷物的处理是在没有太阳光线照射的干燥环境中进行的。

4 营养面包
从象形文字画中我们可以知道,古埃及人会把多种植物和谷物混合在一起,以制作出更有营养的面包。

5 烘烤
厨师们只有柴火,那些拥有动物的人,也可以用干粪作燃料。

古希腊的饮食——公元前 3000 年
橄榄味道

古以来，古希腊一直是东西方世界之间的纽带，其烹饪传统一直延续到今天。橄榄、小麦和葡萄酒，代表着地中海人民饮食习惯的基本三部曲。古希腊关于橄榄种植的最早记录来自克里特岛，可追溯到公元前2500年。在《荷马史诗》中，橄榄油被称为"液体黄金"，这体现出了它与当时习俗的联系。在古希腊神话中，人们相信雅典娜女神给雅典带来了橄榄树，人们得到了这么有用的东西后，雅典娜成了雅典这座城市的守护神。

一日三餐

古希腊人通常每天吃三顿饭。在黎明前，他们吃一点"晨间点心"或早餐：把一些小麦或大麦制作的面包在纯葡萄酒中泡软。有时，他们会添加丰富的橄榄或无花果。中午的时候吃午餐，快速、轻便的冷食，包括面包、橄榄、谷物和水果。最丰盛的是晚餐，甜点包括以无花果和葡萄为主的新鲜水果以及干果和蜂蜜。所有搭配面包一起吃的固体食物，无论是蔬菜、橄榄、鱼还是水果，都被称为"副食"。受军队的影响，人们吃很多大蒜、奶酪和洋葱，因为他们相信这是好兆头。

倾析
使用双耳瓶分离油和水。

橄榄膏
一个人或两个人推动磨盘来加工橄榄膏。

液体黄金

橄榄是古希腊的主要农作物。除了在厨房里会用到它,人们还用它制作化妆品和精华、祭祀神明、奖励运动员以及为灯加油。橄榄油的使用标志着一个地区的烹饪形式,目前称为"地中海饮食",包括了一系列来自南欧国家的烹饪风格。

捋采
这是把果子一个一个摘下来的方法。

及时
当橄榄成熟的时候,就会被采摘下来。

① 收集
用棍子推动树枝,使成熟的橄榄落到地面的毯子上。

② 研磨
橄榄被整个放置,用大石头压碎,直到形成一种特殊的紧密糊状物。

③ 压榨
天然纤维的圆形篮子里装满了橄榄糊,然后在压力下提取橄榄油。

成本高的产品
橄榄树是最普遍的水果作物,但出油过程需要付出很大的努力。这是因为根据品种的不同,果肉的含油量在 17%~ 30% 之间。

分类
橄榄可制作橄榄油或直接食用。

提取油
压机上悬挂着重重的石头,以实现橄榄油的提炼。

地中海饮食

流传的美食

古希腊的饮食习惯被古罗马人吸收并在地中海地区广泛传播。人们每天都会摄入小麦、橄榄油和葡萄酒。今天，这些食物仍然是世界美食的基本支柱。

基本三部曲

古希腊被视为西方美食的发源地。她使著名的地中海三部曲"小麦、葡萄和橄榄"得以传播推广，并使各种蔬菜和水果在家庭食谱中占主导地位。粮食以谷物为基础，用面粉制作的面包是日常的基本食物。鱼、贝类和软体动物（如墨鱼和鱿鱼）的消耗量很大。红肉的摄入并不常见，其中，猪肉是最主要的。葡萄酒是用盛在木制、金属或陶制碗中的水稀释后饮用的。热情好客的精神对古希腊社会很重要，这就是为什么在宴会或研讨会上，东道主被期望为客人提供最好的美食。

古希腊研讨会
古希腊城邦的特权阶层举办宴会，品尝当地产品，并饮用大量葡萄酒。

豆类
蔬菜一般都很贵，除了蚕豆和小扁豆，它们都被制成菜泥食用。

有益的影响

著名的希波克拉底是古希腊第一位对营养和卫生表现出兴趣的伟大医生：他建议饭前洗手，多吃蔬菜而不是肉。目前，人们认为，地中海饮食的优点在于蔬菜种类繁多，并使用橄榄油作为脂肪的主要来源。

1 小麦
小麦被加工成粗粉，用于煮沸或研磨成面粉。面粉加水揉捏后，可制成日常食用的小面包。

2 橄榄油
除了作为食物脂肪的主要来源，它还被用作其他产品的防腐剂，也用作灯具的燃料。

3 调味品
大蒜和牛至是许多菜肴的基本调味品。胡椒非常有声望，甚至被当作货币使用。

4 葡萄酒
人们常用水来稀释并加入芳香剂后饮用。地中海的人们不喝啤酒、茶或咖啡。

鸡蛋
家禽的蛋一般生吃或作为配菜食用。

坚果
人们在市场上购买或采摘野生果实，并把它们掺入膳食或甜点中。

海产品
富含磷的鱼类和贝类被新鲜食用或者腌制保存。

古罗马的饮食习惯——1 世纪

吃的乐趣

虽然古罗马美食的起源很朴素，但领土的扩张使他们能够将古希腊宫廷的精致补充进来，食物也变得越来越丰富多样。特权阶层的晚宴变成了一场真正的社交活动，家庭成员、客户和政治盟友都聚集在一起。尽管富人举行了这些丰盛的仪式，但大多数人仍难以获得便宜和新鲜的食物。因为市场上的产品露天存放了很长时间，往往质量都很差，用香料来掩盖不愉快的气味是很常见的。

口味与商业

古罗马人在第一缕阳光下醒来，在日落时分睡觉。最朴素的早餐只包括面包和水，最奢侈的是奶酪、蜂蜜、椰枣和橄榄。他们一般在上午处理公事。客人登门拜访，贵族们在住所的前厅接待，并在此期间向他们的客户和受庇护的人发放食物和提供经济援助。

中午时分，活动停止，午餐吃冷食，包括水果和葡萄酒。工人们在大型面包店购买面包，在市场上购买其他给养，在城市各个角落的小酒馆或小旅馆购买热餐。此外，皇帝常常在公共演出期间向穷人分发面包。午睡后开始准备晚餐，这是一天的主要膳食。晚餐由 3 个不同的部分组成：前菜、全餐或主菜以及最后吃的甜点或甜品。

市场
大多数人的家里没有厨房，因此他们每天都要购买食物以供立即食用。在古罗马，食物短缺是司空见惯的。

多样性和丰富性
古罗马的广泛征服促进了异国风味的食物和调味品的多样性。苹果、甜瓜、无花果和椰枣都是从波斯运来的。

大蒜
士兵们在战斗前吃大蒜。

蔬菜
蔬菜单独吃或与肉和鱼一起吃。可食用的刺菜蓟与洋蓟，是非常珍贵的。

姿势
食客赤脚躺在桌子前。

纯粹的娱乐
有音乐家，杂技演员，乐器演奏者和诗歌朗诵者。

古罗马宴会

黄昏时分,特权阶层分享晚餐,成为真正的聚餐。主人试图招待客人并给他们留下深刻的印象,在酒宴上,他们还会提供艺术和哲学方面的活动表演。

① 躺卧餐厅
宴会在一个宽敞的房间里举行,房间装饰着精美的壁画。三张躺椅围绕着放食物的桌子。客人们在躺椅上享用各种佳肴。

② 佳肴
前菜包括牡蛎、蘑菇和橄榄。主菜多种多样,主要是鱼和调味猪肉。甜点是水果和蛋糕。

③ 酒宴
晚餐被第二次盛宴延长,并将大量喝酒,被称为酒宴。主人会挑选一位品酒师,请他为客人确定葡萄酒的数量和混合物的比例。

豪华环境
壁画再现了各种食物,描绘了众神之间的宴会场景。

古罗马葡萄酒的酿造——1 世纪

神之饮品

自古以来，在地中海文化中，葡萄酒就被当作祭品献给神。古罗马人继承了古希腊的这一传统，并将其传播到整个欧洲西部。他们在家里和寺庙里为古罗马神话中的女灶神维斯塔和酒神巴克斯献上了特别的祭祀和酒席。此外，在葡萄栽培方面，他们还引入了技术创新，这种创新一直延续到现代葡萄酒生产过程中。例如，在选择栽种葡萄品种时要考虑到气候和地形，修剪整枝对葡萄产量和品质的影响，发酵后陈酿，以及卫生在这一过程中的重要性。

葡萄酒属于所有人

古罗马的征服带来了巨大的收入，贵族们对位于帝国各个角落的宏伟"别墅"或农业设施进行投资。葡萄酒在日常消费和献给神的祭品中流行起来，拉齐奥到处都是葡萄园。皇帝多米提安甚至不得不禁止种植新的葡萄秧，以防止谷物短缺。庞贝城是拥有最好葡萄园的地区，但在公元 79 年遭到破坏后，古罗马人不得不从高卢和西班牙种植园进口葡萄酒。对酒神巴克斯的崇拜非常普遍。古罗马人发展了酒神节上的狂欢和娱乐的部分，在节庆中，过量的酒精摄入使人们觉得与神进行了接触。女神维斯塔，古罗马贵族主要的神，代表了住所和家庭的灵魂。她在古罗马的寺庙里接受人们祭祀的酒和柴火。

团队合作
葡萄的踩踏需要奴隶们的共同努力。

传统劳动

古罗马的种植园规模一般都很大，以便可以脚踩葡萄来提取葡萄汁。葡萄汁中含有各种成分，如葡萄皮和葡萄籽中的物质。为了酿制不同的葡萄酒，白葡萄和黑葡萄需要分开取汁。

葡萄汁或浆
被认为对身体健康有益。

古罗马式

古罗马葡萄酒的酿造始于葡萄收获后立刻开始的对葡萄的踩踏。葡萄汁必须储存在一个半掩埋大型黏土容器中,在那里实现发酵。随后,葡萄酒被取出并灌入双耳细颈小底瓶中进行分装。甜白葡萄酒是古罗马最受欢迎的葡萄酒,因为酒精浓度较高,所以需要用水稀释后饮用。

1 压榨场地

这片空间之所以被称作压榨场地,是因为这里有很多混凝土板,供人们来踩踏葡萄。葡萄浆汁通过小水槽汇集到一起。

2 大型容器

这些大型黏土和陶瓷容器被掩埋和覆盖,以促进发酵。它们的容量有数百升。

葡萄酒厂

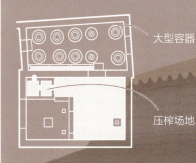

大型容器

压榨场地

建造的乡村别墅中有酿造葡萄酒的场地和设施。这是庞贝一家葡萄酒厂的原型。

阿米尼亚葡萄

阿米尼亚葡萄被认为是帝国里最好的葡萄品种。

容量

它们可以储存 200 至 2000 升。

穆尔苏姆(被用作开胃酒)

是一种添加了蜂蜜和香料的葡萄酒。

发酵

发酵过程持续大约 30 天,然后葡萄酒被倒入瓶中储存。

第一批食品生产者
利用环境资源
烹饪

印加食物
印加饮食的主要食物是土豆。此外，他们还食用羊驼的肉。

万余年前，末次冰期的气候变化深刻地改变了各大洲的动植物群。人类不得不适应新的环境，并寻找其他食物资源，因为他们不再把大型哺乳动物作为食物来源。古代的狩猎和采集社区利用他们对野生谷物生长周期的了解，在最有利于系统开发的地区定居。最早种植的谷物是非洲的小米和高粱、印度和中国的稻米、美洲的玉米以及欧洲大陆的小麦和大麦。在不同的历史时期，农业和动物的驯养是在地球上的各个地区独立开始的。

菜单上的狗
它们出现在今天柬埔寨吴哥窟的浮雕上。

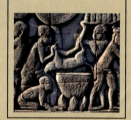

捕鸟者
在底格里斯河和幼发拉底河的岸边，人们为了吃肉而捕食鸟类。他们用各种香料调味，并将其制成汤和肉汁。

渔民
在爱琴海文化中，鱼类的消费量非常突出。沙丁鱼和凤尾鱼是雅典人最喜欢的食物。

面包师
古罗马城有许多面包店。面包是食物的基础，通常在马戏团中免费分发。

种玉米的人
玉米是中美洲文化的主要食物。用玉米面和水做成玉米饼，然后做熟吃。

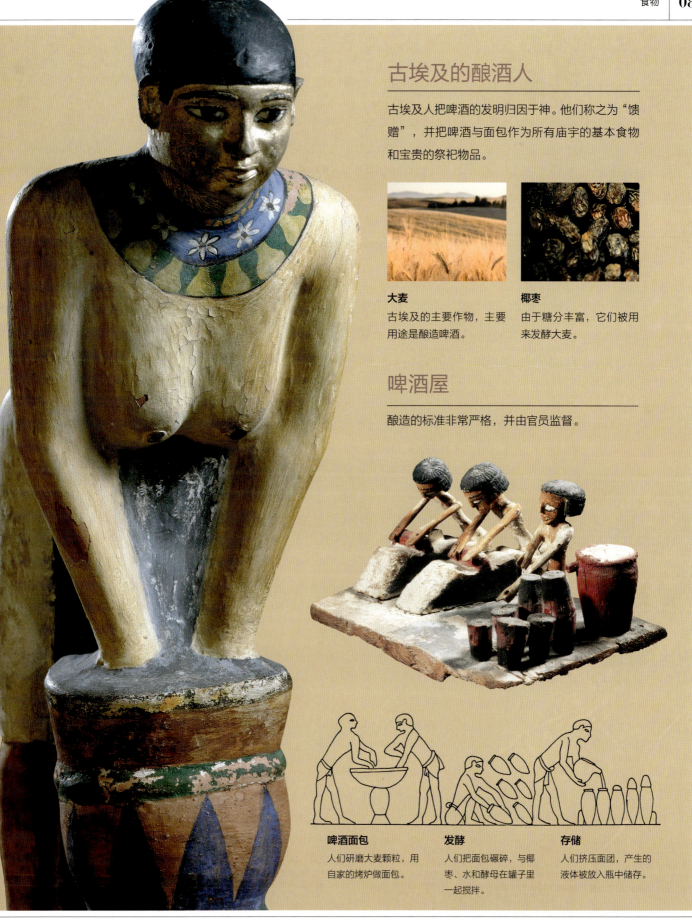

古埃及的酿酒人

古埃及人把啤酒的发明归因于神。他们称之为"馈赠",并把啤酒与面包作为所有庙宇的基本食物和宝贵的祭祀物品。

大麦
古埃及的主要作物,主要用途是酿造啤酒。

椰枣
由于糖分丰富,它们被用来发酵大麦。

啤酒屋

酿造的标准非常严格,并由官员监督。

啤酒面包
人们研磨大麦颗粒,用自家的烤炉做面包。

发酵
人们把面包碾碎,与椰枣、水和酵母在罐子里一起搅拌。

存储
人们挤压面团,产生的液体被放入瓶中储存。

中世纪的饮食仪式——12 世纪

宴会时间

城堡大多是由石头建造的宏伟建筑。封建领主是这些地区的最高权威，他们经常组织许多宴会，用来款待主要的盟友和忠诚的战士。在餐厅里，社会的等级组织得以再现：主桌上坐着主人和亲近的牧师，其他人依次坐在下面的餐桌上。吃饭之前会有宗教祝福活动，然后由主人下达命令，仆人们开始为所有在场的人提供菜肴和饮料。

一起吃饭

封建领主在他们的城堡里为客人举行盛大的宴会。中世纪的特点是持续不断的战争和武装对抗，因此，他们的生存取决于与军事贵族的良好关系。宴会的主要目的是加强军事忠诚的纽带，并展示权力和财富。主人提供各种各样的餐点，并伴随着音乐、舞蹈和戏剧。肉类是最受欢迎的食物，因为根据宗教传统，一年中的大部分时间都限制肉类的食用，香料调味过的菜肴被视为是特殊场合才能提供的奢侈品，最常见的调味料有黑胡椒、肉桂和孜然。最常见的做法是分享酒杯和面包，或把装满食物的大盘子送给邻居。当时极端的宗教信仰禁止扔掉食物，如果食物过剩，就应该捐给穷人。

食物与保护
农民把粮食作为贡品献给了封建领主，以换取军事保护。根据实际情况，他们会在家禽饲养场饲养野鸡、鸡、鸭子、猪和山羊，然后将它们运到城堡的仓库。他们还会加工奶酪、牛奶和乳制品。

狩猎
野猪和野鸡是最受欢迎的野味动物。

汤
人们用大锅煮汤，剩下的菜也混合在一起。

装饰
武器、盾和挂毯被用来装饰墙壁。

①

等级
主桌通常放置在一个木制的平台上。

城堡中的款待

宴会频繁举行。在和平时期，为了使生活在城堡中的家庭成员感到高兴；在战争时期，则是与军事盟友进行战略合作的一种方式。餐食通常包括第一道汤和第二道烤肉或鱼，并配以蔬菜。面包、乳制品和鸡蛋是饮食中必不可少的食物，葡萄酒曾经是唯一的饮品。

① 家具
木质板放在支架上作为桌子。上面铺着桌布，摆着精致的餐具。

② 娱乐
宴会可以持续数小时或者数天。音乐家和艺术家的表演也会使晚会更加有趣。

③ 用手
人们会使用勺子和刀，但是他们更习惯用手来分割食物。

④ 干杯
葡萄酒是主要的饮品，而不是水。它会加入蜂蜜、百里香或胡椒来调味。

黑暗的环境
在城堡里没有窗户，这样利于防御。

欧洲和美洲之间的食物交换——15世纪

尝试异国口味

欧洲人来到美洲，引发了一场有史以来最大的全球饮食习惯革命。在殖民早期，西班牙人抵制消费美洲领土的产品，这就导致了植物和动物从旧大陆不断转移到新大陆。西班牙人试图将土著人提供的异国口味食物带给他们的政府，以便在没有获得期待的贵金属的情况下，在某种程度上满足王国政府的要求。两个方向的产品流动逐渐改变了动植物群，大大丰富了两个地区居民的饮食。

跨越大西洋的食物

起初，殖民者鄙视土著人的食物，继续吃他们在船上带来的基本食物：小麦、葡萄酒、咸鱼、蔬菜和水果。美洲人没有立即从这些食物中受益，因为它们完全由西班牙人消费。然而，从欧洲引进的植物和动物逐渐适应了当地的气候，并开始被纳入美洲的饮食。欧洲人带来了许多动物品种。牛像野生的一样，数量成倍地增加，山羊的肉和奶被人们食用，绵羊除了被食用，它的毛还能用于编织。可以说猪是长得最快的，这使得养猪场得到了充分的发展。马匹、骡子和驴让第一次看到它们的土著人感到非常害怕，但最终它们也成了运输货物的动物。在家禽中，由于鸡蛋和鸡肉的营养丰富，母鸡是很受欢迎的。美洲的主要贡献有玉米、番茄、南瓜、可可和香草等。对欧洲饮食影响最大的动物是火鸡，其重量通常在10至15千克。它的肉、蛋被人们食用，羽毛被用于装饰和制作手工艺品。

狗

墨西哥无毛犬是原产于中美洲的无毛犬种。它的肉在饥荒时被当作食物，它也曾在城市市场中被活体出售。同时，作为吉祥物和宠物，狗无论是在宗教仪式、球类比赛中，还是在家庭中，都深受欢迎。

墨西哥无毛犬是一种神圣的存在。

家畜的冲击

欧洲人和美洲人的会面在各个领域都带来了巨大的冲击。他们在物质、文化和食物上的差异同样令人印象深刻。殖民者带来了许多驯养的动物，它们很容易地适应了新大陆的地理多样性和烹饪传统。

① 马
西班牙人带到美洲的主要马匹品种是雄性的安达卢西亚马与雌性的夸特马的混血产物。它的毛是深棕色的。

② 动物三重奏
猪、绵羊和山羊构成了"动物三重奏"。猪繁殖得很快，受到人们的欢迎。而牛则用了更长的时间才传播开来。

③ 墨西哥无毛犬
它被认为是现存最古老的纯种犬之一。它的考古遗迹可以追溯到3000多年前。

④ 火鸡
这是阿兹特克人驯化的一种火鸡，其体长110厘米左右，展翼可达144厘米。它的肉和蛋营养丰富。

树木
向欧洲人提供棕榈芯和椰子，以及其他富有异国情调的产品。

美洲出口的作物——16世纪—18世纪

美洲财富

欧洲人抵达美洲大陆的最大影响之一是传播了许多植物性食物，从美洲传入的这些食物迅速适应了旧大陆的烹饪传统。现在，没有番茄酱的意大利面或没有土豆的西班牙玉米饼，都是不可想象的。对于土著人来说，许多药用植物和种子都是神圣、珍贵且营养丰富的，同时它们也被世界上不同地区的人们所使用。

传播的力量

哥伦布到达美洲标志着旧大陆饮食习惯和习俗的重要转变。1570年至1600年期间，土豆（印加饮食的主要支柱）抵达欧洲，在两个世纪之后，它与玛雅人的主要粮食——玉米一起成了最重要的作物。中美洲的可可使欧洲的糕点业发生了革命性的变化；番茄成为地中海饮食的基础，而烟草则获得了很多追随者。在这次食物交换中，殖民者也把他们最传统的作物——香蕉、甘蔗和小麦传播出去。这些美洲国家非常感谢某些植物的存在，特别是苋菜、藜麦和高粱，这三类种子在他们的饮食文化中是神圣的，它们的特性直到今天都令营养学家们惊叹。

蚕豆和菜豆
它们被种植在美洲大陆的大部分地区，是加勒比地区的基本食物配料。

味觉的"新大陆"

从中美洲开始，玉米、木薯、豆类、花生、辣椒、可可和菠萝以及其他许多食品开始传播。安第斯地区则使土豆、番茄和南瓜的消耗量大大增加。

① 玉米
作为基本食物，可用它制作玉米粉蒸肉、玉米饼、炖菜、汤、玉米面糊和发酵饮料。

② 番茄
番茄有不同的品种。第一批在欧洲种植的是黄色的，后来红色番茄开始流行。

③ 土豆
由于这种植物易于消化并具有很高的营养价值，因此它在全世界被迅速推广。

南瓜
它的果实、花和种子均可食用。

藜麦
藜麦颗粒经过烘烤后制成藜麦粉，加入汤或饮料中。

辣椒
玛雅人和阿兹特克人广泛食用辣椒，与无数菜肴搭配使用。

花生
它作为干果食用，或用研钵把它制成花生酱或者花生饼。

水果
它们会被单独吃掉，或像糖果一样被压碎，水果在热带地区很受欢迎。

玉米饼
直到今天，它们在中美洲的美食里仍是必不可少的。首先，人们把谷物磨成面粉，再加上水，形成面团。然后在热的平面上烤熟。

最初的阿拉伯咖啡馆——16世纪

咖啡作为纽带

在8世纪,阿拉伯的烘焙咖啡豆被用来煮制一种黑色刺激性饮料,很快在整个近东和中东地区传播开来。16世纪,土耳其奥斯曼帝国的首都伊斯坦布尔出现了第一批咖啡馆,在那里人们可以享用和品尝咖啡,人们还可以放松、进行辩论、抽水烟和分享棋牌游戏。这些特产通过意大利半岛的港口抵达欧洲,随着时间的推移,咖啡在巴黎和伦敦等大城市流行起来。

深受喜爱的煮制饮料

阿拉伯语"qahwa"一词的发音通过土耳其语的"kahvé",成了西班牙语和法语的"café"、意大利语"caffé"、英语"coffee"和德语"kaffee"的起源。咖啡的众多特性对于它的早期消费者们来说已经非常明显:它可以提供能量,消除疲劳和改善情绪。从在土耳其起源开始,最早的咖啡馆就使用手动研磨机或者在研钵中研磨咖啡豆直至它成为非常细腻的粉末。此外,咖啡通常会用香料调味,如豆蔻和肉桂。在欧洲,咖啡馆成了知识分子和艺术家的聚会场所。

头巾
人们进入咖啡馆时也不脱下头巾。

如何制作一杯土耳其咖啡

土耳其咖啡的显著特性和浓缩水平归功于其特殊的制备方式:水、糖和咖啡粉混合在一起,煮沸,从而在表面形成泡沫。用来盛放咖啡的是一个有着长木柄的壶,被称为土耳其壶,而用来喝咖啡的杯子则又矮又小。如果想要给咖啡调味,就要在咖啡放在火上煮之前,先将香料粉末添好。

混合
将两勺咖啡粉和一杯糖放在铜或是黄铜的土耳其壶中。

加热
加水,放置在火上,等待煮沸,直到泡沫上升。

享用
把咖啡倒进杯子里,等着残渣沉到杯底再喝。

食物 | 091

土耳其咖啡馆

第一批咖啡馆于 16 世纪中叶成立。最初，帝国当局禁止这些设施，因为他们认为这类设施使信徒远离《古兰经》和清真寺。尽管受到迫害，咖啡馆仍成倍增加，成为男人们聚会的必到之处。在那里，人们喝咖啡，听音乐，玩棋牌游戏，特别是讨论和交流关于政治、宗教和贸易的观点。

1 好时光
重要的是冲泡咖啡的质量，而不是服务的速度。

2 展示
咖啡摆在客人面前的桌子上，服务员将咖啡倒进咖啡杯。

3 谈话
伴随着咖啡仪式的讨论，给咖啡残渣沉淀到杯底留下了时间。

4 棋牌游戏
这类游戏在近东很常见。土耳其人普及了现在的西洋双陆棋。

5 水烟
这些都是水烟烟斗。洗净的精细烟叶经过调香后被放在里面。

6 音乐
人们常弹奏一种有着大梨形外形的弦乐器。

喷泉
喷泉被认为是一个奢侈品，就像城市中的小绿洲。

社交
客人们单独或相伴前来，但总是共用桌子。

杯子
杯子是木制的或是金属的，每一个客人都有自己专用的杯子。

日本的寿司与手工制作——18 世纪

传统小吃

寿司是一道日本菜，以米饭为基本原料，用醋、盐、糖和其他食材，如鱼、海鲜和蔬菜烹饪而成。它的起源可追溯到中国古代一种保存食物的方法，即把米煮熟，让它与鱼一起发酵，之后只吃鱼。到了 18 世纪，随着米醋的发明、煮制方法的进步和鱼的摄入量不断提高，寿司的食用也越来越普遍。从根本上来说，因为它是一种简单的美食而受到人们的欢迎，人们可以带着寿司到露天的地方食用。它还可以被做成不同形式和外形的小份食物。

以大米为基础

日语单词"寿司"的意思是"醋腌制的米"，指的是日本本土的一种米饭处理方式。奇怪的是，这个概念并没有提到目前构成这种日本小吃的鱼类和蔬菜。寿司中使用的大米被称为"越光米"，其谷物具有圆、短、甜和淀粉含量高的特点。

在 18 世纪，大米开始煮熟，而不是蒸熟，米醋被发明，鱼开始与米饭一起吃。19 世纪，日本料理师或者说被称作主厨的华屋与兵卫发明了握寿司，用手工制作饭团，上面放上鱼的切片。这是第一款使用生鱼的寿司，这使加工时间得以减少，因为直到那个时候鱼都是煮熟、腌制或烤熟后食用的。这一新品种标志着寿司作为快餐的开始，在日本非常受欢迎。从那时起，寿司的形式和成分适应了当地的特色。今天，这种用紫菜包裹、借助竹卷帘卷制而成的圆柱形寿司卷已经广为人知。

品种多，味道好

受到国际赞誉的寿司有各种各样的形式和配料。除了米饭和鱼（鲑鱼、普通金枪鱼或红金枪鱼等）外，配料还包括萝卜、鳄梨、黄瓜、海鲜、豆腐和鱼子等。

配料
寿司搭配三种传统调味品。

姜
削掉外皮，切成非常薄的切片，用来配寿司。

酱油
把寿司放进酱油里可以增强它的味道。

山葵
从同名植物根部提取的调味品。

户外品尝

日本人喜欢长时间逛公园的习俗与寿司很好地相融合起来。

樱花会
樱花的盛开是个户外野餐的理由。

公园的理想型饮食
寿司变成了一种很成功的快餐。

站着,不
走路的时候不能吃东西,否则会被认为是一个坏习惯。

不切断
寿司是一口吃掉的,不会被切成小段。

餐具
竹子或木质筷子可以保持它的味道。

吃的姿势
跪着,双膝撑在地上。

仪式食品——18 世纪

神圣的象征

大多数宗教都有来自其圣书和学者解释的饮食要求。犹太传统有许多象征意义和饮食规矩，在犹太新年的晚宴上，人们以美食相伴的仪式来庆祝新年。18 世纪，东欧的习俗具有悠久的传统，当时许多家庭试图在日益严重的迫害面前，寻求重新体验犹太人生活的本质和快乐。

传统食品

大多数宗教通过特定的规则来限制饮食。其中许多规则符合目前的卫生和营养平衡标准，这些规则被视为是神圣不可侵犯的，必须严格遵守。犹太教对清洁食物（希伯来语中"适当的"意思）和禁止食用的"不适当的"不洁食物进行了界定。由此，所有动物在被煮熟之前血液都必须完全抽干净。该规定还禁止同时食用乳制品和肉类。另一方面，"中性"食物，如蔬菜、鱼和鸡蛋，可以单独或与乳制品和肉类混合食用。

在纪念活动中，每一种食物都有其本身的意义，反映了一个特定的或古老或神圣的历史。例如，在逾越节期间禁止吃带酵母的面包，这让人想起《出埃及记》，当时犹太人被迫立即离开埃及，都无法等待面团发酵。

逾越节晚餐
这是在逾越节第一个晚上举办的仪式性晚餐，用来纪念希伯来人离开埃及的节日。它包含六种象征性食品，分别是烤羊骨、赫罗塞斯、无酵饼、卡帕斯、蛋和苦菜。

烤羊骨
这是一块羊羔骨，象征着耶路撒冷圣殿里所做的牺牲。

赫罗塞斯
用坚果、苹果和肉桂制成的碎面团。

女性
她们为家庭准备物质生活并提供精神食粮。

祈祷
晚餐时间，每种象征性的食物都会得到祝福。

犹太教新年晚餐

根据犹太传统,犹太教的新年,是按照犹太日历和上帝创造人的日子来庆祝新年的。这是一个家庭欢乐的夜晚,人们习惯吃象征甜蜜、祝福和丰盛的食物,以编织面包、苹果、蜂蜜、胡萝卜或鱼头为代表,象征着圣经中以撒的牺牲。

① 蔻修酒
首先,家庭领袖用装有葡萄酒的银酒杯来表示祝福。

② 土豆饼
用作玉米饼的方式炸土豆泥。这作为配菜。

③ 犹太鱼冻
磨碎的鱼是犹太人繁衍后代的象征。

④ 丸子汤
用面粉和水做成的面丸子,放在汤或菜肴里食用。

⑤ 苹果和蜂蜜
把蜂蜜涂抹在苹果上,为了拥有美好甜蜜的家庭年。

⑥ (犹太人在特殊的宗教节日时吃的)哈拉面包
涂有蜂蜜的编织面包,在家庭中分享。

甜蜜的愿望
习俗就是用"Shaná Tová"(新年好)的表达方式,互相祝福新年快乐。

神圣的命令
制作白面包被视为一种女性代代相传的荣誉。

农业革命和粮食保存——18世纪

质量和保存

在18世纪,由于该领域一系列的创新,英国的农业生产力显著提高,这些创新在欧洲大陆其他地区甚至在世界各地传播开来。开放的场地或开阔的田地被篱笆或围栏所取代,休耕系统被作物轮作所取代,木制工具也转向农业机械。此外,技术的进步使人们得以采用新的食物保存方式。

富足年代

整个18世纪,英国的农业产量增加了90%。许多农民被从圈地中赶出来,或是因为引进了新的农业机械而被剥夺了工作来源。人口从农村流向城市,从而产生了近代的第一批工业工人。由于食物供应丰富,因此有必要制定保存策略,以便能够在遥远的市场上销售产品。法国的尼古拉·阿佩尔发明了将食物密封保存在玻璃瓶中的方法,英国的彼得·杜伦为将食物保存在罐头中的想法申请了专利。

农业机械
英国农学家杰斯洛·图尔是科学农业的先驱,他在18世纪初设计了工业播种机并申请了专利。

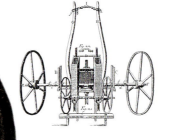

播种机
这台机器按照平行和整齐的行列把种子播种到更深的土地里。这样可以确保更便捷的收割。

品种多样
可以包装各种水果、蔬菜和肉类。

罐头厂

法国厨师尼古拉·阿佩尔开始对食物进行实验，他观察到，如果食物在高温下煮沸并且不暴露在空气中，它们会保持更长时间而不腐烂。因此，他发明了产品的密封保存方法并创办了世界上第一家商业罐头厂。

1 伟大的发明家
阿佩尔于 1812 年在马西开办工厂，雇用了 50 名工人。

2 准备
切碎的蔬菜和肉类被倒入特制的宽口瓶里。

3 密封
瓶子用装有金属丝的软木塞密封，塞子可以紧固瓶口，以防空气进入。

4 消毒
装有食物的瓶子被放置在工业用锅中，置于 100℃ 的沸水中用隔水加热的方法进行消毒灭菌数小时。

机制
装有已消毒的瓶子的容器通过滑轮被提升起来。

5 包装类型
这些瓶子将被英国人生产的罐头所取代。

奖励
阿佩尔赢得了拿破仑·波拿巴颁发的 12000 法郎奖金，这一发明使拿破仑可以向他的部队运送食品。

第一批专业美食家
使烹饪成为真正的艺术

华尔道夫沙拉
是由这家酒店的餐厅主管、瑞士人奥斯卡·奇尔基在19世纪创作的。

法国大革命彻底改变了欧洲美食。资产阶级政权的崛起导致中世纪厨师行会的解散，这有利于大厨师们的个人魅力得到关注。美食大师能够独立提供服务，并开始吸引新的消费者。他们在食物组合上不断创新，并脱离旧的模式，撰写了自己的食谱。城市餐厅和酒店的建立标志着烹饪艺术的变革。马利·安东尼·卡莱姆是新派美食大师精神的反映：他用白色制服和白色帽子来区分工人，并确定了许多酱汁的配方，如贝夏梅尔调味酱、法式白汁或伊斯帕诺酱。

与政治变革一样，新的美食理念在巴黎得到了发展，并迅速在西方主要城市传播。

土豆的伟大功绩

营养学家安托万·帕门蒂埃建议将土豆作为食物替代品。

尼古拉·阿佩尔
1749年—1841年
法国厨师兼糖果商，他发明了密封玻璃瓶中保存食物的方法，并开办了第一家罐头厂。

让·安泰尔姆·布里亚·萨瓦兰
1755年—1826年
法国法学家，爱好烹饪和食物试验。在他的论文《味觉生理学》中，他认为烹饪是一门科学。

亚历克西斯·索耶
1810年—1858年
他发明了一种轻巧便携的"锅"，为最需要帮助的人烹制美味的菜肴。

奥古斯特·埃斯科菲耶
1846年—1935年
他在19世纪末对卡莱姆的高端美食进行了现代化设计。创建了"点菜菜单"，按照规定的顺序提供菜品。

马利·安东尼·卡莱姆
现代糕点之父

卡莱姆（1784年—1833年）有绘画技巧和对建筑的热爱。他之所以出名，是因为他将建筑理念带到自己的糕点工作中：他进行了精彩的装裱，并用糖复制了他那个时代的建筑。他的糕点创作使他接到了很多政府官员和欧洲宫廷的委托。

在眼前
卡莱姆建议食物既要满足眼睛也要满足胃。糕点要调和颜色和口味。

组合艺术
卡莱姆糕点的独特之处在于美味、原创设计以及精致器皿和餐具之间的和谐。

主动自学
卡莱姆推动了法国美食的发展，发明酱汁，创作菜肴，并写了许多食谱。

> 我最大的问题是要激起你对我提供的各种*服务的渴望*。

法国烹饪学校——19世纪
为了精致的口味

从19世纪开始,法国的美食被推崇为追随的榜样。它是先锋的代名词,并且成了国际美食中一个不可或缺的参照点。高级烹饪学校的创建人、厨师兼商人奥古斯特·埃斯科菲耶提出的创新在这一过程中发挥了重要作用。法国的烹饪传统成功地将巴黎菜肴的精致性与不同地理区域流行菜肴的一致性相结合。如今,大多数烹饪词汇都来自法文原创词汇,如厨师、自助餐和舒芙蕾。

法式风格

巴黎烹饪学校成功地将卓越和成熟与法国地区传统的多样性结合起来。他们将使用最好和最新鲜的产品作为烹饪艺术的主要内容,此外,还对所有菜肴进行精致和装饰性的呈现。他们学会了如何为食客提供法国最受欢迎的家禽。其中包括鸭子、鹌鹑、鹅和公鸡,公鸡是这个国家的象征,也是美味佳肴的主角。他们从布列塔尼的厨房中拯救了海产品的加工和制作,特别是牡蛎。在佛兰德斯地区,人们将黄油作为一种独特的脂肪来涂抹和烹饪。洛林大区的人采用了典型的蛋制菜肴,如洛林咸派。可以说,很大一部分现在闻名世界的美食都来自法国乡村,这其中就包括罗克福奶酪和鹅肝。

厨房队伍
埃斯科菲耶创建了一个团队分工系统。每道菜都是由一组专门的厨师精心准备的。菜肴从来不是由一个人制成的。

纯洁
白颜色可以证明制服的清洁程度。

橙香火焰可丽饼
特色菜,是一种甜薄煎饼,里面填充黄油、糖、柑橘汁或橙子汁,可以点燃助兴。

组织
团队协同烹饪,但负责清洗餐具的人不碰食物。

秩序和清洁
虽然工作很紧张,但环境必须保持整洁。

学习高级烹饪

最负盛名的烹饪学校诞生于19世纪末的巴黎。1895年,在美食杂志作者玛莎·迪斯特的推动下,法国蓝带厨艺学院创立,学院拥有来自世界各地的学生,并对其进行示范课程。

① 主厨
主厨是厨房里最有权威的人,只有他能把自己的名字刺绣在制服上,还穿着最长的围裙。

② 学徒
学徒在厨师的监督下工作。他们必须习惯于管理餐具,并保持桌子整齐、干净。

③ 技能
技术的完美实施与产品质量同样重要。在整个生产过程中,卓越至上。

④ 展示
在高级烹饪中,菜肴的装饰和美学是至关重要的。据说,视觉可以诞生食欲。

时间
应该控制时间,但菜品绝对不能不加装饰。

模具
烘焙和烤制的菜肴需要很多模具。

服务
银器、玻璃器皿和瓷器都是为客人准备的。

可可与巧克力工业——19世纪—20世纪

甜蜜的乐趣

巧克力的真正发现者是前哥伦布时期的中美洲人，他们通过将可可糊与水和香草混合来制造一种能量饮料。这种饮料被西班牙人传播到欧洲，并逐渐成为世界上最精致的食物之一，也是社会地位的象征。19世纪，随着一种新型液压机的出现，巧克力得以凝固，以糖果的形式成片剂销售，巧克力行业获得了巨大的发展势头。瑞士工厂发明了精制的牛奶巧克力，使其在欧洲的竞争中处于领先地位。

美味的食物

可可树被欧洲人命名的学名为Theobroma cacao，在希腊语中的意思是"神的美味"。事实上，中美洲各地区已经把它们的种子视为神圣的礼物，它们的能量和活力通过仪式得到承认和赞赏。他们用可可豆制作的饮料被称为"苦水"，与当时的特色菜相比，它确实非常苦。西班牙殖民者将其出口到欧洲，伊比利亚半岛的厨师为它增添了甜味，适应了欧洲人的口味。用可可加工巧克力的过程始于美洲，首先从果实中提取种子，进行发酵、清洗和干燥。之后，它们被送到欧洲的生产中心，在那里它们被烘烤、脱脂和研磨，以加工饮料。自19世纪以来，一直采取压榨可可液块的方法，以使可可脂能够从可可饼中分离出来，一旦将其磨碎，就可以产生可可粉。为了获得不同类型的巧克力，人们将其与糖、牛奶或坚果等成分混合。

巧克力衍生物

巧克力使烘焙艺术发生了革命性的变化，很快就开始在不同的食品加工中使用了。

萨赫蛋糕
它由奥地利人法兰兹·萨赫于1832年发明，是一种巧克力涂层的海绵蛋糕。

设计
1862年，吉百利制作的心形巧克力震惊了市场。

展示
为了吸引消费者，巧克力被放进彩色盒子里。

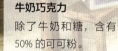

牛奶巧克力
除了牛奶和糖，含有50%的可可粉。

冰淇淋
1921年，美国人克里斯蒂安·纳尔逊用一个美味新奇的产品给他的顾客留下了深刻印象：巧克力冰淇淋。

巧克力工厂

巧克力的大规模推广发生在 19 世纪，当时英国和瑞士的不同公司，如吉百利、苏查德、瑞士莲、弗莱或雀巢开始了工业化生产。生产流程的自动化导致巧克力价格的降低，使更多的人能够购买巧克力，并使它不再被视为奢侈品。

1 搅拌机
瑞士人用机器将糖、可可和奶粉混合在一起，从而使巧克力的口感更佳柔滑。

2 模制
19 世纪的工业创新在于使巧克力能够凝固并制造出著名的片剂形状。

3 装饰
夹心巧克力和榛子巧克力也是瑞士大师的专利作品。

4 包装
瑞士人发明了铝箔来保存巧克力，并使用颜色鲜艳的包装纸。

巧克力激情
巧克力生产商是最早通过在公共道路上张贴艺术海报来宣传其产品的企业家之一。

白巧克力
1930 年开始出现，可可粉被黄油代替，并加入牛奶和糖。

黑巧克力
可可粉含量高，牛奶和糖较少。

意大利面和意大利美食 —— 20 世纪

与家人一起享用

意大利美食是不同地区美食传统的总和,在几个世纪的历史中,这些传统塑造了他们自己的风俗习惯和特色美食。用普通的面粉做出数百种富有想象力的面食就是证明。从那时起,家庭午餐就优先考虑在家中准备的菜肴,并与家人共享。

区域美食

地理位置、气候和其他民族的影响决定了不同的区域美食。在北方,共同点是将黄油作为准备菜肴时的主料,这一地区人们对大米接受度很高,因此烩饭诞生了,这个词来自皮埃蒙特的伦巴第方言,意思是"干汤",但使用奶酪。在中部地区的烹饪中,则突出了罗马产的肉类和蔬菜的混合。意大利浓菜汤是一种美味的蔬菜汤,特别是在低温时饮用。南部菜肴以其烹饪简单及使用橄榄油、谷物和鱼类而著称。在那里,面团的使用几乎植根于所有品种的菜肴中。例如,那不勒斯起源的披萨反映了面团的多用途和易加工的特点。其成功在很大程度上取决于面团,面团只需要水、面粉、盐和酵母。番茄是这种食物的基本成分,16 世纪从美洲通过西班牙人传入了意大利半岛。此外,意大利菜在其菜谱中有许多地理借鉴。许多菜都是以最初制作的城市名称命名的,如那不勒斯酱和博洛尼亚酱。19 世纪下半叶,意大利移民潮开始,他们来到世界各地,也传播了意大利美食。

意大利面
目前现存三百多种意大利面,以适合不同的区域风格和口味。它们通常都伴有不同类型的酱汁。

佛卡恰面包
用一种类似于披萨的面团来加工制作:它包含高筋面粉、油、水、糖、盐和酵母。人们通常会添加如迷迭香的香草料。

馅料
可以放橄榄、奶酪和欧芹。

分餐
餐盘中有丰富多样的美食。

传统
基本配方被认为来自古代的伊特拉斯坎人。

意大利餐桌

在周末，人们利用机会把大家庭的所有成员聚集在长辈的家里。在那里，人们分享前菜、意大利面、肉类、蔬菜、水果和茶水，在餐桌前愉快地度过几个小时。

① 意大利面
它是世界上最受欢迎的面食品种之一，可以搭配各种酱汁。意大利面不用切断，而是用餐具把面卷起来吃。

② 酱汁
酱汁与大盘子里的意大利面拌着吃，但每个食客也可以将其倒进自己的盘子。

③ 橄榄油
橄榄油是沙拉最重要的调味料，沙拉由肉类，蔬菜或意大利面组成。

④ 面包
面包从来不会在餐桌上缺席。以托尼甜面包为代表，而阿拉棒则被认为是帮助消化的。

工业面食
工业面食出现在1830年的那不勒斯。此外，人们还发明了三齿的叉子来卷起面食。

传菜
坐在厨师旁边的人会把盘子递给在场的其他人。

围裙
这是家庭主妇的一个习惯性细节，即使已经坐在餐桌上也戴着围裙。

第一食客
一家之主坐在主位上，是第一个被妻子或女儿服务的人。

用具
餐具通常很简单，但最好的餐具都留给家庭聚会用。

食物金字塔——20 世纪至今

食物的多样性是关键

食物金字塔的目的是帮助人们快速轻松地选择健康的食物。第一个金字塔图表是美国农业部于 1992 年推出的，从那时起，它的内容一直在更新，以适应不同国家的当地需要和特点。我们应该遵循什么样的日常习惯来养活自己？这个问题的答案可以在这些不同层次的图表中找到。其逻辑是，金字塔底部的食物可以大量食用，而金字塔顶部的食物则应该受到限制。

学会吃

饮食不平衡会导致新陈代谢严重紊乱。改善饮食的第一个关键是摄入来自所有层级的各种产品。第二是对食物的营养成分有基本的了解。食物金字塔的目的正是为了指导消费者在日常饮食中摄入所必需的食物类型。常见的饮食失调是重复的菜单。有这种困难的人被称为"选择性进食者"，他们可能是各种不同年龄段的人，对食物的构成缺乏了解。营养专家建议大量摄入植物性食物，如谷物、蔬菜、豆类和水果。此外，他们还建议适量食用乳制品和肉类，并尽量减少含有脂肪和糖的食物，如糖果、甜饼干和油。

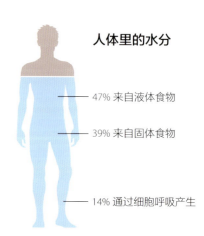

人体里的水分

- 47% 来自液体食物
- 39% 来自固体食物
- 14% 通过细胞呼吸产生

水的重要性
由于人体重量的三分之二是水，所以对身体来说，水合作用是必不可少的。

活动
身体需要日常锻炼。

健康习惯
人们的健康主要取决于两个因素：遗传和生活方式。适当的饮食和体育锻炼对后者都有影响。最好的锻炼是散步，建议每天至少步行 30 分钟。

休息
当人们睡觉和放松时，可以实现调节消化和新陈代谢的重要功能。

基础 7 项
该指南由美国在第二次世界大战期间发布：建议人们摄入 7 种不同组别的各种食物。

食物的选择

食物金字塔能为我们的生活服务，它可以展示不同的食物组别及其在我们饮食中的重要性。

① 脂肪
脂肪有时是食物的一部分，它可能增加胆固醇水平，这意味着心脏风险。它们是能量的储存库。

油
少量摄入。各种油之中最好优先选择橄榄油。

② 肉类和奶制品
肉类和奶制品是蛋白质含量最高的食物。

③ 蔬菜和水果
富含维生素，是人体内最复杂的生化关系所不可缺少的。

④ 谷物
是能量的主要来源，因为它们富含碳水化合物。它们可以降低人体胆固醇，不容易引起心血管疾病。

白肉
通常建议优先选择白肉，如鱼肉，而不是牛肉等红肉。

多种颜色
建议增加水果品种，以获得更高质量的营养素。

调味品
为了避免血压问题，最好用香料取代盐。

肉类工业——20世纪至今

肉类的好处

从畜牧养殖和育肥领域开始，再到在消费者餐桌上结束的这一系列过程，构成了当前肉类工业的循环。为了提高肉类的产量和质量，必须在农村地区为动物提供充足的营养，并避免在运输过程中对动物造成刺激和伤害。在冷冻厂中，根据产品的目的地完成冷冻或冷藏的过程，对使用的原材料和所用工具进行清洁和消毒都是生产过程中应遵守的基本要求。

护理与品质

在育肥区，开始为之后的动物销售做准备。为了避免对动物不必要的伤害和刺激，从畜栏到运输，动物通常都由同一个人照料。当它们到达工厂时，如果牛群闻到血的味道，可能会拒绝进入致晕机。因此，大型企业有气味提取器净化环境，从而加快动物的进入。从屠宰到被投放市场，目前食用的大多数肉类需要4至10天的时间。在工业处置中还有许多过程，例如特殊切割和香肠加工。此外，肉类工业还为其他工业提供原材料，如肥皂厂用的脂油和制革厂用的毛皮。

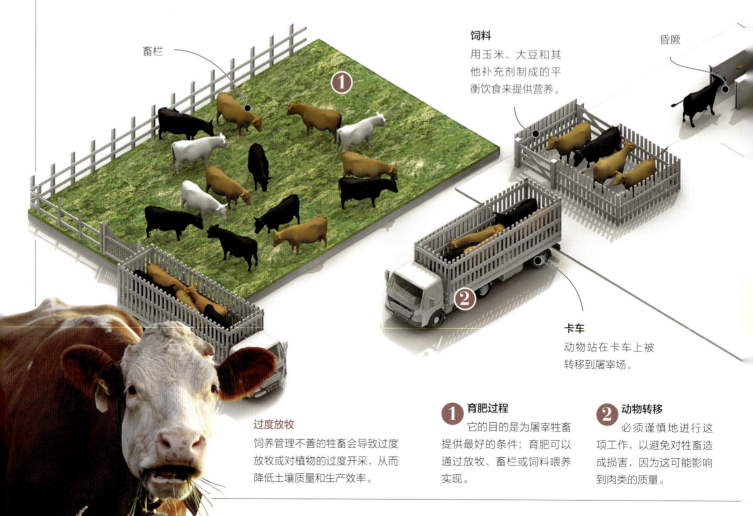

畜栏

饲料
用玉米、大豆和其他补充剂制成的平衡饮食来提供营养。

昏厥

卡车
动物站在卡车上被转移到屠宰场。

过度放牧
饲养管理不善的牲畜会导致过度放牧或对植物的过度开采，从而降低土壤质量和生产效率。

❶ 育肥过程
它的目的是为屠宰牲畜提供最好的条件；育肥可以通过放牧、畜栏或饲料喂养实现。

❷ 动物转移
必须谨慎地进行这项工作，以避免对牲畜造成损害，因为这可能影响到肉类的质量。

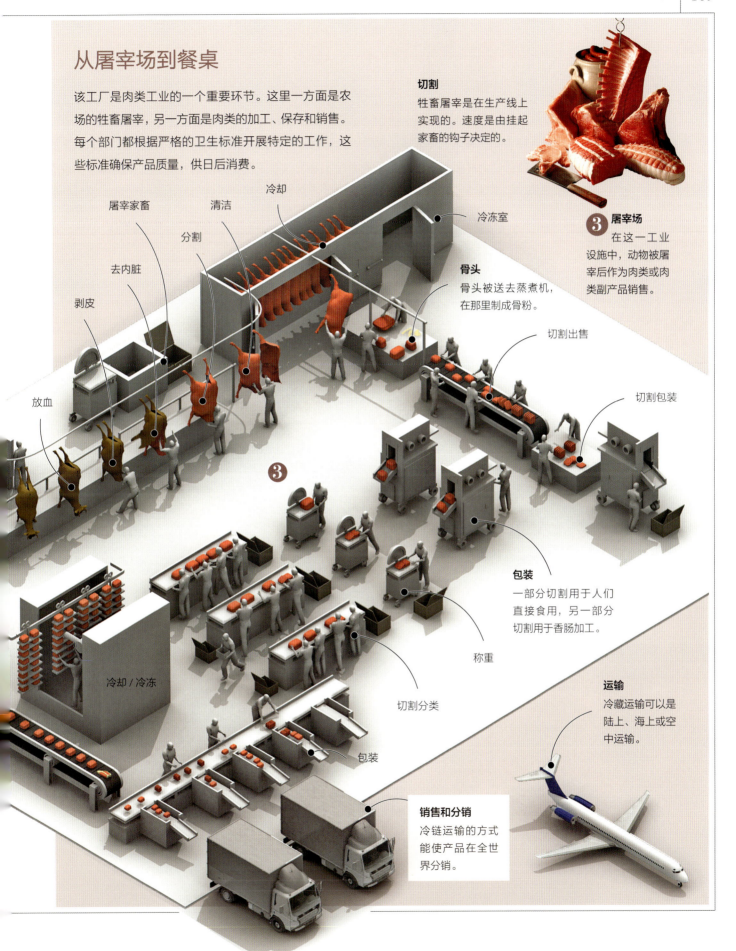

渔业——20 世纪至今

感谢大海

捕鱼是自史前时代以来人类一直从事的一项活动，是对陆地捕猎和采集食物的补充。然而，一直等到 20 世纪才开始大规模开发及国际商业化。冷藏室、内燃机船和港口工业设施的完善使跨洋捕鱼业成为可能，并彻底改变了渔业的发展。目前，过度捕捞和非法捕捞是对海洋生物多样性的严重威胁，需要有关机构进行有效的控制。

寻找鱼群

在整个 20 世纪，渔船提高了装载能力，采用了机械化的渔网处理系统，在探测鱼群方面获取了科学和技术的进展，特别是在养护和远距离运输方面。捕鱼船队配备了一个声呐系统，可以确定鱼群的大小，并显示它们所属的鱼种。一些渔船拥有巨大的拖网，可以下到 1500 米的深度，而其他船只则使用刺网，刺网非常有效，因为它可以让鱼头通过，勾住鱼鳃，但它只能在水面以下 30 米处使用。渔业目前面临着许多挑战，其中一个问题是消费者需求的多样性较低。在 22000 种适合食用的鱼类中，其中的 6 种就占了渔获量的一半：鲱鱼、鳕鱼、金枪鱼、鲭鱼、凤尾鱼和沙丁鱼。渔业的主要生产国也是主要的消费国。

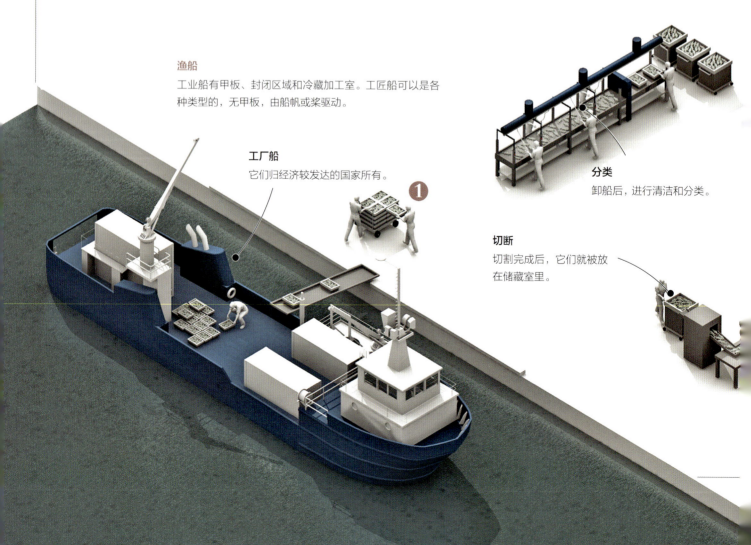

渔船
工业船有甲板、封闭区域和冷藏加工室。工匠船可以是各种类型的，无甲板，由船帆或桨驱动。

工厂船
它们归经济较发达的国家所有。

分类
卸船后，进行清洁和分类。

切断
切割完成后，它们就被放在储藏室里。

从渔港出发

港口服务的集中是渔业发展的基本特征。这使得相关的工作能以更快和更具成本效益的方式进行发展。其中包括捕捞、处理和提供捕鱼活动所需的各种要素。

① 卸船
使用装满冰的塑料筐或其他容器,以保持鱼的良好状态。

② 分配
根据产品类型,有不同类型的卡车。例如,鱼粉不需要封闭的冷藏室。

运输
用密封箱防止液体流失。

卫生
货箱表面是防水的。

冷藏仓库
使用通过液体或气体冷却的空气。如今,大部分产品倾向于冷冻。

准备交付
切片根据先前下的订单进行排序。

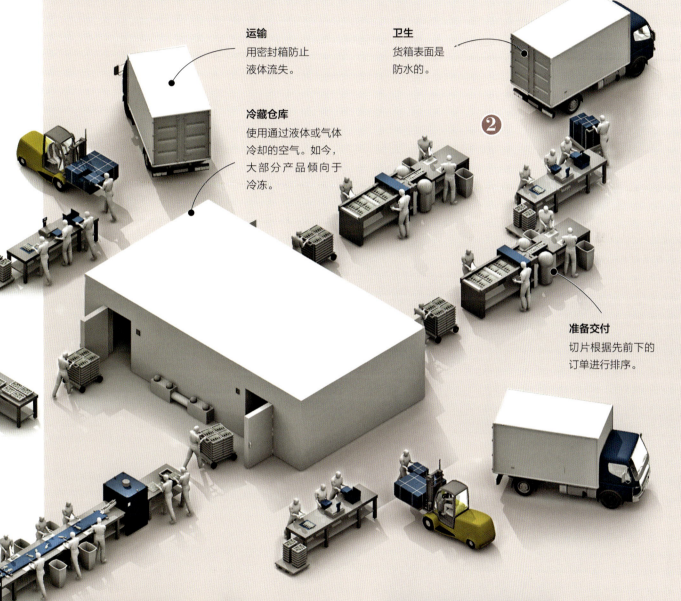

用作销售的产品
包括整条鱼、切块鱼、鱼罐头,甚至是腌制品。在鱼市和超市里有各种各样鱼和鱼的切片供应。

过度捕捞
非法捕捞和过度捕捞破坏了生态系统,伤害了个体渔民,使其他海洋动物的自然食物贫乏。

食物 | 111

伟大的厨师——20世纪至今

寻找美食的理想

20世纪60年代的文化革新也体现在美食中，法式烹饪再次标志着创新与精致的道路。厨师们推动了新美食的革命性运动，他们放弃了继续照搬已经确立的传统食谱，并将自己视为20世纪的美食思想家和美食艺术家。他们能够用现代烹饪技术创作新的菜肴，并成为自己美食餐厅的明星。从那时起高端烹饪的菜单上菜肴很少，目的是强调食材的质量和其加工的独创性。尽管新千年的美食趋势是千变万化的（如融合料理、分子美食或招牌美食的贡献），但当代的大师们却因为具有伟大的创造力，而与众不同。

厨房里的味道实验室

西班牙大厨胡安·马里·阿萨克致力于对独家菜肴的新口味进行烹饪研究。

保罗·博古斯
他是法国的烹饪泰斗，致力于制作轻盈、精致和整齐呈现的菜肴。

艾丽丝·沃特斯
美国厨师，她关注农业生态和下一代的健康，她的理念是从美味的食物中摄取营养。

乔·卢布松
他曾管理着世界上最好的餐馆的厨房，在米其林指南上，他是世界上星星总数最多的厨师。

艾伦·杜卡斯
他在五大洲都拥有餐厅，所有餐厅都提供融合了当地风味的法国美食菜单。

赫斯顿·布鲁门塔尔
他以科学的烹饪方法而闻名，他的创新风格被称为"烹饪炼金术士"。

费兰·阿德里亚·阿科斯塔和他的独家菜

他曾是西班牙加泰罗尼亚著名的斗牛犬餐厅的主厨,被认为是"最棒的烹饪艺术家"。他开发了使用虹吸管产生"泡沫"和"解构"的技术,通过分离菜的各种成分,并以不寻常的方式按照原味重新制作。

伟大的大师
他教育年轻厨师要敢冒险,表达自己的个性,并对自己的能力充满信心。

开胃菜
鲛鲽鱼配薄荷豆、伊比利亚番茄饺子及雪利酒。

> 食谱的概念是在较小的范围内发挥和谐作用。

甜品
在埃尔帕尔多王宫举行的晚宴上,有巧克力、椰子和红果。

埃尔布利餐厅
它在国际上取得了巨大成功,而且绝对是独一无二的:它每年只营业六个月,只提供晚餐。2011年它结束营业,成为致力于美食研究的"埃尔布利基金会"。

创意先锋
阿德里亚在他的食谱中运用他对食物物理化学特性的了解。在他的"球化"技术中,能将液体塑形成球体。右图是胡萝卜泡沫。

"垃圾食品"——20 世纪至今

不健康的口味

20 世纪中叶，大量快餐店纷纷涌现，反映了城市工人的新需求。在美国，大型食品连锁店开始提供基于汉堡、汽水和油炸食品的廉价快速加工的菜单。专家称这类菜肴为"垃圾食品"，因为它们只提供脂肪、胆固醇、糖和盐。另一方面，它们缺乏平衡新陈代谢所需的营养素、纤维、蛋白质、碳水化合物、维生素和矿物质。这些不健康的食物促进脂肪在动脉壁中的积累，并会增加肥胖的风险。

过度行为

"垃圾食品"一词是由微生物学和营养学专家迈克尔·雅各布森于1972年提出的。这指代所有没有营养价值的食物，也就是说，它们不提供营养。垃圾食品能量密度很高，导致所需要消耗的卡路里比身体真正需要的要多。大量的精制盐、油、糖和面粉是其成分的一部分，这对机体有害。久坐的习惯，加上当代特有的压力，诱发快餐消费和肥胖病例的增加。造成这一疾病的原因很多，但专家们一致认为，饱和脂肪和碳水化合物的大量摄入会对饮食习惯产生很大的影响。脂肪的积累会引发严重的健康问题，如糖尿病和心血管病。

汽水与健康

汽水的主要成分是糖，此外还有人造香料。过量饮用可能增加患代谢综合征的风险，也可能导致心血管疾病的发展。

小吃
它们含有浓缩的甜味剂、防腐剂、调味剂和钠。

卡路里
一个汉堡含有600卡路里，而成年人则建议每天摄入2200卡路里。

快餐

20世纪50年代,由于消费社会的迅猛发展,快餐店开始流行起来。家庭和经济习惯的变化,如女性进入职场,大城市节奏加快,都是有利于这类快餐场所的存在,这些场所的工作重点是这些廉价、易于制作、热量高和难以消化的食物。

❶ 汉堡包
美国食物的标志之一。它的消耗随着快餐的普及而流行起来。

❷ 汽水
大量饮用会影响牙齿的釉质和钙质,增加肥胖的风险。

❸ 油炸食品
煎熟的油转化为体内脂肪,引发释放有害物质的化学反应。

❹ 糖果和甜食
它们提供大量卡路里,没有营养投入。此外,它们还含有人造香料和人造色素。

盐
它与高血压等疾病有关。

糖
这些分子以葡萄糖的形式进入血液。

番茄酱
这是一个番茄味儿的酱,由醋、糖、盐和其他各种香料制成。

蛋黄酱
由全蛋、油、盐、柠檬汁和醋制成的调味品。

色素
它们是只给食物上色的添加剂。

脂肪
它们以各种形式提高血液中的胆固醇水平。

热狗
夹着猪肉香肠的三明治,通过这个名字推广开来。

绿色革命与食品——20世纪至今

餐桌上的科学

自20世纪中叶以来，由于所谓的绿色革命，农业生产持续增长，这场革命的重点是在不使用新耕地的情况下提高单位面积的作物产量。为此，在实验室里对多种传统作物进行了开发，并与大型灌溉系统、化肥、农药和重要的农业机械化相结合。

食品改良

绿色革命主要基于改善三种人类赖以生存的粮食作物：小麦、水稻和玉米，在农业化学和机械化的基础上，改进了农作物的栽培技术和农业实践，使世界许多地区的农业生产力大幅度提高。此外，在实验室进行的转基因植物开发使人们能够获得更丰富的维生素、矿物质和蛋白质，或脂肪含量较低的食物。甚至在基因工程方面的进展也实现了延迟果实的成熟，在其他情况下，使它们更能抵御某些害虫，从而减少了作物杀虫剂的使用。一些作物的基因改变使作物变得更小和更具抵抗力，每公顷的产量也大幅度提高。

电脉冲
加入细菌，并使用快速的电脉冲，使得转基因质粒进入细菌。

重组质粒
质粒与DNA片段混合，随后获得重组质粒。

限制酶
将其添加到克隆的DNA中，以分割成基因大小的碎片。在另一根管子中，使用同一种酶提取细菌质粒。

BT玉米

它经过基因改造，可以抵抗欧洲蠕虫，这是一种以植物髓部为食的害虫。BT玉米在其组织中产生称为"Cry"的蛋白质，这对某些昆虫来说是有毒的。因此，当害虫的幼虫试图从树叶或树干中吸取食物时，它们就会死亡。

❶ 克隆目的基因
专家从苏云金杆菌中提取DNA，然后找到并复制可导致害虫抗性的基因。

❷ 改变基因的设计
基因的序列可以被改变，以使它以某种特定的方式（筛选基因）工作，如抗除草剂。

❸ 转化
经过修改的基因被植入玉米细胞核，以便与其中一个染色体结合。

❹ 种植
这种转基因玉米和它的所有后代将永远可以抵抗蠕虫等害虫。

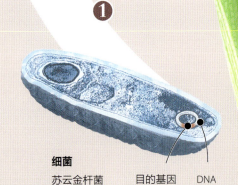

细菌
苏云金杆菌　　目的基因　　DNA

食物 | 117

目的基因
质粒成倍增加，可以复制机体中成千上万个基因。随后，目的基因被定位，开始制作同一基因的数百份副本。

细菌内源质粒
昆虫变性质粒

❷

转基因细菌
重组质粒进入表达基因的细菌

培养板

目的基因　选择基因

❸

成百上千的质粒都被数千个新基因的复制品所覆盖。

质粒被射向细胞样本。

质粒

玉米细胞的培养

❹

染色体
细胞核

如果质粒进入细胞核，基因会溶解，并被植入染色体的 DNA 中。

食物过剩和浪费
目前，世界每年的粮食产量已超过了世界人口的需要。由于绿色革命在发达国家更为广泛，各国之间的经济和技术不平等妨碍了消除饥饿的工作。

绿色革命之父
诺曼·欧内斯特·博洛格是一位美国生物学家，他致力于将杂交种子引入农业生产，目的是显著提高生产率，减少饥饿。

1970 年诺贝尔和平奖获得者。

大事记

穿越时光

食物是人类第一基本需求。在史前，游居群体满足于他们发现的果实或他们走过的土地上狩猎到的动物。后来，农业的发明使生产过剩，并促进了与边远地区的贸易。工业转型和生物技术的进步成功改变了谷物和蔬菜的成分，以提高其未来的产量。

50 万年前
清道夫

直立人有系统地捡拾肉食。此外，直立人还学会如何操纵火，可以加热和烤制能找到的所有食物。

2 万年前
专业猎人

智人狩猎采集群体会根据地区情况专门猎杀大型食草动物。长毛象是理想的猎物。

公元前 8000 年
农业发明

植物和动物的驯化使近东许多地区的人得以定居。多余的产品被储存在各种容器里。

7 世纪
煮茶

在中国，人们习惯于使用茶叶让水产生好的味道。茶树的叶子通过加工生成绿茶或红茶等。

8 世纪
贝都因咖啡

贝都因人是沙漠中的阿拉伯游牧者，他们发明的咖啡是一种具有社交意义的饮料，因为他们都是一群人坐在帐篷里一起喝咖啡。

12 世纪
香料之路

十字军东征使欧洲人与东方的香料商人联系起来。胡椒，小豆蔻，肉桂，肉豆蔻和藏红花定期地到达欧洲。

18 世纪末
餐馆

在欧洲各工业城市，人们开设了提供廉价食物和肉汤的餐馆，让工人们在休息时得以"恢复"。

19 世纪
高端烹饪

在法国，随着致力于培训厨师的法国蓝带厨艺学院的开设，厨师的专业化和制作精致菜肴的趋势得以加强。

19 世纪
冷冻船

人们发明了一种干燥的冷冻保存方法，使我们能够建造冷冻船，从而使世界肉类贸易和肉类工业发生了革命性变化。

公元前 3000 年
面包师

古埃及人通过发现谷物面团的发酵和发明封闭的烤箱来制作面包,推动了食品的进化。

公元前 2500 年
橄榄油的商业化

橄榄树遍布克里特岛。产量的提升使橄榄油可以与近东和中东的人民进行贸易。

1 世纪
葡萄酒行业

古罗马人将嫁接技术应用于葡萄藤株,试验用木桶运输,并发明大型压榨机提取葡萄汁。

16 世纪
食物的流动

欧洲人来到美洲,产生了前所未有的影响。新的蔬菜出口到欧洲,各种牲畜和禽类进入美洲。

18 世纪
日本寿司

随着米醋的发明,人们开始制作小团米饭和鱼,这就是直到今天仍在吃的寿司的前身。

18 世纪
农业机械

英国农业的技术创新推动了农业生产力的显著提高。播种机和收割机被创造出来。

20 世纪
"垃圾食品"

快节奏的现代生活加大了对快速加工的高脂肪、高糖食品的消费。营养失调日趋严重。

20 世纪
食物金字塔

这是一个人为制造出的指导人们合理营养的饮食概念。在谷物、蔬菜水果、鱼肉蛋奶和糖盐油的合理摄入之外,还要根据个人的实际情况,适当搭配,有效选择。

21 世纪
转基因食品

现代技术革命促进了更具抗性的粮食生产,但应采用保护环境平衡的生产方法。

服　饰

服饰的历险

从需要到时尚

了解人类开始穿衣服的大致日期是科学界不断争论的话题。人们可能是用皮革或树叶来制作最初的衣服，但由于这些衣服变质迅速，并没有留下任何痕迹可供猜测。17万年前，体虱的存在表明，当时很可能已经诞生了服装。因为人的体毛很少，所以这种虱子只能侵扰衣物。虽然许多宗教指出羞耻感是导致人们穿衣服的主要原因，但更可能是因为并不那么抽象的主题，如气候。对原始服装，最古老的考古发现可追溯到冰河时代，当时，特别是北半球极低的气温要求人们保持温暖，以免冻死。最初的衣服是用动物皮制成的，开始是打结，后来是缝制，如在俄罗斯科斯滕基发现的骨头和象牙针可以表明，其历史至少可以追溯到3万年前。随着冰川期的结束，欧洲的气候变得更加温和，这也与村庄的诞生相吻合。在这些地方发展了绵羊等动物饲养业，从中获取羊毛织物的原料。早期文明的居民来自新月沃地和印度河谷（中东），他们穿的衣服更加轻薄，包括棉花和亚麻，符合该地区的温暖气候。在5000年前的中国，人们使用另一种布料：丝绸，一种天然纤维，后来它赢得了全世界的声誉。在这一框架内，由于社会的发展和复杂化，服装与性别差异、社会地位、经济潜力、劳动活动、宗教团体成员身份、级别以及在某些情况下与某种种姓中的位置等因素发生了紧密的联系。这些标准以及技术和工艺的进步决定了服装的演变。在中世纪，特别是从5世纪至14世纪，才出现了中央集权：人们以同样的方式穿着了几乎一千年。14世纪，裁缝们开始制造更加精致的面料，这引起了轰动：织物的外观发生变化，丝绸、天鹅绒和纱布被添加到传统纤维中。直到15世纪，出现了另一个标准：美学标准。这种新的探索诞生了时尚的概念，其中包括在一定时间内根据社会和文化影响对服装和配饰种类进行管理的习俗。优雅或奢华等价值观压倒了如舒适和实用为主的观点，到17至18世纪先后诞生了巴洛克和洛可可那样的炫耀风格。在19世纪末，社会变革对时尚产生了深刻的影响。法国大革命使服装更简单、更实用。男性的服饰变成了高领夹克、短外套、窄裤和靴子，这也是现代西装的先驱样式。另一方面，女性继续忍受紧身胸衣的压迫，成为一种不考虑健康的时尚牺牲品。从1908年起，女性被从中解放：由设计师玛德琳·薇欧奈和保罗·波烈提出了新的线条轮廓，并在20世纪前20年中得以强化。但真正的革命发生在工作室和时装店之外。合成纤维的技术被大量用于纺织品生产，并促进了服装工业的发展。在19世纪，服装以非凡的速度变得更加多样化。从19世纪60年代到20世纪中叶，由英国时装设计师查尔斯·沃斯创作的高级定制占据了主导地位。与之相反，大众市场提供以实惠价格出售的成衣，采用标准化尺寸和低成本材料。因此，独立设计定位为一种中间产品：尽管它不是按需或独家生产，但它在设计、裁剪选择和所用面料的质量等方面实力强，成衣量少，出售价格高于批量生产。像可可·香奈儿、乔治·阿玛尼、伊夫·圣·罗兰或拉尔夫·劳伦这样的设计师以他们各自的风格留下了独特的印记，并使得时尚成为世界上最强大的产业之一。从20世纪50年代开始，时尚与年轻人建立了强有力的商业联系。这些新的消费者和城市部落现象使时尚出现了新的趋势。目前，虽然服装首先仍然是以保暖为最初目的，但技术的发展使人们能够生产出"智能服装"，这些服装具有满足新需要的特定功能。

史前服装——10万年前—5000年前

因为需要，所以诞生

并没有确凿的证据可以证明人类是从什么时候开始穿衣服的。人类学家估计，人类可能在10万到50万年之前就开始穿衣服了。最初的服装是由自然元素制成的，如动物皮毛和皮革、草和树叶，或骨骼和贝壳等。因此，保留下来的遗骸非常罕见。由骨头制成的简易针头确凿地证明了，3万年前人类已经开始缝制皮革服装。新石器时代的人类采取定居的生活方式后，发现了编织纤维相对于皮革的优点。

寻找保暖衣服

大约10万年前，尼安德特人穿衣服肯定是用来抵挡冰川的低温。虽然没有确凿的考古证据可以证明，但人们确信，尼安德特人已经穿上了由动物的皮毛和皮革制成的衣服，并用筋腱或生皮条捆绑起来。尼安德特人将皮革鞣制，以防止腐烂，使其在穿上身时更加舒适。考古记录还表明，他们是最早给皮革染色的人。他们也是率先使用某种形式的鞋类的人，这是抵御寒冷的必然需求。克罗马农人，一种智慧较高的早期人类，出现在35000年前，也面临着极端天气。他们开始用新的器具来制作更加精致的保暖衣服。他们用光滑的骨头碎片制造了针头来缝合衣服，用这些衣服将身体完全覆盖，并改进了鞋子，为鞋加上了鞋底。克罗马农人是发现纤维并最早用它来制成布状物的人。

奥茨，新石器时代风格
在意大利阿尔卑斯山脉中，人们发现了一具距今约5300年的男子木乃伊，他的尸体和衣服被保存了下来。他被称作"奥茨"，穿着绑腿、腰布、由山羊皮制成的外套、用树叶和树皮制成的斗篷，还有帽子和隔热鞋。

鞣制皮革
史前人类发明了不同的皮革鞣制方法：用盐腌制，放在太阳下暴晒，用烟熏干，并用动物大脑的脑液涂抹在皮子上；之后用植物汁液浸泡。皮革的鞣制过程也包括保存和装饰。

主要工具
史前服装的主要制作工具是骨骼针头。除此之外，还有火石刮刀，一种用来去除多余脂肪和毛皮的工具。

服饰 | 123

皮革制品

公元前13000年至公元前8000年，气候开始发生变化，变得不那么寒冷。不管怎么样，在这一时期没有任何织物出现的迹象，人们仍然穿着皮革制的服装。由于制作衣服的工具已经获得了较大发展，所以服装已经不像他们的祖先穿得那么简陋。

覆盖或裸露
一些25000年前的雕像显示，部分女性裸露着头发，另一些则戴着类似帽子的东西。

古老的编织
人类使用缝纫针最早可追溯到61000年前。当时使用的"线"是皮制细带。

虱子与衣服
体虱可能是由170000年前寄居在头发上的头虱演化来的，这表明当时人们已经穿上了衣服。

中性长袍
皮制，有的可在腰部位置进行调整。在较冷的温度下，也可能会为它缝制袖子。

手上的鱼叉
工具制作更加精湛：长矛、斧头、刀和针头都已经不那么粗糙。

❶ 配饰
许多考古遗迹已经被发现，这些可以证明中石器时代的人用动物牙齿和贝壳制作项链。

❷ 不用穿得太多
当时发生的气候变化使气温升高。因此，衣服没有必要在全年都覆盖整个身体。

❸ 原始鞋类
制造第一批鞋类时使用的材料包括皮革、草和树皮。原始鞋很可能是一种中高帮的凉鞋。

古印度、美索不达米亚和古埃及的服装——公元前 5000 年—公元前 3000 年

清新舒适

人类最早的文明都诞生在大河流域：幼发拉底河和底格里斯河之间的苏美尔文明，尼罗河河岸的古埃及文明和印度河流域的哈拉帕文明。原材料的供应和服装的制造都受到高温的影响，夏季的最高气温会超过 38℃。这需要轻便的服装，皮革和皮毛被暂时搁置，取而代之的是织物，最早出现的织物是毛毡制品。

物质和象征

最古老的织物记录可追溯到土耳其的加泰土丘居住地，公元前 6000 年，那里的居民已经在用布料包裹死者。印度河流域文明的成员，其最重要的两个城市哈拉帕和摩亨佐-达罗，在 7000 年前已经使用棉花制作服装。在古埃及，亚麻布成为制造轻便、清爽和舒适服装的精致纤维，这已经成为其文明的一个特色。尽管他们已经拥有羊毛制品，但是羊毛不仅对当地气候而言太暖和，而且被认为是不洁净的。几千年来，古埃及服装的外观和制作几乎没有什么太大的变化。在美索不达米亚，尽管温度也决定了人们穿轻质的服装，但由于其服装具有强烈的象征性，因此人们也会使用一些不太实用和鲜艳的衣服。亚麻和羊毛是最好的纤维，人们往往把两者相互结合来制作服装。

短腰布裙
这是男性穿着的一种亚麻裙子。在腰上围一圈，并用腰带固定。

注重美学
古埃及人——以及其他古老的民族——都是化妆大师，他们拥有真正的美容箱：化妆品罐、镜子、梳子、刷子和发夹。男人和女人都用黑色粉末（黑色眼影）保护眼睛，这种黑色粉末既是防晒霜，又能用来驱蝇。

埃及软膏
木质容器用来放眼罩、驱虫软膏及其他物品。

新石器时代的发现
在加泰土丘发现的制作颜料的石板和骨制抹刀。

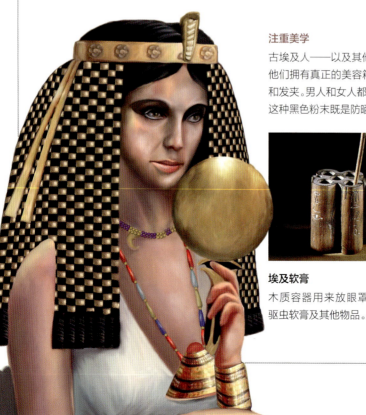

服饰 | 125

❶ 古埃及
上流社会的人戴黑色亚麻假发，由螺旋状的发卷或精心编织的发辫制成。

❷ 古印度
人们用项链、耳环和手镯装饰自己。女性则身穿长裙，肩上披着披肩。

❸ 苏美尔
除了用一种被称为卡吾拉凯斯的衣料，苏美尔人还习惯于穿着披在肩膀上的长袍，覆盖住左肩，露出右肩。

头饰
他们把披肩卷起来当作裹头巾，也佩戴圆毡帽，两者都是羊毛或皮革制作的。

石头和金属
手镯、戒指、耳环和鼻环由金属或石头制成，如绿松石或宝石。

配饰
苏美尔人习惯佩戴石头制作的项链。男性通常还戴戒指形的金耳环。

卡吾拉凯斯
苏美尔人的特色服装是一种平滑的羊毛裙子，在上面缝制成束的毛线，形成仿羊皮的外观。

原始的裹裙
这种衣服看起来像现在印度人仍在穿的裹裙。有时候，裹裙被围在臀部周围，并且是身上唯一的一件衣服。

长或短
与精英阶层不同，普通阶层的男性穿更短的裙子。

重量轻，色彩缤纷
衣服是用亚麻布或棉制成的，并染上了鲜艳的颜色。印度河流域的居民是世界上第一批用棉花编织的人。

鞋子
当人们不赤脚时，就穿简单的薄底凉鞋，脚面用细带束住。

古代纺织品和服装的制作

服装艺术的先驱

苏美尔纺织
羊毛、亚麻和麻线是他们制衣的基本原材料。

从古代服装史上看，并没有出现因服装制造和设计而名留千古的伟大人物。这与其他领域的古代历史，如军队的历史所有不同，军队常用将军的名字命名，如亚历山大大帝。服装艺术的先驱者是利用现有材料和技术去创造生产方法的无名小卒。第一批纺织品是用固定在地面的地桩上或者由放置在地面的两根梁组成的原始织布机上完成的。在公元前3000年，垂直木制框架组成的织布机诞生了。用来编织的线被紧绷在上下横梁之间，中间的木梁用来分开上下部分，以使纬线能够在中间穿梭。

纺织艺术，前哥伦布时期的安第斯传统

这种棉披肩是在古秘鲁的帕拉卡斯文化（公元前600年—公元前175年）时期编织的，该时期的纺织文化至关重要。考古研究在坟墓中出土了成捆的纺织物和布料，其设计图案为研究帕拉卡斯人提供了大量信息。

古埃及的亚麻
有证据表明，7000多年前，在古埃及已经开始制作亚麻织物。织布机属于国家或寺庙所有。最初是水平式织布机，随后被垂直式织布机代替。从底部开始自下而上织布。

古希腊的羊毛和棉花
古希腊人使用纺锤纺线，用纺织机制作线团。最常见的织机是悬挂式垂直织机，最常用的材料是羊毛。直到亚历山大时期，古希腊人才认识棉花。

中美洲的织布机
玛雅妇女用腰机做衣服，她们坐在地上，机器一头绑在树上，另一头绑在身体上。普通的衣服是硬纤维的，精英阶层的衣服是棉制的。

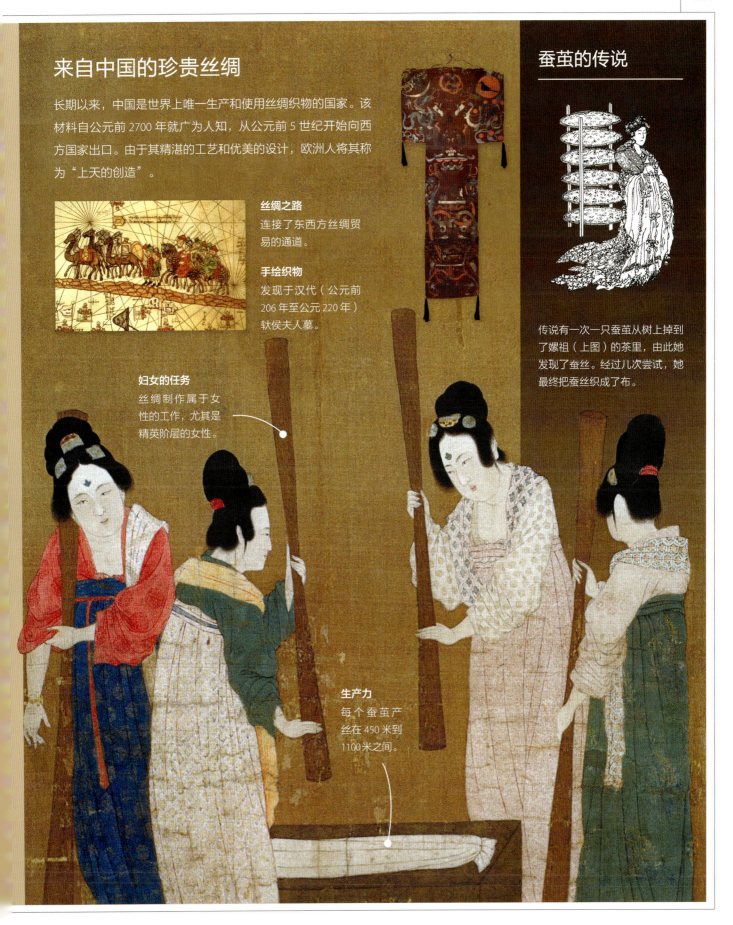

来自中国的珍贵丝绸

长期以来,中国是世界上唯一生产和使用丝绸织物的国家。该材料自公元前 2700 年就广为人知,从公元前 5 世纪开始向西方国家出口。由于其精湛的工艺和优美的设计,欧洲人将其称为"上天的创造"。

丝绸之路
连接了东西方丝绸贸易的通道。

手绘织物
发现于汉代(公元前 206 年至公元 220 年)轪侯夫人墓。

妇女的任务
丝绸制作属于女性的工作,尤其是精英阶层的女性。

生产力
每个蚕茧产丝在 450 米到 1100 米之间。

蚕茧的传说

传说有一次一只蚕茧从树上掉到了嫘祖(上图)的茶里,由此她发现了蚕丝。经过几次尝试,她最终把蚕丝织成了布。

希腊古典时代的服装——公元前5世纪—公元前4世纪

从丘尼克开始

在希腊古典时代的城市中，服装最显著的特点之一是男女之间没有明显的差别。基本服装是一件丘尼克，随着时间的推移，根据性别和社会阶层的不同，其长度和成衣材料开始有所变化。在旅行时，几乎就是一个羊毛斗篷作为大衣，还有一顶宽沿帽子——佩塔索斯帽。农民们穿的衣服更实用，更耐磨，更适合田间劳作。在希腊古典时代，东方对其服装有一定的影响，反之亦然。

变化与实用性

古希腊的前身，无论是阿该亚人还是克里特人，他们穿的衣服都与古典时期的服饰没有什么关系。特别是在克里特岛，女性服装的精致程度引人注目，这与腰布和裙子的简单搭配以及赤裸着躯干的男性形象形成了鲜明对比。米诺斯妇女穿着长裙，腰间用腰带束紧，有时穿着紧身上衣，或身穿袖子很紧的透明罩衣。此外，她们习惯于用各种珠宝和美丽的发型装饰自己。然而这种审美就像米诺斯文明一样，突然而神秘地从希腊古典时代的文化中消失了。希腊古典时代的服装是实用性的代名词。这一时期的衣服基本上是羊毛织物、亚麻或棉花混合物的矩形面料，四面剪裁，没有缝合或绲边。这个矩形对人们的着装需求来说已经足够了，它通过改变尺寸和使用方式，变成了一件可以有多种组合并经久耐用的服装。

农民和工匠
那些在田间劳作的人穿着皮革或厚羊毛衫，还有皮毛或粗糙皮革制作的帽子。而工匠们则更喜欢穿无袖马甲——一种用天然羊毛制成的衣服。

精心打理的头发
古希腊女性的发型多种多样。她们的头发通常很长、卷曲、半拢在一起，有时散开，有时加点装饰。只有奴隶和在葬礼中的女性才能留短头发。除了斯巴达人之外，男人都留短发，剃掉胡子。

时尚
短马尾和人工制作的卷发也是一种流行趋势。

装饰
有些发型上装饰有细带：丝带和发带，有些则用的是金纱。

束发
珠宝扣和丝带可以当作手帕，用来覆盖后颈上端的传统发髻。

从佩普洛斯到希顿

女装由不同材质和尺寸的丘尼克组成。第一种版本是所有社会阶层都使用的佩普洛斯，这种长袍便于在家中穿着和制作。随着时间的推移，当像波斯丝绸这样较轻的纤维出现时，它被希顿取代了。

① 基础服装
佩普洛斯是一种长方形的羊毛或亚麻织物，没有缝线，用大的装饰性别针从肩部绑在背后。

② 形状和样式
佩普洛斯用腰带来调整款式。最常见的服装是白色羊毛，装饰着带颜色的条纹，但也有更热烈的颜色，如红色、紫色、棕色或黄色。

放置
将布料从身体左边围过，在上半身翻折下来形成一个重叠，被称为阿波太革玛。用腰带扎起来形成一个类似罩衫的衣服，被称为科尔波斯。

把布料从身后撑开，就像披毯子一样。抓住佩普洛斯的两端，在其中一个肩膀上方扎住。

化妆品
脸颊用红色，眼睛是蓝色和黑色色调。

别针
最早的别针起源于迈锡尼文明。它们的形状像小提琴弓。

在另一边的肩膀上重复这个动作，如此这块织物就被束住，成为长裙的款式。

腰带用来整理服装，调节佩普洛斯的下摆，通常这部分都很长。

古罗马服装——公元前753年—公元476年

民族的象征

古罗马服装的主要元素是托加长袍和丘尼克。尽管它们是其他文化的服装（第一种属于伊特鲁里亚人，第二种属于古希腊人），但古罗马人根据自己的需要对其进行了调整。虽然不舒服而且很难保持清洁，但是几个世纪以来，托加长袍一直是社会地位的象征。根据一个人穿的托加长袍类型，人们可以判断出他的社会阶层，并且知道他是否担任公职，可能是什么职位，是贵族还是平民，还是其他拥有不同个人权力的人。服装中最常用的材料是羊毛。

与众不同的服装

丘尼克是古罗马最常见的衣服，穿不穿托加长袍是社会差异的一个标志。奴隶和自由人不允许穿托加，因为这种衣服很贵，平民也很难穿得起。服装制作中最常用的材料是羊毛，因为羊毛产量最大且最容易获得。人们用植物染料给羊毛染色，用扣针和链子装饰。在帝国时期，较富裕的家庭使用丝绸、棉花和亚麻等材料来制作服装。古罗马人不太喜欢戴帽子，较贫穷的阶层除外。获得自由的奴隶头戴一顶圆锥形的帽子作为他们自由的象征。男性内衣包括一件亚麻的缠腰布、一件亚麻T恤（亚布库拉，一种内衣）和一件衬衣。而女性则用一种被称作玛米拉尔的柔软的皮制带子，功能类似于紧身胸衣。

女性的基本服饰

衣服、鞋子和发型都非常精致，可以分辨出贵族与平民。她们佩戴头饰、耳环和手镯。

斯托拉
表明女性婚姻状况的丘尼克长袍：通常为黄色。有很多褶皱。

帕拉
类似于男性的长袍，戴在披肩上，可以遮住头。

发型与优雅
古罗马时期的发型多种多样，特别是在帝国时期。与共和国时期的节制朴素截然相反，有一些是非常奢侈的。

孩子们的服饰
孩子们穿着类似于成人的托加·普莱泰克斯塔，用紫色绳边加以区分。他们习惯在脖子上挂一个牛皮制儿童护身符。

托加，古罗马的经典

它不仅仅是一件有特色的服装，它还是一种民族象征，因为只有古罗马的公民才能穿托加。托加穿在丘尼克的外面，颜色和装饰品因年龄、级别和职能不同而有所变化。年满16岁的少年可通过一次仪式获得"托加·威瑞里斯"，这一仪式标志着其成为成年人并获得公民权利。

❶ 翁宝
就是由布料折叠产生的所谓的衣褶，在胃部的高度。也有一些可能是用丘尼克的腰带束出来的褶皱。

❷ 西奴斯
布料自右边腋下穿过，从身前挂在左肩，胸前的部分被称作西奴斯。布的重量搭在左臂上，右臂是自由的。

材料与制作
托加通常是用白色羊毛料做的。女性在家里纺纱和织布。

❸ 鞋类
人们穿的薄底凉鞋、行军靴和厚底步行鞋，都是皮革制品，不过也有其他材料制成的凉鞋。士兵们的鞋底都有钉子。

重量和尺寸
最底部放置一些小砝码可以使服装不变形。布料展开后，长约6~7米，宽约2~3米。

优雅但不舒服
布料被放置在左肩上，从背后绕过去，再从右腋下穿过。

托加的种类
紫袍是最古老的托加之一，是古代皇帝通常使用的。它是全紫色，或者白色与紫色相间的托加·普尔普雷斯；由紫色绲边装饰的托加·普莱泰克斯塔通常是由执政官员穿着的；托加·普尔拉是咖啡色、黑色或者其他深色的，是被用作丧服的托加；托加·佩克塔是皇帝和凯旋将军穿的托加。

托加·普尔普雷斯

托加·普莱泰克斯塔

托加·普尔拉

托加·佩克塔

进化：军队服饰

战斗服装

战争和人类一样古老。正如人类需要日常生活的服装，以及为特定劳动制作服装一样，人类也不得不制作适合战斗的服装。随着时间的推移，根据不同的需要，伴随着技术的进步，这类衣服也发生了很多变化。制服本身的出现——标准化和独特的服装——标志着具有国家级装备和组织的军队存在。

日益复杂

第一批军队的衣服很简单。因为一般来说，这些地方的气候都是温暖的——古埃及，苏美尔，古印度，他们通常只穿腰布和普通丘尼克。国家没有为其战士提供装备，而且专业部队数量有限。第一批穿正式制服的是古罗马人：国家根据相关的军团提供同色丘尼克长袍，并有明显的军衔象征。在中世纪时，情况又回到了最初的样子，一直到 1710 年，普鲁士和英国开始使用军装制服。在拿破仑战争期间，制服色彩丰富，试图对敌人造成冲击。从 1914 年开始，更大的变化发生了：伪装迷彩诞生了，战斗使用的头盔是统一标准的，由金属制成，军靴取代了一般的靴子，制服是灰色、绿色或者卡其色的，这样可使军队不容易被发现。除此之外，还配备了不同尺寸口袋的外套、夹克和长裤，用来存放越来越复杂的设备。

古埃及
士兵身穿亚麻制腰布。只有法老和军官使用头盔和胸甲。

亚述
是最早穿金属盔甲、组建有组织军队的帝国之一。

古希腊
军队的军服外观和颜色各不相同，由军队自行准备。

古罗马
士兵的衣服、装备和武器都是为特定的作战方式设计的。

等级符号

明确划分军队中的等级对于更好地组织和协调军队是至关重要的,因此,自第一批军队出现以来,制服就一直存在。随着等级划分和专业化程度的不断提高,较为容易地区分不同类别以及不同军队的成员变得很有必要。在这方面,通过表示级别的装束和符号进行区分是最有效的方式。多年来,最常见的方式是使用某个物体——如指挥棒——或者使用不同颜色的羽饰和斗篷。

徽章和标志,如今的身份标志

在现代军队中,区分军官和军士的方式各不相同。军官在帽子帽檐上佩戴徽章,他们的手臂上不带军阶标志,而使用肩章。

亚述人的头盔
前面的条纹显示了持有者的级别。

普鲁士人的标记
他们的长矛和波斯帽的颜色将军官与其他人区别开来。

最初的肩章
带穗的肩章和袖子上的军阶标志从19世纪开始使用。

中世纪
骑士身穿盔甲,露出他家族代表的颜色;佩带武器,身穿常服。

近代
士兵们穿着便服,按颜色区分兵团。

拿破仑时代
颜色和装饰,头盔和腰带。制服与便服不同。

现代
武器的发展极大地改变了战士和制服的模式。

中世纪的欧洲时尚——1100 年—1400 年

审美感

中世纪开始于 5 世纪末，即西罗马帝国的灭亡。在 400 年至 1000 年的中世纪早期，服饰与当时的政治局势相似：旧帝国的陋习与新统治者的文化、野蛮人的文化以及虽然遥远但影响强人的拜占庭文化相混杂。这一时期的服装逐渐改变，直到中世纪晚期，审美观念的出现，导致服装制作上产生了深刻变化。

别针
在中世纪晚期，别针至关重要，它们不仅作为装饰品，而且用于固定服装。

拥有自己的风格

几个世纪以来，服装的特征在很大程度上取决于它们是罗马式的还是野蛮式的。这些差异在男性服装中表现得最为明显。前者倾向于继续穿着丘尼克长袍，而后者则穿着丘尼克短衫、皮带、袜裤。针织物和网眼织物是这一新阶段的特征，但国王和贵族除外，他们可以得到从拜占庭来的丝绸和棉花。14 世纪中叶，欧洲出现了一种服装美学，产生了真正的时尚。从那时起，西欧以近乎疯狂的速度经历着不断变化的时尚，这是世界上任何其他地方所无法比拟的。

社会差异
在整个中世纪，阶级差异通过服装的制作和所用材料以非常极端的方式表现出来。随着城市的发展和商业资产阶级的诞生，这种情况直到中世纪晚期才有所减弱。

君主
他们有最好的衣服，且深受拜占庭影响。

骑士
他们的服装几乎和国王是同等水平的。

宗教人士
他们的服装保留了古罗马文化的影响。

仆人
他们穿着粗糙的丘尼克长袍，亚麻或羊毛袜，还有廉价的皮制大衣。他们在夏天赤脚，冬天穿着木制鞋子。

全部使用羊毛

由于羊毛具有多种特性，在中世纪晚期，最常用的材料是羊毛：羊毛容易染色，并且在全球温度大幅度下降的时代，具有较好的保温性。

婚姻状况
已婚女性需要戴上头巾。未婚女性则散着头发。

❶ 男性
男性的典型服装包括衬衫和亚麻短裤，下面穿羊毛袜裤，外罩一件长到大腿或脚踝的袍子。

❷ 女性
女性穿着纱雅裙或格内拉长袍（类似于丘尼克的长袍），外面罩着一件外衣，袖子宽大，胸部下方紧紧束住，腰臀部以下呈散开状。

最后完成
紧身上衣外面是羊毛丘尼克长袍，随着时间的推移，袍子变得越来越短。长袍之外可以披上斗篷和兜帽。

更大胆
圆领进一步变大，这使脖子和部分肩膀裸露在外。

腰带
它已成为时装的附属品，并具有实用价值。它可以用来挂着长剑和精美的钱袋。

奢侈的细节
通常，连衣裙的袖子和领子的部分用皮料锁边。

尖头鞋
鞋尖处是最时髦的。鞋子长度可达48厘米，并作填充，以保持形状。

内衣
这是一件长到脚的长衫，通常温暖季节的内衣是用亚麻做的，寒冷季节的是用羊毛做的。

文艺复兴时期的服装——15世纪

纯粹的奢华

在这一时期，诞生于中世纪末的时尚，以类似当今的速度迅猛发展，令人眼花缭乱，不断变化并以此为长期趋势。意大利是新文化潮流的核心，在服装领域也是如此，服装的风格符合创新美学和艺术理想。在配饰和发型上，无论是纺织品的颜色还是设计，都是非常丰富的。虽然意大利掌控了时尚的节奏，但是佛兰德斯的毛纺业主却用从英国进口的羊毛原材料制造出了欧洲大陆最豪华的面料。

舒适的男性和不舒适的女性

15世纪的男人穿长袖衬衫，很宽松，外面套一件短款坎肩，卡在腰部并且扎住裤袜。他们用一块楔形布兜遮住裆部，最初只是捆绑在裤袜上的一块布。后来，通过填充甚至装饰珠宝，它成了一个独特的标志。整套装束还包括一件类似彭丘的短斗篷，皮鞋或靴子，以及一顶有羽毛装饰的帽子。他们还会穿一种敞开扣子的礼服，袖子上绣着家族徽标。女式服装强调宽肩，衣服尺码又长又窄，突出丰满的胯部。躯干被一种类似紧身胸衣的服装箍住，紧紧压住胸部并向上提高胸线。

手帕
由亚麻或丝绸制成的、带有花边装饰的针织物，被定义为奢侈品，因为法律禁止穷人使用。

精致的面料
服装由豪华的面料制成，如天鹅绒、锦缎和花缎。

① 音乐家
最常用的颜色是亮色，如海蓝、金色和红色等。面料非常考究。

② 宫廷侍女
白色亚麻长袖衬衫，外穿高腰连衣裙，颜色对比鲜明。她们有巨大的衣橱。

③ 贵族女性
她们强调宽阔的肩膀和狭窄的腰围。胡普兰衫是当时流行的款式，这是一种高位腰身的宽松裙子。此外，还有袖子宽大可达地面的天鹅绒长袍。

④ 贵族男性
他们普遍佩戴一种叫作夏普伦的帽子，帽子上多用珠宝和羽毛装饰。裤子开始出现"切口"风格。

⑤ 统治者
时尚的标准，就是身穿最优质的衣服。洛伦佐·德·美第奇是代表人物之一，他被称为"伟大的洛伦佐"。

⑥ 侍从
主人给自己的侍从提供衣服，为的是给客人留下好印象。他们连颜色也会选择好。

⑦ 资产阶级
虽然商人和银行家的衣着更为谨慎以显示其严肃性，但奢华的细节却层出不穷。

⑧ 艺术家
有时，他们身穿源自古希腊和古罗马风格的服装，这一文化在文艺复兴中受到高度赞扬。

⑨ 外国人
在荷兰，男性通常佩戴尖帽，女性则佩戴天鹅绒帽。他们使用手帕和扇子。

展示不同
贵族们用越来越复杂和不自然的发型及头饰来寻求与其他人的差异。早在15世纪，女性就会露出她们的头发。

裁缝与中世纪最初的时尚偶像

创造趋势的挑战

佛兰德斯的毛纺业主

他们用英国的羊毛制造了欧洲最奢侈的面料，并组建了最强大的公会之一。

尽管裁缝们所做的贡献对中世纪时尚的诞生和打破中世纪特有的中央集权发挥了重要作用，但他们在历史上仍然没有留下姓名。中世纪的社会裂痕如此之大，裁缝们被禁止展示他们的一些创作，这些创作只能为那些大领主所用。不管怎样，在14世纪，是他们对服装进行了新的尝试。在那之前，缝纫——如果能够算是缝纫的话——都是直线型的，衣服缺少线条和优雅。但是，通过引入弯曲的接缝和适合人体型的服装，他们在推动服装艺术提升方面发挥了显著的作用。

男性和女性的装束不同

在14世纪中叶，男性开始穿分身的衣服，而女性则继续穿着裙子或长袍。

**查士丁尼一世
华贵的面料**
根据皇帝的品味，拜占庭有镶嵌黄金和宝石的奢侈面料。

**查理大帝
丘尼克长袍和斗篷**
法兰克人和他们的国王选择了简单的丘尼克长袍，外面披上一个长方形的斗篷。

**路易九世
宽阔的袖子**
法国国王反映了中世纪晚期宽袖长袍的兴起。

**克里斯汀·德·皮赞
尖顶帽子**
文艺复兴时期，出现了像这位女诗人的尖顶帽子这样的奢侈品。

**菲利普四世
裤子**
中世纪之后的17世纪，像菲利普四世这样的君主，他们已经开始穿着裤子了。

**玛丽·安托瓦内特
潘尼尔**
巴洛克时尚的标志，她的裙子上有三角形的胸衣装饰和裙撑。

裁缝的工作

中世纪国王和贵族的衣服是由裁缝们量身定做的，而绝大多数人则在家里自己做衣服。在文艺复兴期间，裁缝们的工作受到了更广泛的欢迎，特别是富有的资产阶级。此外，还有流动裁缝为农民服务。

染色艺术

在12世纪末，由于威尼斯人和热那亚人与东方的贸易关系，染色技术重新出现，在热那亚、佛罗伦萨和威尼斯开办了许多染色作坊。

分工
剪裁人、缝纫师和裁缝都有自己专门的职责。

职业学习
职业的类别是在作坊里经过学习四年后获得的。

紧身衣
面料被剪裁成片，缝制成能体现曲线的衣服。

进化：发型与帽子

从头开始

从历史上看，头发具有很强的象征意义，这使得它成为被关注和护理的对象。对一些人来说，这是活力和健康的标志，对另一些人来说，这是智慧和经验的象征，对更多的人来说，它代表着自由或价值。例如，长发或短发在一种文化中是这种含义，而在另外一种文化中可能完全相反。即使在几十年甚至几百年来服装没有太多变化的社会里，发型和帽子也发生了很大的变化。

一万年的头发

在古埃及，男性剃光头戴假发，而女性则留着短而方的头发。古希腊的女性有长且呈波浪状的头发，而男性，除了斯巴达人之外，都留短发。为了与野蛮人有所区分，古罗马人继承了短发的习惯。与罗马帝国的长期存在不同，罗马人的发型则经常发生改变。在中世纪，女性的头发很长，中分，通常是编发。文艺复兴时期，女性开始盘发，非常精致，而男性则模仿古希腊的发型。在巴洛克和洛可可时期，男性和女性的蓬松假发（往往是巨大的假发）开始流行，他们也做卷发并使用发鬈。在法国大革命之后，头发的品味又回到了自然状态。20世纪之后的发型不断加速变化着，这已成为一种属于社会群体和城市部落的行为准则。

发鬈
为了使假发卷曲，她们把头发卷成圆柱形，然后烘烤。

盘发
19世纪末的发型，简单、精致、实用，与文艺复兴时期的发型形成鲜明对比。

卷发
在罗马帝国弗拉维乌斯风格的影响下，弯曲的卷发是17世纪的特色发型。

短发
20世纪的20年代，在女性解放过程中，平头剪（传统学生头）出现了。到了90年代出现了精灵头，甚至还有雷鬼头。

帽子

帽子最初是为了保护佩戴者免受恶劣天气的影响,后来成为一个重要的地位指标和时尚配饰。男性从古典时代开始佩戴帽子,而女性则从16世纪开始使用,在此之前她们也曾用过各类型的头饰,如发网和兜帽等。在20世纪下半叶,人们不再用帽子作为时尚配饰。然而,在气候寒冷的地区,无论男女,它仍被广泛使用。

源自古埃及,最初的假发

由于天气炎热,古埃及的居民经常剃光头或留很短的头发。在公共场合,他们戴着笨重而复杂的假发。女性则不太喜欢过长的头发,很多时候她们都戴看起来像辫子或者类似于牙买加脏辫的假发。

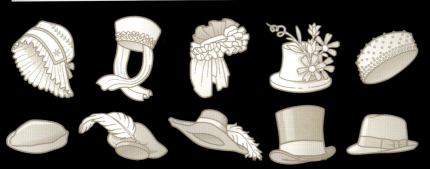

中世纪 古董帽,帽顶几乎是平的,窄沿。

文艺复兴 非常考究,用羽毛、面纱和珠宝装饰。

巴洛克 戴在假发上,做装饰用。

维多利亚时代 男女使用的一种礼帽。

50年代 男性使用软质毛呢的毡帽,女性则带小型的圆沿帽。

打理头发 把潮湿的头发卷起来保持数小时,以获得直发的技术。

长发 和中世纪的典型发型类似,松散的,直垂的和中分的,这也是20世纪60年代和70年代嬉皮士的特色。

巨大的额发 17世纪末的方当伊高头饰开创了先例。在20世纪80年代,一种用大量摩丝来支撑的巨大发型成为时尚。

前哥伦布时期的美洲服装——公元前 15000 年—公元 1500 年

各种风格的世界

美洲大陆各族人民在这里居住了至少有 17000 年的历史。一般来说，1492 年克里斯托弗·哥伦布到达之前，并没有受到欧洲文化影响的这一时期被称为前哥伦布美洲，它包括土著文明。这一漫长的阶段涵盖了数千年的文化发展，从最初占领美洲领土的移民群体到伟大的玛雅帝国、印加帝国和阿兹特克帝国。美洲大陆的每个角落都居住着不同的人，这些人适应了环境并塑造了自己的文化，因此，他们的服装风格就以此为基础。

环境和文化

美洲有各种各样的地理环境和气候类型。土著人适应了这些变化，他们的穿衣方式是这些多样化的直接结果。在寒冷的北极地区，因纽特人开发了一种以皮革和皮毛为基础的服装，以应对极低的温度。同样的事情也发生在大陆的另一端——火地岛的雅马纳人和奥纳人身上。亚马孙或加勒比的丛林和温带环境使人喜欢使用简单的遮盖，甚至不穿衣服。整个大陆的游牧文化倾向于用皮革制作服装，定居民族则利用他们拥有的资源发展了纺织：安第斯人主要使用骆驼毛，中美洲人则种植棉花并用其加工服装。所有文化都或多或少为节日或仪式创造了服装和装饰品，并作为等级或社会地位的标志。

几乎赤裸
当西班牙人到达美洲时，第一批与他们接触的土著人赤身裸体，身体被染成黑色、白色、红色和棕色。

苏族人
游牧民族，草原印第安人，用皮革制作衣服。

阿兹特克人
中美洲人，穿棉制衣服和动物皮制成的斗篷。

雅马纳人
生活在南部的部落，在恶劣的气候下，穿着保暖的衣服。

因纽特人
他们穿防水靴，双层长裤和派克大衣。

加勒比人
这些土著人赤身裸体或只用腰布遮体。

前哥伦布时期的女性

在欧洲人到来之前，女性在大多数土著人中发挥着重要的作用，她们不仅是与生殖相关——是生命的缔造者，而且在某些情况下还充当巫师，从事农业等重要活动。这一地位在许多情况下也反映在服装上。

印加女性
在印加社会，女性负责纺织和编织装饰精美的布料。她们这样做不仅是为了家庭，也是为了履行贡奉给统治者的义务。

覆盖肩膀
衣服外面披着一条羊驼毛纺织的斗篷，上面装饰着几何形状和动物与人类的图案。

① 典型服装
它是一件宽大的长方形长袍，一直延伸到脚踝。从头套进去，用绳结系在腰上。几乎所有的女性都这么穿。

② 区分标准
女性在社会阶层中的差别并不是她们的服装款式，而是她们服装中所使用的纺织品的品质，贵族的服装面料更为复杂。

玛雅服装
无论是男装还是女装，玛雅服装都对应着社会阶层，反映了使用者的地位或种姓。

斗篷
斗篷用来覆盖躯干，里面穿一条被称作"huipil"的裙子。

裙子
危地马拉的玛雅人穿着长裙和衬衫，配有五颜六色的刺绣。

头发很长
头发中分，只有参加葬礼才能剪短头发。头发上覆盖着一块叫作那那卡或潘帕库纳的布料。

非洲传统服装

以货易货

在桑海帝国时期，通布图是买卖双方和学者都必须前往的目的地。清真寺同时也承担着教育的职能，周围设有集市，在那里交换盐、金子、骆驼、粮食和奴隶，还有各种各样的纺织品。由于地理位置优越，它是一个中枢，聚集了非洲许多地区的族裔。举办市场的广场是名副其实的有关语言、文化，当然还有服装的巴别城。到19世纪末，来自欧洲的影响改变了人们的穿着，减少了人体暴露，并产生了民族服装。

无处不在

在其黄金年代，通布图有将近10万居民，主要是班巴拉人、曼丁戈人、富拉尼人和多贡人，并接待从马格里布前来淘金的旅行者，以及乘坐骆驼大篷车穿越撒哈拉沙漠的图阿雷格游牧人。该城市是非洲大陆这一地区服装多样性的一个缩影。部分非洲服装展示身体，并用装饰以突出身体，这震惊了殖民非洲的欧洲人，因为它与欧洲的道德准则背道而驰。从19世纪末起，欧洲的影响变得非常强大。1945年以来，不同的非洲民族主义者把服装当作他们个性的标准，但也批评赤裸的皮肤装饰。然而，他们创造了新的时装，这在现在被认为是民族服装的起源。

富拉尼部落 穿深色衣服和戴尖顶帽子的牧羊人。

典型帽子 只有多贡人才带这种帽子。

索宁克人 衣服的布料被染成蓝色、黄色或红色。

图阿雷格人 面纱和头巾的混戴，通常是靛蓝色，是图阿雷格男性的典型服饰。

珠宝和文身
项链，手镯，覆盖整个软骨的耳饰和垂下来的巨大耳环是富拉尼珠宝的一部分。面部文身，尤其是嘴唇周围的文身，是这一种族的典型特征。

装饰的身体
利比里亚的巴萨部落成员用黏土粉刷他们的身体，并佩戴珠宝庆祝他们的传统节日。五颜六色的服饰使这一区域与众不同。

① 柏柏尔人
他们的衣服保护他们不受阳光、高温和沙漠风沙的影响。女性穿着宽大的衣服，直至脚踝。

② 班巴拉人
马里的棉布或泥浆染布，是一种用发酵黏土染色的棉织物，是其传统织物。目前，该方法仍被使用。

③ 马林克人
他们穿着浅颜色的轻质衣服。马里这一种族的男性负责编织，女性负责染色。

④ 图阿雷格人
他们穿着蓝色系的长袍，叫作达拉。女性不戴面纱，穿无袖连衣裙。

⑤ 辛巴部落
辛巴部落的男女只围着一层亚麻布作腰布并佩戴项链。躯干赤裸。

⑥ 多贡人
通常穿棉布衣服，并使用靛蓝染色。精神领袖穿白色的衣服。

朴素的布料
15 世纪前，所交换的织物光滑而质朴。随着时间的推移，服装的染色、制作和装饰的花样也千变万化。

头巾或帽子
马林克人既使用裹头布也用帽子。

马格里布的男人
摩洛哥、阿尔及利亚和突尼斯的旅行者常常穿着摩洛哥式长袍或吉拉巴，后背有兜帽。

印度传统服装

一块布料的优雅

虽然印度自史前时代以来就有人居住,但在公元前 2000 年左右,雅利安人入侵古印度,建立了种姓制度社会。他们的服装有其特殊性,因此能够辨别穿这些服装的人所属的社会阶层。几个世纪以来,不同民族定居或入侵印度,对服装产生了影响,并形成了各种各样的服装。

种姓支配时尚

在古代印度,基础服装对每个人都是相似的,包括男性穿的裹裙和女性穿的纱丽。为区分不同的种姓,人们使用从左肩穿过右臂的线来辨别,包括三条不同材料的线。神职人员佩带棉线、战士佩带亚麻线、从事工农商的人佩带毛线。一般来说,男性和女性都赤裸着上半身,尽管有时候女性穿上系在腰间的半裙以及羊毛或棉质的胸衣。战士会在肩上披一条窄毯子。印度的王公们穿长袍,腰带两侧挂有金饰物。他们穿靴子或者拖鞋,低种姓的人则赤脚,而处于中间种姓的人穿着亚麻或白色皮革制成的拖鞋。为了容易辨认,低种姓的人必须穿羊毛长袍,使用亚麻制成的腰带,山羊皮斗篷以及用无花果树枝做成的高大拐杖。

神职类
婆罗门人穿着白色的亚麻制的衣服。用甘蔗白化物做腰带和高大竹竿作拐杖。身上的白线表示它属于两次转世的种姓。

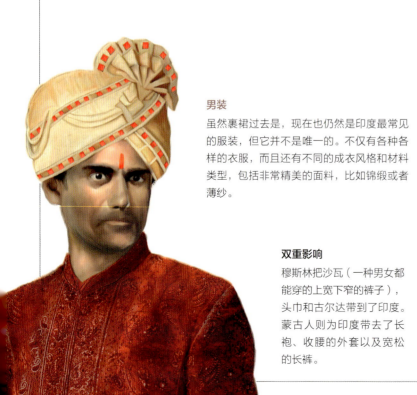

男装
虽然裹裙过去是,现在也仍然是印度最常见的服装,但它并不是唯一的。不仅有各种各样的衣服,而且还有不同的成衣风格和材料类型,包括非常精美的面料,比如锦缎或者薄纱。

双重影响
穆斯林把沙瓦(一种男女都能穿的上宽下窄的裤子)、头巾和古尔达带到了印度。蒙古人则为印度带去了长袍、收腰的外套以及宽松的长裤。

古尔达
肥大的、宽松无领的过膝长衫,可以配任何裤子穿。

裹裙
腰部可调节,穿过两腿之间汇合。在印度北部,人们通常与古尔达一起穿。

服饰 | **147**

优雅和性感

纱丽是印度女性最具特色的服装。它具有该国独一无二的特殊性，同时，尽管它非常简单，但它使女性的形象既性感又优雅。

❶ 典型的服装
纱丽是一种无缝布，长4至9米，宽1.20米。根据不同的风格以身体曲线围裹，其中最受欢迎的是尼维式。

❷ 围裹
采用尼夫风格时，纱丽的一端在腰上围一圈，另一端从右臀部往上搭到肩膀上，露出部分腰腹部。

装饰边
华丽的纱丽边上绣着金色和银色的线。

❸ 帕卢
从右侧臀部向前，从下往上穿过躯干的是纱丽最漂亮、装饰得最好的部分。可以是悬挂式，或者绕过后颈从左肩穿过的披肩式。

❹ 棉和丝绸
一般的纱丽是棉制的，而富人使用的则是丝绸制的。两者都是手工制作的，其成衣制作需要很长的时间。

纱丽下的衬裙
纱丽下面需要穿衬裙，这种衬裙根据地区不同而有不同的名字：北部的楞哈，南部的兰噶或者帕瓦达，西部的查尼由或帕卡和东部的纱亚。

吉祥痣
眉间正中画上的红色点，象征着生命和能量的来源。

短衬衣
又被称为乔丽或者拉维卡，是上衣。短袖，圆形低领，紧身，到下胸部，露出腹部。

精致的装饰
纱丽主要是表现纺织面料本身的图案，之后开始加入刺绣图案。

珠宝及配饰
除了通常的珠宝首饰，如耳环、项链和手镯外，还突出了鼻子上的鼻环、护踝、脚趾上的戒指和额头上的装饰品，即提克或者宾迪。通常是金质或银质的。

起源
古时候，印度女性只戴披肩或面纱，使整个上半身处于暴露状态，纱丽也正是由此起源的。

东亚传统服装

源自东方的优雅

东亚的服装类型深受中国的影响。这种类型的服装以丝绸为基本材料，主要由一件窄长袍（衣）组成，长达膝盖，用腰带打结系住衣服，下面是长到脚踝的管状长裙（裳）。它迅速传播到东方的其他地区，在许多国家得以效仿，然后根据他们各自的喜好和需要加以调整。

服装和地位

在漫长的历史长河中，中国的服饰伴随着王朝的更迭而发生着变化，社会阶层和等级使服装有着明显的差异。此外，还有正式的着装、休闲服和其他仪式服装的区分，甚至在皇宫内也有不同类型的服装，如为某一仪式准备的不同层级的着装。中国人最喜欢的颜色是蓝色、红色、黑色、白色和绿色，在特定朝代，黄色只能供皇帝使用。日本的服装尽管发展出了其他种类，但也受到了中国的影响，用精致的自然风格的印花制作，甚至有一些一直保留至今。最明显的例子是流行于艺伎中的丝绸和服，其中有许多变体，有些变体是男性使用的。日本的其他典型作品是浴衣，一种在日常生活中较轻的棉制和服，以及叫作"袴"的一种比较宽松、大部分是男性穿着的裤子。

旗装

旗装是中国满族的传统服饰，是所有旗人统一的一种袍式服装。袍子长到脚，立领，长袖。布料因社会阶层不同而有所不同：精英阶层用丝绸，其他人用棉布。虽然布料可以是素色的或精致的印花，但是衣服上重要的刺绣部分是最突出的特点。随着时代发展，旗装具有了越来越多的现代时尚元素。

清代花盆底鞋

花盆底鞋以木为底，跟高5~10厘米左右，木跟用白细布包裹，用刺绣或串珠加以装饰，鞋的面料为绣着五彩图案的绸缎。这种鞋多为十三四岁以上的贵族女子穿着。

韩服

这是典型的朝鲜民族服装，人们一直穿到20世纪70年代。从那之后，它只用于特殊活动，如传统婚礼和节日。尽管目前保存的韩服模型是朝鲜王朝（1392年—1910年）使用的款式，但其起源至少可以追溯到2500年前。

① 赤古里
这指的是一件袖子长而宽的外套，长度约到胸部下方，男女通用。与它配套穿的长裙有它的四倍长。

② 长衣带
赤古里的胸口中间，有一个红色蝴蝶结，一边有一条长长的衣带垂在裙子上。

色彩的象征
统治阶级的服装通常是彩色的，而平民的则是白色的。未婚的女性用白色与黄色或红色搭配来表明婚姻状况；结婚后，服装的颜色将由丈夫的地位决定。

男性服装
男性的服装是一条宽大的裤子，裤脚绑在脚踝上，以及一件拥有宽大袖子的外套。

多种装饰
女性使用各种各样的配饰：最重要的是挂饰，用来挂在腰上的装饰品。

③ 裙
裙子长且宽，这使得穿衣服的人看起来更高。它最初的设计是想舒适地骑行。下面穿着肥大的打底裤和一条内裙，类似一件宽大的套裙。

素色或印花
裙子是素色的，只有王室家族才可以用有花朵、动物和植物的印花，这些图案增强了衣服的美感。

舒适的面料
韩服是用天然纤维制成的，这使它能够做到冬暖夏凉。

16 世纪的欧洲服装

零度以下的解决方法

在16世纪上半叶，一种被称为"小冰河时代"的气候现象影响了北半球，并对服装产生了显著的影响。在不列颠群岛和欧洲北部，低温更为明显，在这些地方，服装的特点是体积庞大、有很多层、能起到隔热作用。在16世纪的头几年，英国和法国的宫廷竞相将它们的风格强加于整个欧洲，但从16世纪20年代开始，西班牙的卡洛斯一世引领了欧洲大陆的时尚。

西班牙印记

从16世纪的第二个十年开始，德国对服装的影响开始显现出来，特别是随着"切口式"时尚的出现。这种趋势一直持续到17世纪，切口式服装是指在衣服的外层面料上做一个像刀伤一样的开口，下面露出另外一种不同的面料。1520年，西班牙的卡洛斯一世加冕为神圣罗马帝国的皇帝，他不仅统治了西班牙及其在美洲的殖民地，而且统治了欧洲中部和北部的许多地区。因此，西班牙时尚在这些领土上迅速扩张，并对帝国以外的其他国家产生了影响。他的继任者菲利普二世更加强调将西班牙时尚强推给他的殖民地。这种风格反映了君主竭力捍卫天主教信仰的节俭和端庄。因此，黑色和无装饰占据了主导地位，而女性服装也随之失去了活力。不受西班牙统治的国家吸收了部分趋势，在他们的服装中引入了颜色和配饰。

俄罗斯服装

几个世纪以来，俄罗斯的服装几乎没有变化。乡村贵族穿着直到脚面的锦缎和丝绒大衣，裹着毛皮，戴着貂帽，留着长胡子。

保暖配饰

在英国伊丽莎白一世的统治时期，手套成了优雅的一部分。她为手套加了刺绣，镶嵌着珠宝和宝石，其中的一些手套作为博物馆藏品被保存下来。伊丽莎白一世也对鞋子进行了创新：她就是一个穿马靴的女人。

裙子和巨型袖子

16世纪女性时装的创新之一是裙撑。它出现在西班牙，是钟形裙，由保持人工制作形状的环形铁丝圈组成。皱褶领、夸张的袖子、纱雅裙和罩裙都是与众不同的。

服饰 | **151**

变化着的线条

在 16 世纪初，服装更倾向于凸显男性身材。20 年后就发生了彻底的改变：男性服装线条看起来像正方形，试图夸大肩膀的尺寸。从 1530 年起，男性服装又逐渐恢复到更加精细的线条感。

❶ 衬衫
16 世纪初，人们会在坎肩下面穿一件低领亚麻衬衫，后来受西班牙服饰影响，衬衫的领子变得又硬又高。

❷ 紧身长袍
它起到了保暖的作用，使衣服线条更加优雅，与长筒袜连接。开始时，它是作为内衣出现的，到了 1570 年，制作的精致程度已经可以作外衣穿了。

❸ 长筒袜
男性穿长筒袜，长度到大腿上部，与紧身长袍连接。

地区服装
在 16 世纪，除了贵族穿的衣服外，还有欧洲不同地区平民穿的各种特色服装。

在荷兰
下层阶级最喜欢的颜色都是热烈的颜色（红色、绿色、黄色、粉红色、紫色等）。

皱褶领前身
领子可以通过带子调节，这组成了一个小型的皱褶领，也是后来主导了整个世界潮流趋势的皱式花边领的前身。

敞开的夹克
衣服的内侧是皮革衬里。16 世纪初，夹克的长度达到脚踝，但到 1530 年，短款夹克成了流行时装。

鞋
无论男女，鞋子基本上都是宽头的，有些超过了 15 厘米，平底没有鞋跟。这一点在 16 世纪慢慢发生了变化。

巴洛克风格的服装——1550年—1700年

夸张和改变

从16世纪中叶到18世纪初，欧洲美学的所有方面都受到了巴洛克风格的影响。服装也不例外，尽管在这一领域的影响只持续到了17世纪中叶。这一时期主要的特点就是富丽堂皇，1550至1600年，除意大利和法国外，西欧统治流行时尚在西班牙皇室期表现得尤为明显。尽管颜色依然很阴郁，但是服装款式非常奢华。到了17世纪，法国在色彩和装饰品的爆发中统治了潮流。

显著的多样性

在巴洛克时代，意大利和法国等国都强调生活的乐趣但不失其与众不同的位置，而西班牙和新教国家则有着深刻的宗教精神和严格的禁欲主义，因此服饰根据它所代表的国家，经历了一系列显著的变化。在16世纪下半叶，皱褶领开始出现，这是一个围绕在脖子周围的皱褶针织装饰，男女都使用。

另外，女性的裙撑也流行起来，男性不再穿用来加衬的襟门。1600年至1650年，不舒服的皱褶领被一大串蕾丝亚麻饰带所取代，长筒袜让位给在英国最流行的马裤。1660年起，法国路易十四的宫廷成为欧洲时装的发源地，充满了鲜艳的色彩以及华丽的饰带、卷发和羽毛，男女都佩戴着装饰品。正是在这个时期，巴洛克风格的服饰特征最为明显。

儿童版
17世纪的儿童服装是成人服装的小复制品。迭戈·委拉兹开斯的画作《宫娥》，以玛格丽特的儿童形象描绘了西班牙宫廷的儿童时尚。

清教徒的时尚
17世纪中叶，荷兰出现了一种具有装饰性但是颜色深暗的服装风格，莱茵格拉夫上衣是最明显的标志。当感觉到法国时尚的繁华与他们推崇的节俭之间的鲜明对比时，英国清教徒也进行了自己的选择。

莱茵格拉夫上衣
大约出现在1665年，这是一套有着荷兰血统的西装，包括一件长夹克，以及配有腰带、裤腿宽大的裤子。

圆锥形毡帽
它也被称为朝圣者的帽子。这顶帽子的特点是帽檐宽且有高窄的帽冠。

法国，时尚女王

在路易十三和路易十四的统治时期，法国引领了欧洲时尚。夸张的精致使男人穿得比女人更妩媚。1674 年至 1678 年间，一项禁止奢侈品的法令使这一趋势停滞下来，但随后出现了新的设计和风格。

1 有皱褶领的服装

这种领子指的是一种宽大的填充衣领，披在背部和肩膀。在 17 世纪，皱褶领变得越来越大。最终让位给大领口。

2 裙子款式

裙裾集中卷起来堆积在裙子的后臀部。正面看有一个开口可以看到里面的衬裙。有时候，一件衣服因为绣花衬裙看起来就像一条双层裙子。

3 衬衫和领带

衬衫有蕾丝领子和袖口，有时用金线和银线。在 17 世纪下半叶，领带诞生了。最初是花边锻带做的，后来是棉质或者细薄棉布所制。

4 外套和帽子

1666 年，人们开始穿双排扣长礼服或西装外套。镶嵌有丝带、羽毛、珠宝和仿制品的帽子是作为一名尊贵绅士的终极象征。

高跟鞋

17 世纪，法国人开始流行高跟鞋，有时是几厘米高的鞋跟，它们被看作是贵族的象征。

洛可可服装——18世纪

明显的曲线

18世纪的时尚依然属于法国。贵族们在凡尔赛宫决定着欧洲其他地区将采用的美学参数。洛可可和新古典主义由此诞生，它们标志着整个18世纪的服装风格。前者涵盖了18世纪的大部分时间直至法国大革命，后者则紧随其后，这也是法国大革命的结果。洛可可表现了法国贵族对享乐的追求和向往，而新古典主义作为对洛可可轻浮风的表态，将服装的风格变得更加简单和实际。

时装女王

在路易十四的统治下，法国主宰了时尚界，随着路易十四的去世和1715年路易十五的登基，法国对服装界的影响因洛可可的优雅和精致而进一步加强。在前几个世纪着装的黑暗色彩和近乎宗教的严苛性之后，这一时期法国文化的特点是追求个人的快乐，这其中也包括服装，而且服装制作已成为一门艺术。里昂制造的轻质织布和丝绸，其色调清晰明亮，取代了意大利面料，使其充满了色彩和自由。洛可可时尚强调女性：每一个元素都夸大了女性的线条，使她们既丰满又奢华。1789年的法国大革命标志着洛可可的最终结束，着装发生了巨大变化。这一趋势是寻求摆脱造作和过于奢华，在男性着装方面，这一趋势包括了定制服装和军服。

男性时装
与女性的服装相比，男性的服装没有如此夸张。服装的基础是法国西装，包括了双排扣西装外套，马甲和长筒袜。三角帽和拐杖是优雅的象征。除了这种西装，还出现为一些特定习惯而设计的新服装，这其中就有在骑马和打猎时穿的大衣。

基本服装
轻便的马裤和带褶边的白衬衫。夹克比巴洛克式夹克更舒适和实用。

围巾和三角帽
在取代了皱褶领和三角帽之后，时尚潮流将围巾推成了时代象征。

无裤党
为了区别于贵族阶层，工人、小商人和工匠们不穿套裤（裙裤），而是穿普通的裤子。

强烈的女性化

裙撑使巨大的裙子看起来像是漂浮着。紧身胸衣,袖子宽大的紧身外套,有褶皱的胸衣,纱布带,最好的丝绸,大领口……所有这些都是为了突出女性的魅力。

① 袖子
因其与亚洲建筑的相似,被命名为塔袖,肘部紧绷,有三层蕾丝荷叶边褶皱。

② 袒胸领
由蕾丝花饰修饰的低领紧身胸衣,使胸部看起来更加丰满。

③ 三角形衣片
这是 18 世纪女装前身的覆盖物,用蕾丝、彩饰和绸带装饰并挡住胸部和胃部。

宽大的裙子
被填充起来的衬裙和裙撑组合占了一个很大的体积,给人的印象是裙子在飘浮和飘扬。它们太不实用了。

纯粹的奢侈品
这些衣服是用丝绸制的,上面有缎带、绳绒线结、羽毛或酒椰纤维所制的流苏以及用丝带制作的花和蝴蝶结。

鞋跟和系带鞋
鞋子的顶部是尖的,鞋跟很高,位置在脚弯下,以使它更稳定。

头发
用天然头发做不出的样式可以通过白色假发和发髻来实现。

珠宝
女士们用华丽的项链、戒指和手镯来补充修饰她们的服装。

裙撑
鲸鱼骨环结构,使裙子中空,突出了臀部,它和钟形裙的裙撑不同。17 世纪中叶,这种裙撑首先在西班牙流行起来,然后在法国的玛丽·安托瓦内特(路易丨六的王后)时期也流行起来。这是"法式连衣裙"的基本部分。

进化：内衣

就像第二层皮肤

腰布是第一个有记录的内衣，它是应人们的需求诞生的。在炎热的地方，它就是所有的衣服，而在寒冷的地方，它被其他衣服覆盖。千百年来，它是古代文明的唯一内饰。几个世纪以来，内衣发展缓慢，同时不再仅仅是保暖和确保个人卫生的功能。

缓慢进化

我们今天所理解的内衣基本上是20世纪的事情。在过去的几百年里，男性的内衣裤都是非常相似的，除了面料的改进，基本上没有较大的变化。就女装而言，女性不得不在道德准则掌控时装规则的情况下忍受痛苦，被迫穿上不舒服、甚至有害健康的内衣，如紧身胸衣。进入20世纪，随着妇女解放运动的开展，这种状况得到了彻底的改变。20世纪20年代"飞来波"的时尚潮流拯救了自然轮廓下的女性美，也发现了内衣作为性感符号的可能性。男人需要再等上10年才能看到现代男性内衣的诞生，从此把连体内衣的不舒适抛在脑后，并先后由三角内裤和四角裤代替。

腰布
覆盖住生殖器官，通常为棉或亚麻制品。

灯笼裤和女式背心
这是古罗马参加竞技体育时的专门服装。

紧身胸衣
作为女性的主要内衣，它存在了大概350年。

连体内衣
用于19世纪末到20世纪初，男女同款。

内裤和背心
出现在1920年，把连体内衣拆成了两件。

革命性的衣服

也许内衣史上最重要的发明就是胸罩。胸罩诞生于 1914 年，并把女人从难以忍受的紧身胸衣中解放出来。女性内衣的变化与整个社会变革尤其是妇女解放运动紧密相连。内衣变成了一种女性化的、性感的、奢华的产品，主要的面料是丝绸，但是它的使用是相当有选择性和精英化的。尼龙和莱卡等材料的出现使内衣变得大众化并提供了更加舒适的可能性。

从内衣衍生出来的：泳衣

泳衣的进化和内衣的进化同时发生，并受到了内衣的深刻影响。第一件女式泳衣是 1930 年出现的，是羊毛材质的，湿的时候重达 3 千克。比基尼是 1946 年发明的，但在 20 世纪 60 年代才开始使用。

1863 　**1900** 　**1920** 　**1930**

1940　**1950** 　**1960** 　**1970**

三角内裤
1935 年，三角内裤出现了，它源自那些不舒服的吊带。

两件套
胸罩和内裤的两件套自 20 世纪 50 年代开始流行。

轻柔舒适
1945 年以后，男用四角裤或拳击内裤开始流行。

舒适性感的组合
由于有了像莱卡和氨纶这样的弹性纤维，现代内衣既舒适实用，又不失性感。

19 世纪上半叶的服装

朴素第一

18 世纪末和 19 世纪初，服装经历了彻底的变革。法国大革命标志着 18 世纪时装潮流的结束，胸针、丝带、蝴蝶结和假发的洛可可时尚也随之终结，更符合革命理想的服装诞生了：它简单、朴素、舒适。在英国，摄政王——未来的乔治四世的密友，乔治·布鲁摩成了"时尚首相"，19 世纪上半叶的男性服装风格得以大力推行。

为了传统的美德

在法国大革命之后，没有人希望自己看起来像一个自命不凡，矫揉造作的贵族。因此，洛可可风格的消失速度几乎与断头台的下降速度相同。同时，英国的服装也发生了显著变化。虽然法国和英国在国家制度上处于对立的位置，但在时尚层面上，朴素和简单的想法不谋而合。法国采取了一种新古典主义的美学观，唤起了古希腊和罗马共和国的美德，尤其体现在女性服装上。然而在拿破仑时代，这种风格被冲淡了，服装又开始被过多地装饰起来，直到 1820 年这一时代结束。从那时起，钟式裙子和紧身尺码又回归了。

工业革命
英国是工业革命最早的受益者之一，纺织的机械化使生产成倍增加，并使其成为当时的纺织强国。

从新古典主义到裙撑
1795 年至 1820 年期间，新古典主义，又称"帝政风"的盛行，使女性时装的发展出现了某种程度的中断：服装又回归成腰际线到胸部下侧，下半身松散。自 1820 年起，裙撑的风格又重新成为主要特征，直至 19 世纪末。

帝政风
拿破仑的妻子约瑟芬皇后所展现的帝政风比前期服饰更加华丽，却不失舒适性。

紧身胸衣的回归
突出腰部曲线的时尚于 1820 年卷土重来。19 世纪中叶，裙撑也恢复了。

摄政风格

摄政风把女人从紧身衣和裙撑中解放出来。她们穿着舒服的细薄棉布裙子或者衬衫。

❶ 发型和帽子
他们模仿古希腊和古罗马的传统，前额和耳朵上都有卷发，后脑有发髻。受人尊敬的女士不戴帽子是不会上街的。

❷ 服装
服装由轻质面料制成，目的是使衣服看起来更加飘逸，通常是由塔夫绸或细薄棉布所制。这是高腰管状连衣裙。

礼帽
18世纪末，三角帽逐渐不再流行，礼帽成为时尚，一直到19世纪中叶。

长马裤
经过18世纪调整后，马裤加长了，并保留下来在特殊场合穿着。

❸ 外套和衬衫
外套前身短，大领子，有长长的后衣片，开衩呈M形状。亚麻的衬衣，佩戴领巾捆绑在脖子上。

❹ 儿童服装
儿童服装与成年人的服装相似，但尺寸较小。19世纪初期，这一点才开始有所改变。

19 世纪下半叶的服装

优雅的鼎盛

1858 年，英国时装设计师查尔斯·沃斯开设了他的巴黎"沃斯和博贝尔格"公司，并创建了高级定制。沃斯是第一个在他的设计上签名的人，就像一个艺术家一样，他每年推出一个服装设计系列，这是从来没有人做过的。在法国皇后欧仁妮的支持下，每个季节都会有时装表演来展示他的设计。一切都将不同了：沃斯使服装业发生了革命性的变化，将时装设计师变成了艺术家。巴黎已成为优雅之都，尽管很快所有的大城市都将争夺这一中心。

裙撑地位巩固

在 1860 年以前，一套服装通常由两件单独的衣服组成：女式背心和钟形裙，裙子直径巨大，有多层布料（为了制作一条裙子，曾有人使用了 14 米的布），完全掩盖了女性的体型。19 世纪 60 年代的十年间，裙子体积变小了，前裾变平，后裾变大，向后凸起，这是通过在臀部上放一个臀垫来实现的，这样可以提高臀部。它的名字叫裙撑，辅之以裙子和罩裙，并填充了大量裙裾和蕾丝。在细节上做了一些小改动之后，裙撑的风格在 19 世纪末之前是最受欢迎的。唯一例外是属于后来成为英国王后的丹麦亚历山德拉公主（1844—1925 年）的"公主礼服"。这是由单独一块布料制成的礼服，较好地勾勒出了她的身材。

不可或缺的配饰

对于 19 世纪末的上流社会女性来说，佩戴手套上街是十分必要的。它们可能是长长的丝绸制手套，也可能是带精美蕾丝的短款手套。

1 侍女
身穿当时最便宜的带裙撑的连衣裙。衬衫是紧身的,领子又高又窄,用蕾丝和窄花边镶边。

2 高礼帽和圆顶礼帽
19世纪的典型帽子是高礼帽,几乎在任何场合都由绅士们佩戴。在非正式场合中,人们也戴圆顶礼帽。

3 富有的儿童
女孩们穿着漂亮的衣服,有颜色的饰带,男孩们穿着优雅的小西装。围裙是任何社会地位的女孩都常用的。

4 普通的儿童
他们身着便宜的裤子、衬衣和鞋子,以标准化的方式制造,从百货公司购买。

5 女性的曲线
1880年以前,女人的理想轮廓是一个夸张的女性曲线,通过紧身胸衣和裙撑塑造成:最细的腰,高耸的臀部和丰满的胸部。

6 优雅的绅士
他们穿着三件套西装,在最正式的场合用长礼服代替西装。包括大礼帽、宽领带或领结。

丹蒂主义
在英国,这是唯美主义崇拜者"丹蒂"的黄金时代,丹蒂是指对优雅、时尚、艺术和美丽的沉迷。代表人物包括作家拜伦勋爵、奥斯卡·王尔德(上图)和夏尔·波德莱尔。

19世纪以来的时装设计师和时尚设计师

服装之上——时尚

时尚设计旨在根据特定时期的文化和社会影响，制作服装和配饰。它与时装设计不同，因为它往往随着每一季的结束而过时（分为秋冬季和春夏季）。准确地说，时尚设计于1858年诞生自查尔斯·沃斯之手。在20世纪初，几乎所有的高级定制都来自巴黎，其次是伦敦。在第二次世界大战之后，法国首都不再是世界时尚中心，取而代之的是成衣和大规模制造业的增长趋势。20世纪的最后几十年见证了国际时尚的蓬勃发展，西方风格在全世界得到采纳，非西方设计师也产生了巨大影响。

舞台和杂志封面
时尚杂志和时装秀被奉为展示设计的专门领域。

在纸上的最初创作

只有当顾客认可草图时，他才开始制作服装。这是保罗·波烈的素描作品。

查尔斯·沃斯 高级定制之父
1858年，他在巴黎开了第一家店。他是第一个展示设计和组织时装秀的人。

保罗·波烈 服装革命
他用简洁的设计和管状连衣裙的服装创造了时尚，摈弃了紧身胸衣。

达夫·戈登夫人 服务上流社会
她是为英国精英服务的设计师，以其色彩柔和的连衣裙、晚装和内衣而得名。

伊尔莎·斯奇培尔莉 超现实主义时尚
在超现实艺术运动的影响下，她和波烈合作，而且她被认为是香奈儿的竞争对手。

克里斯汀·迪奥 魅力的象征
他是"新风貌"时装系列的创造者，该系列彻底改变了战后的女性时尚。

一位富有远见卓识的女性，可可·香奈儿

她是 20 世纪时尚界最重要的人物。她把男装特点与女装时尚相结合，并在不失去风格的情况下，在着装上引入了休闲的特色。

当设计师成为品牌

最著名的设计师将自己的名字命名为品牌名称，品牌设计决定了每一季的趋势。

> 时尚不仅仅存在于服装中，它还存在于天空中、街道上。
> 时尚和观念、生活方式，以及正在发生的一切都有关系。
> 现在流行的一切都已经过时了。

拉夫·劳伦
针对大众的休闲服装和配饰。

乔治·阿玛尼
意大利现象
意大利商业上最成功的设计师乔治·阿玛尼将他的作品集中在男性服装上。

美好时代的服装——19世纪末—20世纪初

不一样的魅力

被称为"美好时代"的阶段是从19世纪的最后十年到第一次世界大战开始,城市的发展和社会的变革改变了人们的生活习惯,使他们有更多的休闲时间。这是一个科学技术快速发展的阶段,在美国和欧洲的工业化国家出现了巨大的经济繁荣。这种财富在中上层阶级中产生了兴奋和乐观的情绪,同时也产生了对炫耀和奢侈的渴望,这也反映在时尚上。优雅的连衣裙,大帽子和奢侈的西装伴随着高级定制迎来了爆炸式的增长。

独家设计

20世纪初,巴黎是西方时尚的典范,它诞生在雅克·杜塞、帕康夫人、卡洛姐妹、查尔斯·沃斯和德雷科尔等时装屋。贵族女士们寻找她们最喜欢的设计师设计的模型,然后量身定制。当然,女人选择的只是衣服,但不是风格,风格仍由男人来决定。

通过紧身衣,女性身体呈现S型:理想的身型是平坦的胃,宽胯、后翘的臀部和丰满的胸部,这一标准直到1908年都引导着女性时尚。用绸缎或天鹅绒制成的优雅和醒目的服装,立体的剪裁和装饰,都是城市时尚的标准,此外还出现专门针对户外活动的服装。连内衣都精致优雅:衬衫,裤子,有吊袜带的胸衣、衬裙、丝袜,女士内衣,全部布满手工刺绣、蕾丝、横褶和花押字。

吉布森女孩
查尔斯·吉布森创作的卡通人物,塑造了当时的理想女性,并刊登在《时尚》杂志上:S型身材。

晒太阳
当时的劳动法改革限定了一周的工作日,诞生了著名的"英国星期六"。新的休闲时间被用于体育活动和户外活动,对于这些活动来说,时尚也是至关重要的。

散步
在野外的日子里,女性穿的是衬衫或衬衣,宽裙,或类似土耳其水桶的灯笼裤。永远都戴着帽子。

运动的女性
体育活动得到鼓励,包括女性的体育活动。人们专门为网球、高尔夫球和自行车运动设计了服装。

对着装的热情

受到时尚杂志的刺激,女性一天换几次衣服,对每一个场合都有一个特定的设计:上午,下午和晚上。在美国,蓬勃发展的经济使富裕阶层对自己在衣橱中获得的成功表现产生了真正的迷恋。

❶ 白天的优雅

每件衣服都花费很多布料。白天的服装衣领高耸,长袖,肩膀为泡泡袖。

❷ 紧身衣下的轮廓

从 1900 年开始,使用了一种延伸到大腿的紧身胸衣。这比之前使用的款式稍微舒服一些。

时装秀

海报上的广告是向"美好时代"最重要的设计师致敬的时装秀。查尔斯·沃斯、简·帕昆和莱恩·兰文等人创作的服装得以展示。

任何时候

无论是在日常活动中还是在盛大的派对上,帽子从不缺席。

拐杖雨伞

带花边和装饰品,比从前的侯爵伞直径要大。

20世纪妇女解放与穿着——1900年—1928年

疯狂的岁月

设计师保罗·波烈是第一个将欧洲流行的东方主义影响从文化层面转移到时尚界的人。这样就产生了一个更自然的女性形象，她们放弃了紧身胸衣和S型身材作为审美的理想。20世纪10年代前半部分的特点是异国情调和衣着华丽。当然，由于必要性，第一次世界大战为导致走向务实和清醒的趋势提供了条件。然而，战争的结束和"美好时代"的结束，都加速并加剧了人们穿着方式的变化。

自由时代

为了摆脱战争的恐怖和悲观情绪，欧洲开启了一个幸福和放纵的时代。美国作为一个从冲突中崛起的新的大国，引领了股票市场的繁荣，从而使经济迅速和全面地增长。这就是著名的"疯狂年代"，即20世纪20年代这个社会变革的时代，这一时代反映在时尚中：它变得充满活力，缩短了不同社会阶层之间的着装差距。以妇女解放为标志的社会规范的放松也表现在服装上：压迫性的紧身胸衣被彻底埋葬。让女装加入男装元素，塑造一个更性感、更老练和更放松的女性形象。裙子和头发都被变短，成为那个时代的标志。

智慧与异国情调

白天的衣服很简单朴素，外套和针织面料短裙，这与薄纱和丝绸制成的晚礼服所带来的精致与异国情调形成了鲜明对比。以下是三位伟大设计师的设计：

不再有曲线
紧身衣换成了衬衫。因此，胸围不再突出，并产生了一定程度的男性形象。

波烈，1914年
管裙，无胸衣，低腰。

香奈儿，1920年
让裙子变短，突出衣服的实用性。

埃特，1920年
晚装，缎子和长珍珠项链。

褶
百褶裙与有口袋的宽大外套配套。

露出脚
鞋类是用新材料制造的，如漆皮和动物皮革。

超级强大的女性

在20世纪20年代，女性实现了她们所要求的社会地位的改变，在家庭、工作、教育、政治和社会等很多领域都获得了更大的自主权和自由。装饰艺术是新的艺术潮流，它开启了时尚和以可可·香奈儿为首的伟大设计师的时代。

穿着裤子的可可
20世纪最有影响力的设计师，可可·香奈儿身着裤装：彻底的反叛。

男性的物品
男性的时尚也被改变：宽松的西装，巴拿马帽。

❶ 摩登女郎
年轻的女人穿着到膝盖的衣服，掩盖而不是突出身体线条。她们的生活习惯是革命性的，抽烟、喝酒、听爵士乐和开车。

❷ 发型
最流行的选择是"波波头"，短发，齐耳，头发直垂，眉边有弯曲的头帘，或者"大波浪发型"，发尾卷曲。

❸ 日复一日
西装、风衣、帽子和低跟休闲鞋。妆容很浓，使用腮红、口红和睫毛膏，用眉笔修饰眉毛。

管状形象
衣服几乎都是管装的形式，模糊腰部线条，皮带与胯的高度一致。

伊顿头
短而且抹了发蜡的发型，20世纪20年代的时尚风格之一。

裸露的双腿
连衣裙和半裙都变短了，几个世纪以来第一次露到膝盖以上。

史前鞋
鞋子是用熊皮或鹿皮制成的，用草填充，代替袜子的作用。

古董凉鞋
古代最有特色的鞋类是凉鞋，它被所有伟大的文明都使用过。

中世纪鞋
它们是由两件皮革制成的：鞋底和鞋面。很多时候，它只是一个椭圆形的直筒。

最初的高跟鞋
它们出现在 15 世纪，到了 16 世纪，穿高跟鞋是荣耀的象征，男女共用。

20 世纪：全速前进

在 20 世纪，鞋类发生了巨大变化，远远超过其几千年前的状况。新的工业材料和方法的整合、设计的发展和营销战略的制定，不仅有助于使几十年前难以想象的各种鞋子变为现实，而且有助于使它们成为时代、地点、文化、社会群体的象征。20 世纪上半叶，工业化制造降低了成本，使一双好鞋不再是单一社会群体独有的奢侈品。

专为运动设计的鞋

随着 19 世纪体育运动的普及，专门设计了体育运动鞋。以橡胶鞋底白色织布鞋为基础，款式，这些模型演变成了创新鞋型，如图中的鞋。主要目标是提高运动员的成绩。

牛津鞋
男士优雅的象征。

舞蹈鞋
在 20 世纪 20 年代流行一时。

高水台
20 世纪 70 年代的时尚，男女通用。

军靴
军用靴，如今已用于民用。

维多利亚之靴
第一双靴子是 1840 年为维多利亚女王设计的，被称为"巴尔莫勒尔靴"。

创新，20 世纪
裙子的长度变短了，女鞋更引人注目：鞋头、鞋跟和皮革都很明显。

细高跟女鞋
非常精细的脚跟，约 7 厘米高。自 1950 年以来的女性经典。

各种高跟鞋
高跟鞋在 20 世纪成了性感的典范。有许多不同的样式。

20 世纪的时尚偶像——1930 年—1980 年

设计说明

在 20 世纪 60 年代之前，服装设计在追求舒适的同时，都试图去保持优雅。成衣的诞生，对战后理性的挑战，以及现代艺术的启发，都表明了那个时代的时尚正在随着社会政治的发展节奏而变化。引发争议的设计作品，如迷你裙或者黑色小礼服，开始出现仿制品，导致一些时装设计师用拇指印对其作品进行标识。从 20 世纪 60 年代起，城市部落对服装设计趋势的生成产生了重要影响。

改变的时代

在第二次世界大战期间（1939 年—1945 年），材料稀缺，劳动力也很短缺。这就是为什么有大量的服装配给，倾向于更实用和更耐穿的衣服，而不考虑美观。1947 年，法国设计师克里斯汀·迪奥推出了他的"新风貌"系列（宽大的裙子，圆圆的肩膀和纤细的腰部），改变了这一趋势，并在此后的十年主导着时尚。迪奥设计的魅力引发了高定时装的回归，也引发了一波又一波的复制品。电视和时尚杂志为这一新风格的宣传做了重要贡献。20 世纪 60 年代，随着塑料等新的制衣材料的引入，以及嘻哈主义或朋克等反文化潮流的发生，风格的多样性成了这一时期的特点。同样从这十年开始，年轻人掌握了引领潮流的主动权。

男性先锋

20 世纪初，在男性服装领域，服装发生了改变，使男性的衣橱从内衣到配饰都发生了革命性的变化，其中包括经过改造的、仍然使用的基本款式。

泰迪男孩

这是年轻人创造的第一种时尚：是爱德华时代花花公子的夸张版本。

领带

1924 年，纽约裁缝杰西·兰斯多夫创作了由三块丝绸缝制而成的现代领带。

回归优雅

第二次世界大战期间的女装就是纯粹的实用：特点是直线条剪裁，女性的形象几乎就是长方形的。从1947年开始，设计师们试图让女性线条回归优雅性感。

❶ 斜裁法
立体剪裁和造型艺术带来的强大灵感，20世纪30年代玛德琳·薇欧奈发明了斜裁法。

❷ 套装
舒适优雅的两件套：长至膝盖下方的裙子，夹克通常到腰部，有两个口袋。至今这仍是经典款式。这是香奈儿的套装款式。

❸ 束腰夹克
"新风貌"和它的束腰夹克是对当时配给制的冒犯，但它们使巴黎成为第二次世界大战后的时尚之都。

❹ 迷你裙
诞生于伦敦，对于女性服装来说有划时代的意义。迷你裙的创作归功于设计师玛丽·奎恩特。

❺ 三件套
它在20世纪60年代后期盛行，重新塑造了女性时尚。裤子、背心和外套，这三件套象征着现代女性。

❻ 连体衣风格
宽敞的裤腿和连身的衣服。20世纪60年代，连体衣冲出重围，成为年轻女性的一个前卫选择。

20 世纪的时尚与部落——1960 年至今

部落形象

20 世纪的最后阶段是以多样性的节奏发展的。服装方面的这些变化通过城市部落表现出来,这些部落通常从摇滚或摇滚周围出现的亚文化中产生,并且由社会和经济因素决定。这些城市部落形成了一种趋势,并为时尚界带来了一些独有的特征。全球化是这一系列美学变化的最新一面旗帜,其中包括持续的复古趋势及其配饰的使用、奢华主义和极简主义、智能纤维的发明、设计的蓬勃发展以及中性概念的诞生。

乐队与美学

尽管人类始终需要建立自己的归属群体,但城市部落却是属于 20 世纪的一种现象。它诞生于 20 世纪 50 年代,多年来逐渐受到重视。属于一个部落不仅意味着分享特定的爱好和理解现实的方式,而且要符合代表这种思想并在服装中强烈表达的审美观。城市部落与摇滚密切相关,因此,其中第一个部落——"摇滚骑士"——在 20 世纪 50 年代中期诞生于英国,这些生活在战后繁荣时期的孩子们,把穿皮夹克,披着波浪发,骑摩托车和听摇滚作为一种生活方式。从那时起,随着在 20 世纪 60 年代成倍爆发的摇滚亚文化的增长,多样化几乎是无限的。主流采纳了这些亚文化中一些独特的服装元素,但没有把这些元素完全吸收到时尚中。

牛仔裤,一个流行的经典

它的起源可以追溯到 19 世纪中叶,最初是由体力劳动者和农民使用的。后来,它赢得了年轻人的认可。在 20 世纪,牛仔裤成为一种经典的、人人都能穿的衣服,有多种款式和不同色调。

嬉皮士
花朵力量,蜡染印花,束腰外衣和粗布。

从地下到主流

在世界各地,城市部落不计其数。他们中的一些人从未失去成员独有的特征,但其他人则完全被时尚界吸收并被大众消费。

现代主义
脚踝以上的裤子,两件套的西装,衬衫和领结。

说唱形式
宽大尺寸的 T 恤和裤子,总是戴着帽子,穿着运动鞋。

垃圾摇滚
20 世纪 90 年代初西雅图舞台上的摇滚乐复兴力量。

朋克身份

1976 年，这场运动在美国、英国和澳大利亚几乎同时爆发。作为青年风格、思想和亚文化的综合体，朋克诞生了。最重要的是，它热衷于反传统，通过音乐、时尚、文学和视听艺术来表现自己，并产生了持续的影响。

① 寻求拒绝
朋克美学的目的是在他们所鄙视的社会里引起排斥，并把自己与那些使他们边缘化的体系区别开来。

② 朋克发型
从一开始，纽约朋克人的形象就不同于英国朋克人的形象。这个部落著名的发型起源于英国。

③ 皮革和金属
带铆钉或其他金属配饰的皮夹克成为大西洋两岸朋克服式的经典形象。

④ 干预
衣服是变形的物质：裤子和 T 恤被故意撕破，遵循"自己动手"的座右铭。

"没有未来"
翻译成"没有未来"。这一前提包括使用别针装饰衣服的习惯，还包括耳朵、鼻子、眉毛和嘴唇。这将是 21 世纪穿孔的灵感。

智能服装——2000 年至今
未来的衣服

至少在 10 万年前，当文明还不存在的时候，人类已经穿上了衣服，或者至少已经开始用天然素材制作衣服来遮盖身体，以应对低温。从那时起，服装的历史沿袭了数千年，没有发生重大的变化，直到时尚和风格的出现。作为这一历史的一部分，一个新的挑战被提出：将服装与技术应用相结合的可能性。这就是所谓的智能服装。

两条路

关于智能服装，主要有两个分支。一方面专注于新材料：不会起皱，保护皮肤免受阳光照射，含有止汗剂和抗菌剂，具有自我清洁性能的面料等。但还有另一个方面，那就是将衣服与技术装置结合起来。例如，提供有关身体对运动反应信息的运动鞋，装有 MP3 和移动电话控制装置的长裤，带有全球定位系统以找到丢失物品的夹克，这些都是各种可能性的无限组合。

人造纤维

20世纪初，随着人造纤维的出现，服装界发生了一场真正的革命。如人造丝，尼龙，醋酸纤维或聚酯纤维（上图）等名称开始主导市场，从而使具有新颖性和多种特性的织物生产成为可能。

完美的步伐

阿迪达斯 1 号运动鞋，一个研发了 3 年的成果，它能够测量运动员的重量、步伐的强度以及运动的地形类型，使运动鞋在运动过程中调整张力到最佳状态。

① 在空心脚跟内，鞋的零件会产生磁场。

② 跑的时候脚会撞到鞋后跟改变磁场。

③ 一个传感器可以每秒进行多达 1000 次的读数，检测到变化并将信息发送到微芯片。

④ 微芯片，确定适合鞋后跟的压力水平，并将信息发送到发动机。

⑤ 发动机以 6000 转/分的转速旋转，移动螺钉，从而稳固或放松鞋跟。每迈出一步，整个过程就重复一次。

微芯片 / 鞋跟 / 传感器 / 发动机 / 硬度控制

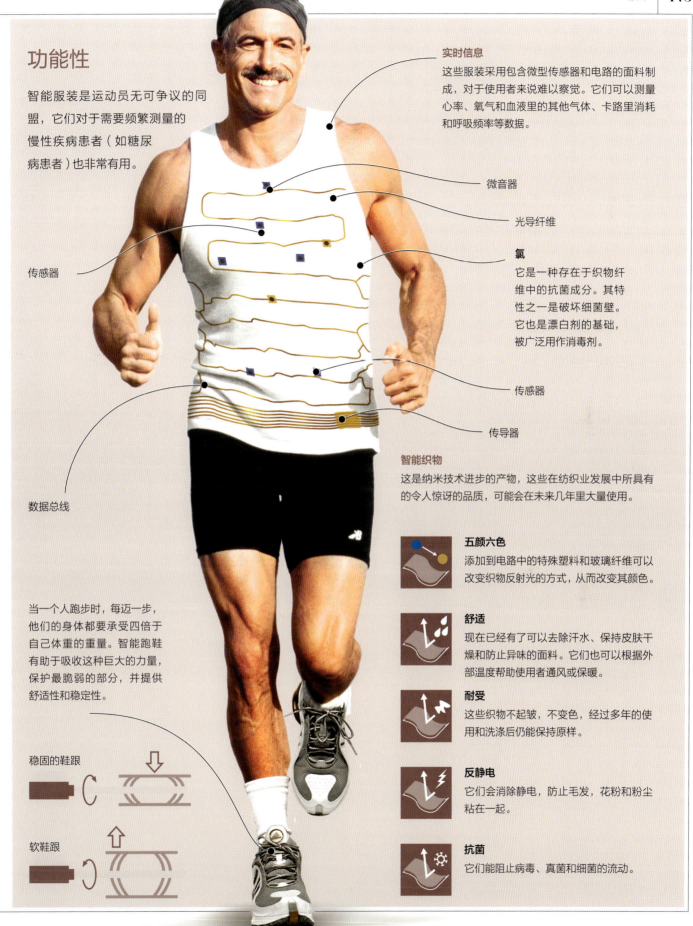

大事记

穿越时光

严格来说，服装是供个人使用的物品。在进化过程中，人类创造了衣服，同时还创造了不同的风格和时尚。从一开始到现在，在大多数情况下，由于发现了新的面料和材料，服装经历了许多变革。时尚的诞生凸显了这些变化的速度，随着时装和时尚设计师的加入，它变成了一项产业。

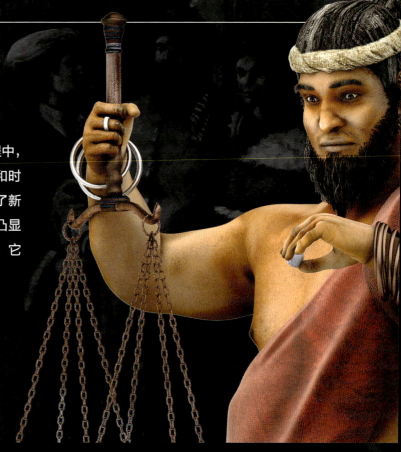

10 万年前
皮革和皮草

为了应对冰河时期的低温，人类开始使用皮毛和皮革来保暖，这可能是服装使用的开始。

2 万年前
耐久的衣服

腰布诞生在炎热和温暖的地区，可以由皮革、羊毛、亚麻或棉制成。几千年来，几乎在世界各大洲都会使用。

公元前 3000 年
新的衣服

早期的文明，如古埃及文明、苏美尔文明和古印度河谷文明，都把腰布当作基本的衣服，但引入了凉鞋、斗篷和裹裙。

14 世纪
精致的服装

裁缝们试图制作适合身体轮廓的衣服。他们用新的面料比如天鹅绒和纱布。紧身胸衣、绑腿和紧身裤的使用把衣服按照性别区分开来。

15 世纪
文艺复兴

它促进了对奢侈和优雅的追求。时尚的诞生，永久性地加快了服装的发展节奏。

17 世纪—18 世纪
法国，时尚女王

衣服变得越来越精致和耀眼，充满了蝴蝶结、花边和装饰品，在 18 世纪，随着洛可可风格的盛行到达顶峰。

1900 年—1928 年
自由的女性

紧身胸衣消失了，随着妇女解放运动的步伐，女性的形象变得更加自然。在 20 世纪 30 年代，胸罩大量商业化。

20 世纪
新面料

出现了一些合成面料：如丙烯酸纤维、聚酯纤维和氨纶等，这彻底改变了未来的服装走向。

20 世纪 60、70 年代
部落的力量

城市部落的诞生和多样化标志着新的趋势，将年轻人的服装纳入时尚语言是一个突出的特点。

公元前 5 世纪
希腊古典时代

希顿，是一件非常简单但重要的衣服：羊毛制成的长袍，女性的尺寸更长一些。

公元前 753—公元 476 年
作为象征的服装

在古罗马，衣服区分了社会阶层，托加，是一件由羊毛或纱线制成的宽斗篷，古罗马公民的独特衣服。古罗马的衣服几个世纪都未曾改变。

5 世纪—15 世纪
中世纪

僵化的宗教传统、社会缺乏流动性和互动是造成衣着几乎没有变化的一些因素。

1789 年
彻底的变革

法国大革命结束了自 13 世纪以来人们所熟悉的男装风格，并采用了三件式服装款式，这种款式持续到今天。

19 世纪
牛仔裤和高级定制

在巴黎，高级定制是经设计师查尔斯·沃斯之手诞生的。在美国，李维·斯特劳斯用拿来做画布的布料制作长裤：牛仔裤。

1900 年—1908 年
吉布森女孩

女性通过胸衣和裙子下的各种硬结构来夸大她们的曲线，寻求流行的身型：S 身材，被称为"吉布森女孩"。

20 世纪 80 年代
品牌时代

在这一时期，品牌变得越来越重要，卡尔文·克雷恩和拉夫·劳伦等名字成为服装业的名人。

20 世纪 90 年代至今
反时尚

20 世纪 90 年代，以牛仔裤和 T 恤为基础的休闲服装成为一种流行时尚，这种趋势一直持续着。

2000 年至今
智能服装

除了在面料上大做文章外，传送信息的功能也将继续升级，可能会在保健方面发挥作用，如监测心率并能启动报警的一款 T 恤。

商 贸

"买"与"卖"

推动世界发展的重要引擎

每天都有数十亿人在进行小型的商业活动：在商店，在街边市场，以及人与人之间进行的直接交易；而另外数以百万计的人则坐在电脑前用电子货币购买商品。与此同时，这个星球的天空、大陆以及海洋上也有数不清的飞机、卡车、火车、轮船等交通工具来来往往，运输着各种货物。数十亿计的资金从交易的一方转移到另外一方，而同样价值的商品也在经历着相同的流程。整个世界都在推动着商业贸易，同时商业贸易也在推动着这个世界。

这个巨大机制的方方面面都受到法律法规的约束。有些法律法规仅在本地适用；还有一些法律法规则经历了数十年的碰撞与冲突，有些甚至导致了残酷的战争。商业贸易贯穿了人类的历史，同时也融入到了人类的社会结构和风俗习惯之中。

商贸活动是什么时候诞生的？原始交换在什么时候被视为真正的商贸形式？人类为什么会开始交易？我们无法准确地回答这些问题，但是可以寻找到一些蛛丝马迹。

真正意义上的贸易可能是在大约一万年前伴随着文明的诞生而出现的。在此之前，人类族群以狩猎和采集的游居式社会组织形式作为满足生存的经济活动，也就是说，生产出来的东西都会被消耗掉。但是，通过学习农耕和畜牧，以及为了定居生活，产生了最初的剩余产品。几乎可以肯定的是，这些剩余产品就是最开始的货币，因为他们可以将这些自己不会消耗的东西换成其他的产品。这些产品可能是工具，可能是食物，也可能是一些装饰品或奢侈品。

这一新的现实引发了社会结构的巨大变化——不需要所有人都进行食物生产，有些人可以专门从事产品制造和提供服务，以此来换取所需的食物。

但是，研究人员们仍然不能就那些最初的贸易形式达成共识。一开始，大家自然而然地认为最初的贸易行为是易货贸易的形式——因为货币还没有出现；但是易货贸易并非易事，它要求进行交换的两个人彼此拥有对方想要的东西，并且双方需要确认这些所要交易的东西价值相等。因此，一些人类学家怀疑，那些早期的人类族群很大程度上是根据"礼物经济"来组织相关交换的，社会内部的成员将他们自身的剩余产品贡献出来，不求任何回报。

事实上，货币作为某种特殊的、其价值被所有人都接受的、并且适合交易的商品，其概念产生并且被采用的时间相对较短。起初，货币的职能是由那些抢手的商品，如：盐、毛皮和贵金属等来实现的。古埃及人已经使用小型金条或青铜条以及其他金属作为货币。直到大约2700年前，在位于今天土耳其境内的一个被遗忘的古王国中铸造了第一批货币，这些货币最初是用来向士兵支付每月的军饷，但后来逐渐在国内各处使用开来。

之后的几个世纪，货币的使用越来越频繁，而且货币的发展也是花样繁多。贸易推动了旅行，而越来越远的旅行需求也强烈刺激了交通运输新技术的发展。与此同时，这些技术使我们走得更远也更快，从而开辟了前所未有的新的贸易机会。很多跨越千里的著名运输路线逐渐建立起来，比如从波罗的海到地中海穿越了欧洲的"琥珀之路"，又比如从中国到欧洲的"丝绸之路"。当然，这些著名的商路绝不仅仅流通商品，诸如哲学思想、科学发现、宗教信仰以及社会建构的方式等也随着这些商道散播开来。

毫无疑问，贸易史上的下一个重要里程碑是发现了新大陆。欧洲列强开始在美洲建立殖民地，而这也带来了新的深刻变化：最初的经济思潮认为一个国家的财富是由其对外贸易的贸易顺差所提供的（即：出口要大于进口）；因此，各国开始实行强力的贸易保护主义，"重商主义"的时代开始了。直到18世纪末，伴随着大规模工业经济的到来，自由主义思想和古典经济学诞生了，保障市场自由，最低程度的政府参与以及市场会通过竞争完成自我调节等思想成了新潮流。

随着商业贸易的变化发展，其整个过程都会伴随着新的商业形式、新的商品、新的交通运输技术以及新的社会结构的演变。

今天，商业贸易是全球化的引擎和动力，而纵观整个历史，当今世界比以往任何时候都更加一体化：地球一端所生产的任意商品都可以在地球的另一端进行交易，有了新兴的通信科技，任何买家都可以通过网络接入不同的市场，使用电子货币实时付款，并于几天之内在家门口收到所购买的产品。

最初的商人——公元前8500年—公元前4000年

史前时期的市场

人类历史中有将近300万年漫长的石器时代，在旧石器时代，人类逐渐演变成群居动物，而群居的村落也成了最初安全交易的场所。但是直到石器时代的最后一个阶段，也就是新石器时代，随着初始文明的出现，最初的商业贸易方式才逐步形成，而这种贸易方式可能就是以易货贸易开始的。

剧烈的变化

大约在一万年前，人类学会了耕种和畜牧，之后便放弃了狩猎和采集的生活方式，开始了在城镇定居的生活。生活方式的根本改变产生了许多深远的影响，而第一个深远影响就是产生了剩余产品——人类的生产能力超出了消耗能力。对于那时的人类来说，最好的选择就是将有价值的剩余产品交换成其他所必需的物品：其他种类的食物、工具、驮畜等，这就是商业贸易的起源。剩余产品的交易逐渐形成了新的职业，并且社会也逐渐产生阶层的分化，比如：一些人可以致力于打造工具，之后用工具来交换食物，而拥有最高社会价值物品的人则开始成为其族群内的最高阶层。

现实案例

"礼物经济"的现实案例可以在一些部落社会里体现，如猎人会与族群内的其他人分享捕获的猎物。

食物
生产改变了社会结构。

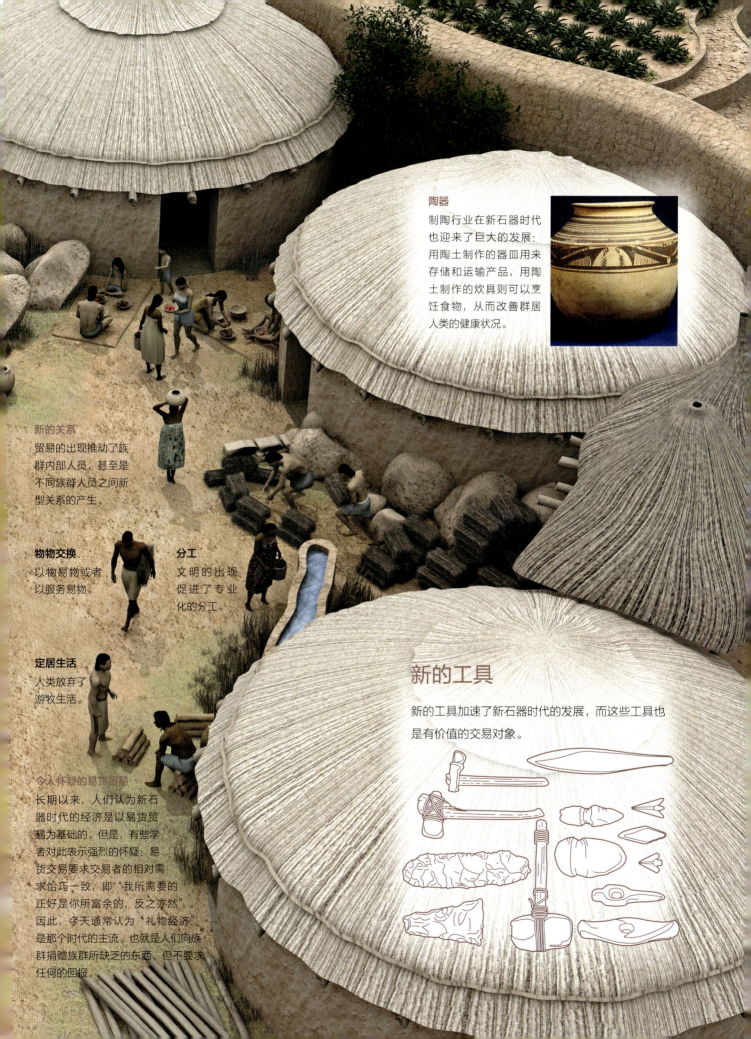

陶器

制陶行业在新石器时代也迎来了巨大的发展：用陶土制作的器皿用来存储和运输产品，用陶土制作的炊具则可以烹饪食物，从而改善群居人类的健康状况。

新的关系

贸易的出现推动了族群内部人员，甚至是不同族群人员之间新型关系的产生。

物物交换

以物易物或者以服务易物。

分工

文明的出现促进了专业化的分工。

定居生活

人类放弃了游牧生活。

令人怀疑的易货贸易

长期以来，人们认为新石器时代的经济是以易货贸易为基础的。但是，有些学者对此表示强烈的怀疑：易货交易要求交易者的相对需求恰巧一致，即"我所需要的正好是你所富余的，反之亦然"。因此，今天通常认为"礼物经济"是那个时代的主流，也就是人们向族群捐赠族群所缺乏的东西，但不要求任何的回报。

新的工具

新的工具加速了新石器时代的发展，而这些工具也是有价值的交易对象。

腓尼基人——公元前 13 世纪—公元前 6 世纪

地中海霸主

古代的第一个大规模商贸民族是腓尼基人。腓尼基人起源于今天的黎巴嫩，数百年之间一直是地中海沿岸地区的领主。他们将自己的产品带到每个海岸，并将这些产品与沿岸重要城镇或者当地居民所出产的本地产品进行交易。腓尼基人在地中海地区建立了广袤的商业殖民地，其中一个殖民地孕育出了另一个伟大的文明——迦太基。

迦太基港

迦太基于公元前 9 世纪在北非建立，并成了可以和古罗马匹敌的伟大文明。公元前 2 世纪，迦太基文明消亡。

商人
腓尼基社会的顶层是那些最富有的商人，此外，这些商人还经常担任政府职务。

木材
腓尼基人喜欢使用黎巴嫩雪松作为建筑材料。

出口
迦太基向外出口染色纺织品、青铜器、陶器和玻璃制品等商品。

进口
鱼酱、锡和金等金属、奴隶、象牙还有骨螺紫从地中海的每个角落运到迦太基。

兼收并蓄的艺术

很难对腓尼基艺术做一个明确的定义，因为它是各种风格的混合，融合了古埃及、古希腊、美索不达米亚、爱琴海和叙利亚等地区的元素。

神奇的染料

为什么腓尼基文明会横空出世？要回答这个问题并不容易。但至少我们知道可能有以下几个原因：一方面，腓尼基人生活在天然的良港周围，周边森林茂密，其木质也非常适合建造船只；其次，腓尼基人基于陶、玻璃、纺织品，特别是一种从软体动物中获取的骨螺紫染料，做成了各种有趣的物件，这些物件在环地中海地区风靡一时。古罗马人痴迷于骨螺紫染色的衣服，甚至直接为染料而痴狂，因为这种染料和其他染料不同，它不会随着时间的流逝而褪色。大约公元前6世纪，腓尼基人与古希腊人的商贸竞争导致了一场战争冲突，腓尼基人战败。

走向海洋
当地的气候和土地无法保证高效的农业生产可能是将腓尼基人推向海洋的主要因素之一。

葡萄酒
腓尼基人将葡萄酒和葡萄栽培技术介绍并传播到地中海的大部分地区。

桨帆船
腓尼基人的桨帆船是双层桨或三层桨，船上装有巨大的风帆以便利用顺风，大型的帆船可以携带更多的物资。

琥珀之路——公元前 1800 年—公元 5 世纪

从波罗的海到地中海

几千年来，琥珀一直被认为是金银器加工中的重要辅料，也被认为是具有神奇和治疗特性的石头。但是波罗的海的巨大琥珀矿床距离地中海地区的主要商业中心太过遥远，随着时间的流逝，无数条几乎平行的陆路和水路将波罗的海和地中海这两片区域连接在一起。有证据表明，这些商道在公元前就已经存在了。

兴衰

琥珀之路形成的确切时间已经无法考证，比较确定的是，在公元前1800年左右，就有一些商队在这些路线上活动，但是直到罗马帝国时期，琥珀之路的兴盛才达到顶峰。琥珀之路的存在表明，早在欧洲各个国家之间以及欧洲各国和其他地区的国家建立正式的关系之前，它们相互之间的往来就很频繁了。甚至有可能，这条商路将地中海文化带入北欧，并影响了北欧文化，这种文化的渗透最终发展成北欧青铜时代。罗马帝国的终结也标志着琥珀之路的衰败，但这只是暂时的衰败，到了中世纪，琥珀的需求再次兴起，并且在17和18世纪再度风靡，因为当时的金银器工业对琥珀的需求非常旺盛。

北方黄金
人类很早就对琥珀非常着迷，琥珀作品可追溯至30000年前。这是恐龙时代之前的树脂（尤其是针叶林）化石，呈黄色、红色和棕色色调，有时琥珀内还可能包裹史前真菌、地衣和昆虫等动植物的残余。

阿尔卑斯山脉
琥珀之路从阿尔卑斯山脉的两侧绕过。

从阿奎莱亚出发，有一条铺好的罗马道路通向卡农图姆。

穿越"两个欧洲"

琥珀之路不是一条商道,而是好几条商道的合称,这些商道将欧洲的南北相连,但是最著名的一条当属在罗马帝国时期将波罗的海和地中海相连的那一条。

❶ 桑比亚半岛
它是北欧最重要的琥珀矿床,位于今天的俄罗斯境内。

❷ 卡农图姆
罗马帝国时期的重要堡垒,位于多瑙河沿岸,位于今天的奥地利境内。

❸ 阿奎莱亚
罗马帝国时期重要的城镇,是连接帝国中心和东北地区的多条道路的起点。琥珀在阿奎莱亚装运并运输到其他地区。

运载工具
罗马帝国时期,人们使用这种车完成了到欧洲各处的漫长旅程。

黑海

图例
- ---- 罗马帝国时期主要的陆地路线
- ● 定居点
- ● 临时定居点
- ● 堡垒
- -·- 海上路线
- ─── 罗马道路(使用弧形石块铺设而成)
- ─── 青铜时代早期的路线
- ─── 青铜时代中期的路线
- ···· 东部路线

通向世界各地

在远东、波斯和古埃及等遥远的地区都发现了由波罗的海琥珀加工而成的物品(右图为一截埃及出土的琥珀项链),这表明琥珀之路充分推动了各地区的交流。

威尼斯——9世纪—19世纪
中世纪的中心

威尼斯如今是迷人的旅游胜地，以城内的河道、小桥还有贡多拉闻名，但曾几何时，威尼斯也许是世界上最大的商业王国。威尼斯人首先是商人，他们先是通过地中海和欧洲其他地区进行贸易，在鼎盛时期，他们还通过丝绸之路到达了中东、中亚和远东地区。16世纪是威尼斯商业王国终结的开始，在经历了三个世纪的沉浮之后，威尼斯最终并入意大利王国。

痴迷于贸易

威尼斯大约建于5世纪，城市一开始由一些毗邻大陆的小块陆地组成，就像一个偏居边陲的堡垒；之后威尼斯依托分布在意大利海岸和亚得里亚海的湖泊，得以迅速发展起来。在短短四个世纪内，威尼斯人以优异的外交和商业能力周旋于神圣罗马帝国和拜占庭帝国之间，保持了威尼斯共和国的独立地位。威尼斯人对吞并领土和建立庞大的帝国并不特别感兴趣，而是致力于自由贸易；因此，他们带来了交换的产品，不仅在整个欧洲，而且在远东的已知世界范围内都存在，甚至在某种程度上主导了所谓的丝绸之路。13世纪的威尼斯商人马可·波罗来到了中国、印度和波斯，并且编写了许多奇妙的故事，向西方介绍了这些国家，这也是威尼斯辉煌时期的一个缩影。

几乎成为帝国

15世纪，威尼斯的领土经历了最大的一次扩张，占领了地中海沿岸的许多重镇，并且对远在黑海和北海沿岸的许多商业港口产生了巨大的影响。

中世纪时期的威尼斯

日常生活中也可以一窥威尼斯人的实力，衣着光鲜华丽的威尼斯居民在城中到处可见。

杜卡特金币

到13世纪末，随着实力的空前强大，威尼斯创造了一种新的货币：杜卡特金币。这种金币注定要成为欧洲接下来至少两到三个世纪里最重要的货币。

尽管教会颁布法令禁止奴隶贸易，但在威尼斯商人所进行的各类交易中，这是最赚钱的一种生意。他们在俄罗斯南部购买奴隶，贩到北非出售，同时也从北非将奴隶贩卖到欧洲。

因为土地面积狭小，威尼斯本地的产出比较匮乏，但是威尼斯人非常善于利用其他地方产出的商品进行各种交易。

跨撒哈拉贸易——史前时代—15世纪

骑在骆驼背上

撒哈拉以南的非洲地区曾经也密布着伟大而强盛的帝国，彼此之间也进行了规模庞大和密切的贸易活动。中世纪时期，甚至一些偏远地区也能够和欧洲以及中东地区进行顺畅的贸易。但是，西非海上贸易路线的开发以及很久之后非洲大陆各国陆地边界的确立破坏了这片商业网络，并最终导致了它彻底消亡并被遗忘在角落。

准备工作

穿越撒哈拉沙漠的长途旅行商队对后勤的要求非常苛刻，只有这样才能应对旅途中的各种风险。在穿越这片地球上最荒凉的地区之前，需要提前数月进行准备，要将骆驼养肥以便应对漫长的旅途。旅程之中，商队不可能携带旅途所需的所有补给，因此会派遣专门的先头部队找到沙漠中的绿洲，并在大部队到达绿洲的前几天为商人和骆驼提供饮用水等补给。这些沙漠中的商队规模很大，平均可以达到上千头骆驼，而在某些流传的故事中，商队规模可以超过10000头骆驼，最大的商队甚至有12000头骆驼之多。跨撒哈拉贸易在伊斯兰教传入该地区时（约8世纪）变得非常重要，但有迹象表明，这些贸易活动和路线早在史前时代就已经出现了。

① 哈夫斯王朝

13世纪至16世纪，哈夫斯王朝统治着北非的大部分地区。王朝的贸易掌握在沿海地区的热那亚人、威尼斯人、佛罗伦萨人和加泰罗尼亚人手中，他们将橄榄油、小麦、干果、毛皮、皮革还有纺织品销往欧洲，并从欧洲换取回葡萄酒、纸张、武器以及珠宝。

被遗忘的世界

中世纪时期的非洲并不起眼，但是那里的帝国、那里的文化以及那片地区内的商业贸易也是人类宝贵的财富和值得书写的篇章。

廷巴克图

廷巴克图是中世纪时期非洲最伟大的城市之一，它的地理位置优越，交通便利。它不仅是一座繁荣的商业城市，还是文化、哲学和宗教中心，伊斯兰教从这里辐射到区域内的其他地方。

13世纪哈夫斯王朝金币

② 马林王朝

马林王朝于13世纪到16世纪统治着今天北非的摩洛哥地区,也控制着直布罗陀海峡的贸易。在它最辉煌的时期,西班牙南部主要的城市都在它的统治之下。

马林人和基督徒的冲突从未停止,直到1340年,马林人被逐出了伊比利亚半岛。

③ 加奈姆-博尔努帝国

加奈姆-博尔努帝国的辉煌始于13世纪,皇帝宣布国家改信伊斯兰教,之后帝国一直延续到19世纪。加奈姆-博尔努帝国的领地是当时的商品贸易从南到北横穿非洲大陆的必经之地,帝国主要经营盐、矿产、奴隶以及纺织品,以换取铜、马和火器。

④ 马里帝国

因为贸易的兴盛,马里帝国于13世纪至17世纪盘踞非洲西岸。马里帝国盛产黄金、盐和铜,14世纪欧洲境内流通的黄金有一半来自马里帝国,而在马里帝国境内,黄金的价格仅仅和盐差不多。在其鼎盛时期,马里帝国的疆域内居住着大约5000万人口。

⑤ 加纳帝国

加纳帝国兴盛于8世纪至11世纪,控制着当时的撒哈拉以南的贸易。帝国将象牙、黄金和盐销往非洲北部、中东和欧洲,并换回其他各种商品。帝国的首都是繁荣的昆比萨利赫,鼎盛时期有大约30000名居民,城市的遗址位于今天的毛里塔尼亚境内。

骆驼

有证据表明,骆驼的驯化最早发生在3世纪前后的北非。但是,直到8世纪,骆驼才由于商贸的迅速发展而在贸易活动中被大规模使用。

货币的演变——公元前 4000 年至今
硬币、纸币……
"字节"

最初的货币
在最初的交易活动中，人们使用牲畜和谷物作为货币来交换其他物品，但是已经无法确定这些交易活动是什么时候出现的了。

人是社会动物，这意味着人类具备交易的能力——虽然交易活动非常复杂。交易中，一方所拥有的并不总是另一方所需要的，这使得交易变得困难，但同时也推动了货币的发明，货币就是一种用来交换的、并且被全社会所接受的一种商品。货币这个概念可以追溯到几千年前，第一批钱币在不到 3000 年之前被铸造出来，之后货币的概念开始完善并逐步成型。

最初，货币具有实际价值，比如：一枚金币和同等重量的黄金等值。

从价值到信用
但由于提高流通量的需要，现代已经用普通金属硬币和纸币来代替黄金和金币，金本位制由此诞生。从理论上讲，金本位制意味着一个国家流通的货币总价值应该等于这个国家所储存的黄金的价值，任何人都可以将货币兑换成等价值的黄金。但现实情况却完全不同，国家因为经济和金融的需求不惜印

公元前 4000 年
标准化
大约在这个时期，标准重量的金条和银条在美索不达米亚和古埃及就已经被当作交易货币使用了。

公元前 1200 年
贝壳
当时，贝壳在中国被当作交易货币使用，而在非洲，贝壳的货币属性一直持续到近代。

公元前 7 世纪
最初的金属货币
吕底亚王国（位于今天的土耳其境内）铸造了世界上已知的第一批金属货币，这些货币由金和银铸造而成，表面是狮子的图案，用于支付军队的军饷。

最昂贵的纸币

2006 年,在一次拍卖会上,这张面值 1000 美元、被称为"大西瓜"的钞票拍出了 225 万美元的天价。这类纸币通常是为了银行间交易或者政府大规模采购金银而发行的。

20 世纪末
电子货币

随着计算机、手机和互联网的兴起,通过电信服务完成电子支付成为可能,电子货币的时代开启了。

刷和铸造比自身所持有的黄金数量多得多的纸币和硬币。因此,经历了 20 世纪 30 年代的经济危机之后,金本位制被放弃了,转而使用美元作为交易的标准货币,进而可以将其转化为黄金,但类似的问题却一而再再而三地出现。过去的几十年,货币与其说是一种有实际价值支撑的商品,不如说是一种被一个国家的居民所接受的主观信用。

已知的最为古老的硬币是在大约2700年前位于今天土耳其的一个被遗忘的王国中铸造的,从那时起,货币就像我们今天所熟知的那样开始流通了。

1928 年
信用卡

在美国,人们开始使用赊账牌(信用卡雏形)——一种个人使用,用于信用支付的卡片。大约在 20 年之后的 20 世纪 50 年代,大来俱乐部正式开启了这种交易模式。

11 世纪
纸币

在中国,人们开始将货币存入"交子铺"中换取纸币,也就是"交子",并用纸币进行交易,最早的纸币由此诞生。

公元前 5 世纪
青铜板

在古罗马,人们使用带有政府印章的青铜板作为交易货币。这个习惯延续了几个世纪,直到被真正的硬币取代。

最贵的硬币

2010 年,在一次拍卖会上,一枚 1794 年铸造的面值 1 美元的银币以 785 万美元的价格售出。这枚硬币是仅存的 150 枚中的一枚,因为保存状态完好,因此其价格远胜于其他同款,创造了拍卖纪录。

布鲁日——12世纪—16世纪

北方威尼斯

威尼斯毫无疑问是中世纪卓越的商业城市，然而在12世纪至16世纪，布鲁日扮演的重要角色却被贬低了许多倍。事实上，很多研究者都认为布鲁日是"北方威尼斯"，因为布鲁日城内也是河道和桥梁密布。来自西欧的商品在这里汇集，布鲁日也成了通往中欧和东欧的门户。

中世纪欧洲的中心

早在12世纪，布鲁日已成为欧洲西北部的主要港口和佛兰德斯的商业中心，主要经营英国羊毛进口生意。但13世纪之后，另一个通过北方诸国经营波罗的海地区贸易的强大城市联盟——汉萨同盟——在布鲁日建立了他们最重要的一个商业中心，布鲁日有了爆炸式的发展。布鲁日的重点产业是英国羊毛业，一部分羊毛制成服装，并同来自汉萨同盟的其他商品一起，被销往欧洲其他地区和地中海沿岸。与此同时，来自地中海沿岸的商品也途经布鲁日销往不列颠群岛和波罗的海地区。这种情形一直持续到16世纪初，在那之后，布鲁日的地位明显衰落。

起重机
带式起重机由人力牵引，用于将诸如法国加斯科涅地区产的葡萄酒等货物装卸到轮船上。

马车
马车被用来在陆地上运输货物。

码头工人
码头工人负责在港口装卸货物。

忙碌的生活

15世纪的布鲁日港非常繁忙,来自沿岸的货物在港口上日夜不停地装卸。

港口
布鲁日通过一条长约10千米的运河与大海相连。一些资料显示,15世纪时,每天来往布鲁日的船只可以达到700艘之多。

主要的海上航线
这是布鲁日鼎盛时期使用最广泛的海上航线和最主要的贸易商品。

主要商品
鱼、酒、盐、谷物、布料、琥珀、毛皮、木材、焦油、蜡和蜂蜜。

柯克船
柯克船是12世纪至15世纪北欧地区最重要的商用船舶,通常为橡木建造,只有一根桅杆,杆上悬挂一张方形风帆,只能乘风航行。

商人和水手
商人和水手都是佛兰德斯人、条顿人或者来自地中海沿岸地区。

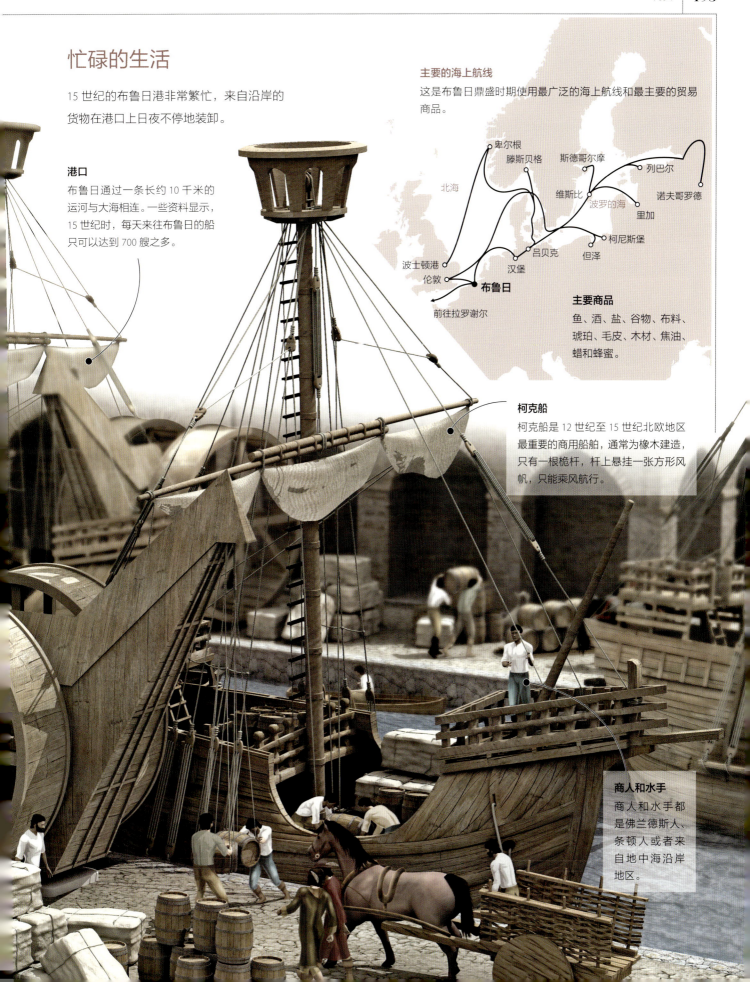

历史上伟大的商人

将贸易带向世界

米利都的泰勒斯
古希腊人
公元前 624 年—公元前 546 年
泰勒斯是伟大的数学家,也是古希腊哲学的奠基人之一,他的智慧很大程度上来源于他年轻时作为商人游历四方并与各种文化都有所接触。不过他的个人经历很多已经模糊不可考了。

这些人都是超越时代的角色,他们都是伟大的商人。他们的伟大并不在于他们为商业贸易开创了新的形式和奠定了新的理论基础,而是因为他们的活动推动了世界的开放,发现了新的地区、新的文化和理解宇宙的新方法。贸易促使人类和其他文化进行交融,从而扩展了我们理解世界的能力。贸易也帮助米利都的泰勒斯推动了古希腊哲学和数学的发展。后来,由于贸易的发展,马可·波罗来到了中国,并且用一本经典的著作向欧洲人介绍了那里的世界。200 多年后,克里斯托弗·哥伦布发现了大西洋另一头还存在一整片新大陆。而水手辛巴达的奇幻冒险经历不仅向世界其他地区描绘了阿拉伯的风俗习惯,更展示了极其丰富的想象力。

马可·波罗
威尼斯人
1254 年—1324 年
马可·波罗生于一个富裕的威尼斯商人家庭,17 岁时跟随父亲前往中国,在那里游历生活了 17 年。马可·波罗回国后被热那亚人囚禁,在狱中他将自己的所见所闻口述给比萨的鲁斯蒂谦,并由其执笔完成了《马可·波罗游记》,向欧洲介绍了遥远的东方。

水手

与马可·波罗不同,古代大部分的远行都是海上航行,除了陆上旅行所常见的危险之外,海上航行还增加了天气、潮汐以及航行等方面的不确定因素。

克里斯托弗·哥伦布
热那亚人
1452年—1506年

在扩张贸易这一初衷的推动下,哥伦布完成了发现美洲大陆的壮举。他当时的想法是一直向西航行,绕过整个地球到达远东,开辟一条连接远东的贸易新航线,因为传统的路上贸易路线被奥斯曼土耳其人封锁,而传统的海上航线则被葡萄牙人控制。

水手辛巴达
阿拉伯人
18世纪

辛巴达是一个虚构的人物,但在文学史上具有重要的意义。这是18世纪的文学著作《一千零一夜》中的人物,他是一个阿拉伯商人,在将父亲留下的财产挥霍殆尽之后,决心重整旗鼓,因此他决定出海营商,并且有了一系列奇遇。

> 从那里出发,经过八天的路程,穿过美丽的都市、城镇、乡村,还有无数的花园和田野,以及——想必是为了制丝——数不清的桑树。
>
> 《马可·波罗游记》

丝绸之路——公元前 2 世纪—公元 15 世纪

通向东方的窗口

"丝绸之路"由德国地理学家李希霍芬于 19 世纪末提出，是对那些通过中亚、西亚地区将中国和欧洲联系起来的商路的通称，它是西方和远东地区交流沟通的象征。顾名思义，丝绸之路肯定与丝绸贸易息息相关，但除此之外，其他各类商品，以及诸如思想、哲学、宗教以及发明等各种无形的交流也因为丝绸之路得以实现。

不可思议的旅途

丝绸是一种奢侈品，丝绸制作工艺千百年来也一直是中国人特有的技艺。最新的考古记录表明，中国的制丝艺术至少可以追溯到 5000 年前。几千年前中欧之间就已经有了交流，其中包括丝绸制品，但是直到公元前 2 世纪中欧之间才建立起一条真正的商道。起初，各国的外交使团使用着这条商道，但是很快，来自中亚各国的商人就"占领"了这条贸易路线。绵延不绝的商队将香水、珠宝还有玻璃饰品等商品装在骆驼的脊背上，绕过白雪皑皑的山脉来到中国，换取中国的丝绸制品之后再辗转带回西方。在这条著名的路线上往返一个来回需要 1~2 年，而且往往充满了未知的风险。但是走上丝绸之路依然是值得的，在西方的商业中心——拜占庭还有西罗马——丝绸就是财富，商人们靠它发家致富。丝绸之路在 15 世纪逐渐衰败。

永恒的经典

《马可·波罗游记》，由这位伟大的旅行者的狱友——比萨的鲁斯蒂谦——根据其口述的在丝绸之路上的经历，于大约 1298 年执笔完成。这本书实际上可以当作一本商人手册，甚至在印刷机发明之前就打开了西方世界的双眼，将神奇的东方展现在西方面前，并因此成为一部经典著作。

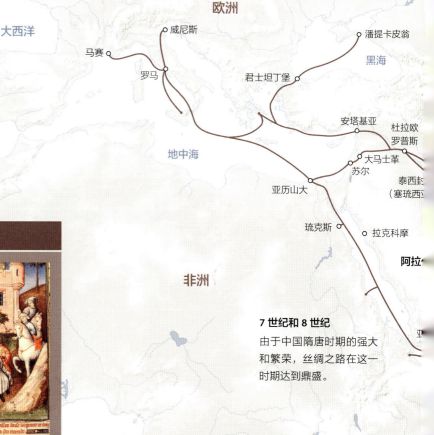

最初的年代

丝绸之路沿岸的贸易曾经被栗特地区（今天的乌兹别克斯坦和塔吉克斯坦部分地区）、贵霜帝国（今天的阿富汗、印度、巴基斯坦和塔吉克斯坦的部分地区）和帕提亚帝国的商人们所控制。

7 世纪和 8 世纪

由于中国隋唐时期的强大和繁荣，丝绸之路在这一时期达到鼎盛。

神秘的技术

牵涉到公主、走私犯、拜占庭僧侣还有强盗在内的各路传说描述了制丝技术是如何传到中亚各国的。5 世纪左右,那里的人们也掌握了制丝工艺。

1 精心饲养蚕,直到蚕吐丝包裹住自己并开始蜕变。

2 蚕茧是由一根非常长的蚕丝组成的,蚕丝比头发丝还要精细,表层被一种黏性物质所覆盖。

3 在蚕蛾破茧而出之前,将蚕茧放入沸水之中以杀死蚕茧中的蚕蛹,并稀释蚕丝表面的黏性物质。

4 完成上一步骤之后,蚕丝就很容易从蚕茧上解开。

5 将蚕丝浸在油中,之后以某种方式进行处理,让丝线更加坚固。

丝绸之路也包括了一些海上航线,但是陆上航线依然是最主要的路线,全长将近 7000 千米。

汉武帝派遣张骞出使西域,旨在与中亚诸国建立关系,共同抵御匈奴,就这样,大约在公元前 138 年,丝绸之路的第一段正式开辟。

联系

在丝绸之路的各种挑战里,除了之前已经提到的各种危险之外,还需要在世界上海拔很高的山脉之中翻山越岭,开辟道路。

15 世纪
随着新航道的开辟,丝绸之路逐渐走向衰败。

最初的银行——15世纪

银行业的诞生

银行业的概念古已有之，最初的含义是一个人向另一个人支付少量的利息以借入一定数量的资金，甚至在几千年前遥远的古巴比伦和古埃及时期就出现了类似银行的机构。除此之外，随着货币在中世纪时期的出现，以及后来意大利北部强大的商业家族的建立，世界上第一批银行开始运作起来。

权力和风险

15世纪开始的文艺复兴带来了许多新事物，其中一项就是银行业机构的普遍化，有一些银行非常强大，甚至在欧洲取得了一定的霸权。银行满足了商人以及普通民众的需求，但是它们也会借钱给一些大国。这些银行机构吸收存款，出借贷款，兑换货币并且发行和承兑本票，本票的用处是避免资金的持有人携带大量的现金，他们可以将现金兑换成本票，并且在其他城市重新兑换成现金。收取利息是基督教世界里一个非常复杂的冲突点，因为直到15世纪初，教会还在禁止收取利息，之后这一禁令才逐渐废除。文艺复兴初期，一名银行家在大多数情况下都意味着拥有很大的权力——尽管他们还是面临着被当权者（通常是债务人）因为无法偿还其债务而以各种理由驱逐或监禁的潜在风险。

本票

本票能够保证其持有人将票据兑换成现金，甚至于在一个城市开出的本票在其他城市也可以进行承兑；此外，本票也可以进行背书并转让。

美第奇银行的继承人：
◂ 科西莫·德·美第奇

在这家银行的众多网点之中，最令人称奇的是一家专门服务于教皇往来资金的流动网点。

按照当前的估计，美第奇家族在15世纪每年的花费大约为18000枚金币。

美第奇家族的人们不仅是银行家，而且他们的兴趣多种多样，还涉足大型的丝绸商店和羊毛工厂等。

兴盛与衰落

美第奇银行于1397年—1494年运行了大约一个世纪。

美第奇银行发明了"复式记账法"，这是对会计学最重要的贡献之一。

除了佛罗伦萨的总行，美第奇银行还先后在威尼斯、罗马、日内瓦、布鲁日和伦敦等地开设分行。

因为一系列管理上的失误，加上无法收回一些大债务人的债权，以及法国国王查理八世对意大利的入侵，美第奇银行于1494年进行了清算，并结束了运营。

美第奇银行

美第奇家族是一支无比强大的名门望族，起家于意大利的佛罗伦萨。美第奇家族产生了许多政客、皇室成员甚至三位教皇，此外，他们也是欧洲最著名和最受尊敬的一家银行——美第奇银行——的创立者。

关于美第奇银行的一手资料已经丢失，但是根据那个时代众多收税人的记载，我们还是能够很大程度上还原美第奇银行的历史。

佛罗伦萨的弗罗林金币
曾经在欧洲流通的众多货币中，佛罗伦萨弗罗林金币的地位举足轻重——它是13世纪至15世纪市面上流通最广的货币，重3.5克，几乎以足金铸造，是那个年代最高标准的货币。

就像现在的银行一样，美第奇银行也有柜员、会计和银行经理。

最古老的银行

至少有一家成立于文艺复兴时期的银行至今依然存在，那就是1472年在意大利锡耶纳成立的锡耶纳牧山银行。如今这家银行有大约3000家网点，33000名员工和450万名客户。

欧洲的重商主义——16世纪—19世纪

财富积累的"艺术"

到了16世纪，欧洲经历了深刻的社会、经济、科技甚至是宗教变革。那个单调、狭隘以及封闭的中世纪世界开始变得前所未有的复杂多样。突然之间，世界随着新的发现急速扩张，也诞生了许多新的行业，破除了许多旧的束缚，人们对于自身的认知，以及人们对于自身和宗教还有国家之间关系的认知也产生了很大的变化。在这种背景下，重商主义的思潮诞生并兴盛起来，所谓的重商主义，就是指不惜以损害他人为代价积累自身财富并完成自强。

关注贸易平衡

重商主义认为世界的财富固定不变，因此有人获得收益就必然有人承担损失。除此之外，中世纪时期为强大的教会势力所不齿的物质财富已经被各国视为重要的目标，并且希望通过积累黄金和白银实现致富。重商主义认为财富的积累只能通过提高出口并限制进口来实现，也就是贸易顺差，这个简单的推论导致了数不清的复杂后果，如国家（当时主要是专制国家）需要大量介入经济。除了上述思潮，一些国家，像法国和英国也了解了工业发展对出口盈余和贸易顺差的重要性，这个先见之明也在之后长远的时间里帮助这些国家成了经济强国。

地理大发现
开拓新市场和储备原材料的需求推动了大航海和地理大发现的到来。

面粉、鱼、毛皮、肉类

糖

获得黄金的三种方法
重商主义国家的终极目标就是积累黄金，想要获得黄金有以下三种可行的方法：

❶ 从殖民地榨取
西班牙选择了这种方法，但黄金又被西班牙用来进口其他制成品。

❷ 战争和海盗行为
重商主义时代，英国利用海盗行为抢夺黄金。

❸ 对外贸易
需要保证出口多于进口，诸如英国和法国等国家直接参与到贸易活动中去，同时也促进了国家的工业化发展。

英国

英国采取了非常严格的经贸控制，尤其是在国际贸易领域，相反在国内经济方面，政府的控制则没有那么严格。英国政府推动出口，并遏制进口，政府禁止所有外商在英国境内进行交易。

穿越大洋

在重商主义盛行的几个世纪里，原材料源源不断地从殖民地流向旧大陆，而制成品则是从欧洲运往殖民地和其他地方。这个历史时期战争冲突不断，其根源就在于各国对自身经济的保护以及对向外扩张的渴望。

商贸

商贸活动具有垄断性，殖民地只能和宗主国进行商贸往来——殖民地提供原材料，并购买制成品。

鱼、大米、肉类

烟草、毛皮、靛蓝染料、航海补给品

西班牙

由于并没有发展自身的工业，西班牙不得不进口制成品，因此它也放宽了贸易保护主义。而最终西班牙也将自己从殖民地掠来的黄金消耗殆尽，并逐步衰落。

制成品

朗姆酒

奴隶、黄金

法国

法国比英国更早开始采取贸易保护主义和出口促进——尤其是工业促进——的相关措施。法国出口的工业品富丽堂皇，主要面向各国王室贵族还有上层阶级，而在重商主义之前，法国曾是这些工业品的进口国。

战争

强国们都试图扩张自己的殖民地和自己的垄断市场，与此同时也要保护本国和本国现有的市场不被侵占。

重商主义简介

重商主义时期，保持贸易顺差至关重要。因此，需要一个强有力的国家政府实施经济保护主义：实行高关税率、适当的法律、垄断行为、殖民主义以及某些情况下的促进工业发展等种种手段。

赢家和输家

下图概述了欧洲重商主义的各个阶段。

1500	1600	1700	1800
垄断			
强盛的西班牙	衰退的西班牙		
		强盛的法国	
		强盛的英国	

作为商品的人——16世纪—19世纪

奴隶贸易

16世纪，欧洲各国纷纷在美洲大陆建立殖民地，并将新大陆作为欧洲的原材料来源地对其进行掠夺性开发。这也导致欧洲需要大量的廉价劳动力在美洲为其工作——来种植大量的蔗糖、棉花、咖啡和可可等这些运回欧洲的作物——奴隶贸易由此诞生。16世纪至19世纪期间，数不清的非洲黑人奴隶被送到美洲大陆进行劳作，这一现象被许多学者认为是人类历史上最大的悲剧之一。

首个全球大悲剧

据统计，在奴隶贸易持续的近四个世纪的时间里，大约有2000万非洲黑人被奴役并送到欧洲在美洲的殖民地。那些被抓走的黑人下场非常凄惨，他们在前往美洲途中和之后在美洲劳作生活的艰辛无法言喻——只要他们被抓住，他们可能就活不了多久了。一般来说，非洲大陆上那些抓人和交易的活动主要由非洲本地人完成，这些活动和非洲地区各个国家之间的战争冲突密切相关。奴隶们作为商品在非洲的港口被卖给欧洲人并塞到拥挤不堪的奴隶运输船上。美国是进口奴隶最少的殖民地，但是其境内的奴隶存活数量却最多。而在大陆的另一端，巴西所进口的奴隶数量大约是美国的十多倍，但是其境内存活的奴隶数量却最少，这说明葡萄牙人对待自己殖民地境内的奴隶非常惨无人道，这是因为压榨奴隶到死，然后购买新的奴隶，通常比留着奴隶让他们能够长年工作要更加经济实惠。从18世纪开始，此起彼伏的废奴运动逐渐结束了这一丑恶的贸易。

路线

这是奴隶贸易的流程：绝大多数奴隶在非洲中西部被捕，并运送到西部港口，一小部分来自东南沿海。

三角贸易

这是一条非常重要的商贸路线，前后持续了将近400年。

① 船只满载制成品，从欧洲出发。

② 抵达非洲后，船只卸下一些货物（通常质量较差）并将奴隶装船。

③ 抵达美洲之后，剩余的制成品和船上的奴隶就出售一空，并装满新大陆的原材料（蔗糖、其他作物以及矿产等）启程返回欧洲。

- 英国人
- 葡萄牙人
- 法国人
- 西班牙人
- 荷兰人

结束

18 世纪出现了最早的一波废奴主义者,而在整个 19 世纪,废奴运动此起彼伏并最终获得了成功——奴隶制被废除,奴隶贸易结束。图片中是英国反奴隶制协会 1795 年发行的一枚勋章的图标,表示的是一名奴隶向社会发出的质问:"难道我不是一个人或是你们的兄弟吗!"

最可怕的远行

尽管很难得出确切的数字,但根据最准确的估计,奴隶们在从非洲到美洲之间的远行死亡率超过 20%,换句话说,每 10 个上船的人只有 8 个能到达目的地。

亚洲

欧洲

非洲

- 矿产
- 咖啡
- 烟草
- 蔗糖
- 水稻
- 棉花

船舱内的每一寸空间都用来装塞奴隶,他们一般被分成男人、女人和孩子分开运送。奴隶们被镣铐铐着,甚至都无法好好站立或者坐下,忍受着惨无人道的虐待。

商贸 | 203

伟大的思想家——18世纪—19世纪

经济学的诞生

经济学作为一门科学是什么时候诞生的呢？通常的看法是18世纪末19世纪初的伟大思想家们为新生的资本主义提供初步的理论支撑，这也标志着经济学的诞生。18世纪在英国爆发的工业革命给社会带来了深刻的变化：坐落在大城市的工厂需要大量廉价的劳动力，尤其是妇女和儿童，因为工厂只需要支付给他们非常低廉的报酬。生产出来的大量商品超出了当地市场的消费能力，加速了国际贸易。通过国际贸易，工厂主（也可以称为资本家）们则会积累巨大的财富，享尽富贵荣华。而社会人口也因为生产力的发展而激增，这引发并激化了社会矛盾，但这些矛盾在一开始都受到了严重的压制，无法显现。

大变革的时代

在这个日新月异又思潮涌动的背景下，出现了一些思想家。他们开始尝试理解这一眼花缭乱的社会变革历程，并尝试通过理论去论述这些改变，同时也对未来的发展进行自己的思考和推测。这就产生了今天我们所熟知的古典经济学。

亚当·斯密
苏格兰 1723年—1790年
亚当·斯密奠定了资本主义理论的基础，他研究了财富的产生及其和劳动分工的联系，并在《国富论》一书中进行了总结阐述。亚当·斯密认为政府不应干预市场，因为竞争就像无形的手那样，可以对市场进行调节。

大卫·李嘉图
英国 1772年—1823年
大卫·李嘉图是最富争议的，也是最有影响力的古典经济学家之一，他主要研究收入的分配方式以及如何判断产品的价值。他的研究强调了社会阶级的冲突，并强调工人们需要赚取能够维持他们生存和需要的最低工资。

一个新的社会

18世纪初从英国蔓延开来的工业革命对社会产生了方方面面的深刻影响——新的参与者和这些参与者之间全新的关系等都反映出社会经济的新秩序。

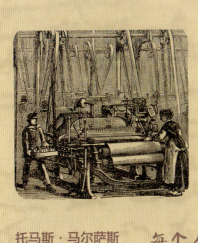

托马斯·马尔萨斯
英国 1766年—1834年

托马斯·马尔萨斯的著作体现了极大的悲观主义和对未来的深刻担忧。他认为应该限制人口的增长,因此,降低工人的工资,使其保持在满足生存的最低限度上是非常重要的。直到今天,马尔萨斯的人口增长理论依然有着巨大的影响力。

> 每个人都不断努力为**自己所能支配的资本找到最有利的用途**……当然,他所考虑的是自身的利益,但是他对**自身利益的关注**自然会,或者说,必然会使他青睐最利于社会的用途。
>
> 《国富论》亚当·斯密

卡尔·马克思
德国 1818年—1883年

卡尔·马克思是古典经济学的批评者,他在其著名的著作《资本论》中谴责了生产资料所有者对工人的剥削,并且斥责了资本主义所宣扬的错误的自由观念——因为工人所谓的自由是和老板(资本家)的意志息息相关的。此外,马克思还预测资本主义制度最终会走向灭亡,由社会主义取而代之。

资本主义——15 世纪至今

自由的时间

资本主义没有统一的定义,但不管哪种定义,都会包括一些共性特征:这种制度是建立在私人占有生产资料的基础上的,资本家提供资本并希望赚取利润,为此他需要雇佣一些劳动者,并向其支付工资。资本主义制度至少在三个世纪之前就已经成了世界经济的基础,但这取决于不同的实施方法,它可能加剧社会的不平等,也可能成为经济增长的引擎。

双刃剑

资本主义古典经济学认为政府应当尽可能少地出现,以便让市场进行自我调节。但是实际情况却是:市场的自我调节并不总是带来正面的影响,因此在保持一定自由度的基础上,政府的干预也是保障资本主义制度运行的关键。一般而言,如果政府比较软弱或压根儿对经济自由放任,那么资本主义经济所创造的财富则会集中在统治阶级手中,而穷人则是大多数,这是因为负责维护劳工权利和征收利润税的机构不能令人满意地履行职能。相反,一个有存在感的政府往往会承担起分配并优化社会财富分配的职责——但是这种职责的实现也需要考虑到政府干预的程度。在某些情况下,一个强势的政府可能会阻碍自由市场,而这恰恰是资本主义的基本支柱之一。

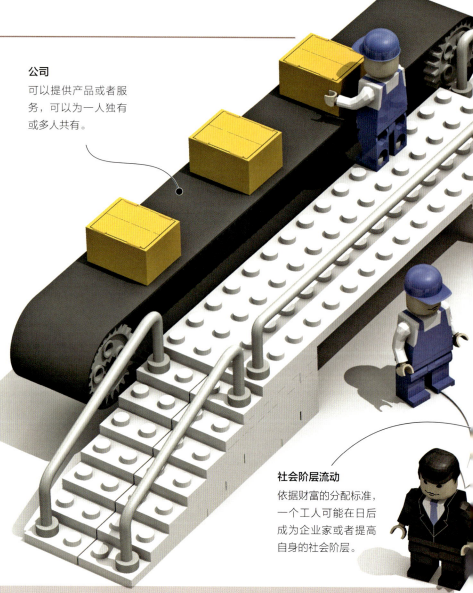

公司
可以提供产品或者服务,可以为一人独有或多人共有。

社会阶层流动
依据财富的分配标准,一个工人可能在日后成为企业家或者提高自身的社会阶层。

比较

奴隶制度
奴隶制对人的压迫最大,统治阶级依靠奴隶劳动,但是后者毫无权利,仅仅是主人的财产。

封建制度
在封地内,臣民和领主的关系类似半奴隶制,臣民为领主工作,并获得食物和领主的保护;与此同时,作为独立工作者的工匠也应运而生。

资本主义
拥有生产资料的阶层雇佣工人,利用工人的工作获得回报。

资本主义生产体系

尽管从理论上讲，资本主义制度很容易理解，但实际上每个社会都有许多自身的特点，这些特点可能会改变每个组成部分的权重和功能。

企业家
企业家拥有生产资料，他们投入资本，承担着经营的风险，并且获得大部分的利润。企业家对工人和政府都负有义务。

保障财产权
保证生产自由

税收

政府
在某些社会制度中，政府所扮演的角色可能会相对更重要，这些社会中财富分配也更加平等。

工人
工人没有生产资料，只有出卖自己的劳动换取收入，工人的权利受到法律的保护。

保障劳工权利
通过征税保障基本权利，如医疗和教育等

垄断
市场并不总是能够自我调节的迹象之一就是垄断的产生，即一家公司完全控制某个市场，或是市场由少数几家公司主导。他们不会进行竞争，而是会达成一致以保证市场地位。

生产
这是企业家投入资本以及工人投入劳动所产生的共同结果。

利润
利润归属于企业家，企业家可以选择是否将利润分配给工人，但是利润的一部分将以税收的形式上缴给政府。

工人权利

为了缓和生产资料所有者和工人之间的不对称关系，制定了保护工人的法律并由国家保障实施。尽管每个国家都有具体的实施规则，但总的来说，其中都会规定工作时限、解雇和工伤的赔偿等相应的权利。

社会主义
社会主义于16世纪提出，19世纪影响遍及欧洲。社会主义构想中生产资料属于工人，并且没有社会阶级的划分，这是优于资本主义的。

苏联是历史上第一个社会主义制度的国家，它于1922年正式成立，并于1991年解体。

保护主义
开放和关闭国门

在交易的初始阶段是没有多少疑问的：交易就是购买所需要的东西。但是随着各国之间联系的加深和社会的日益复杂，进入到一国境内的某些进口产品可能会冲击那些本地生产的同类产品，为了保护这些本地产品，各国会采取不同的"保护主义"工具，如禁止某些产品入境销售或者对进口的外来产品征收额外的关税等。

最主要的冲突

保护还是不保护——这个辩论是没有止境的。在重商主义时期，保护主义在世界范围内达到了顶峰——各国都在促进出口以积攒黄金，同时尽可能地减少进口以免花钱。但随后，18世纪时期古典经济学的思想家们尝试着解释市场可以在没有政府干预的情况下进行自我调节，进出口关税如果不能消除，那么就应该尽可能减少。不过，在许多情况下，这种绝对自由的市场经济被证明对那些强大的国家有利而对那些弱小的国家有害。从那以后，情况就变得更加复杂，如今所有国家都试图根据自身的战略来采取相应的措施，但或多或少都保有一定程度的保护主义。与外贸有关的关务和关税问题是当今国际关系中的一个热点问题，并且很可能是国际关系中的冲突中心。

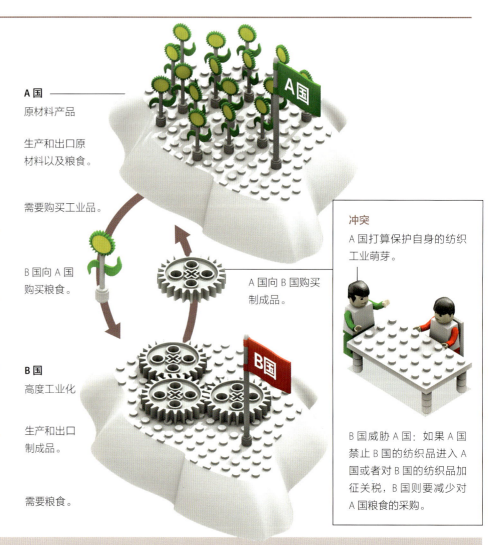

A 国
原材料产品

生产和出口原材料以及粮食。

需要购买工业品。

B 国向 A 国购买粮食。

A 国向 B 国购买制成品。

B 国
高度工业化

生产和出口制成品。

需要粮食。

冲突

A 国打算保护自身的纺织工业萌芽。

B 国威胁 A 国：如果 A 国禁止 B 国的纺织品进入 A 国或者对 B 国的纺织品加征关税，B 国则要减少对 A 国粮食的采购。

优点和缺点
进口和出口都各有其优缺点。

进口
优点
提供了本国不生产的产品；外国产品提供了更加多样的选择，并且能够促进降价。

缺点
可能不利于本地生产。

出口
优点
加强本地生产，产生出口税收收入。

缺点
如果产品出口的价格较高，则可能会推动国内产品涨价。

贸易余额
指一个国家出口总值和进口总值的差额。

顺差
当出口额超过进口额时为贸易顺差。

逆差
当进口额超过出口额时为贸易逆差。

理想的平衡

21世纪，没有哪个国家能够自给自足，每个国家都需要进口一些产品，并出口自身的产品，这就产生了很多难以平衡的商贸关系。

C 国

工业化水平低，初级产品生产力低

D 国

工业化水平高，粮食生产国

政府补贴（经济帮助）粮食生产者，以此来保证其粮食能够以低价向世界销售。

冲突

A 国政府可以禁止进口该产品或对其加征关税以避免倾销。

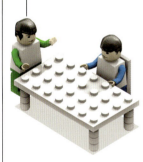

C 国威胁要对 A 国进行商业反制。

倾销

一些来自 C 国的出口商和一些来自 A 国的进口商在 A 国以非常低的价格出售某种产品，以破坏本地生产并占领本地市场。

冲突

A 国要求 D 国停止对本国的粮食生产进行补贴，并威胁要停止进口其工业品。

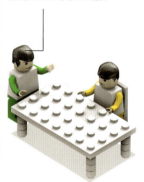

D 国威胁 A 国要进行反制，停止购买 A 国产品或者对 A 国产品加征关税。

海关

海关是国家负责检查进口和出口商品，执行国家相关法律法规并且负责征收关税的政府机构。

港口和货轮

面向海洋的窗口

港口用于装卸大量的货物，需要建设在水域平静的陆地沿岸，配备相应的基础设施和服务以满足船只、船员和货物的需求。现代化的港口是每天 24 小时连续运行着的巨型综合体，并且是跨越全球海域的各条海上航线的起点和终点。那些最重要的港口位于欧洲、美国以及亚洲的东部。

组成部分

港口由两个基础部分组成，每个部分都有特定的基础设施。海事部分包括用于保护水域的防波堤，以及海上浮标、信号灯还有无线电信标（电子辅助）等助航设施。此外，挖泥疏浚工程也必不可少，这能保障船只在驶入进港航道或者在停泊区域抛锚以等待入港时有足够深的水位以免搁浅。陆地部分主要包括船坞、码头、用于装卸货物的起重机以及用于存储分发的仓库区域。港口内部有序分布着公路和铁路，可以保证货物能够以多种运输方式转运。此外，港口通常也提供引航服务（向船长提供有关驶入和驶出港口的操作咨询）和拖船服务，使船只在码头上停靠。

港务局
港口管理部门所在地。

无线电信标
协助船只导航的电子信号。

信号灯和浮标
它们是港口航道入口的指示灯。

进港航道
这是一块经过挖泥和疏浚的区域，并且有信标指示，以保证船只安全进入。

❹ 装船
起重机从货车上吊起集装箱，并且将其放置在特定的位置上。

巨型船只

根据装运物的不同，海运所使用的船只也是种类繁多，形式多样。下图是这些船只种类中具有代表性的几艘。

诺克·耐维斯号	艾玛·马士基号	海洋交响乐号	巴西淡水河谷号
油轮	集装箱船	客轮	散货船
458 米	397 米	361 米	362 米

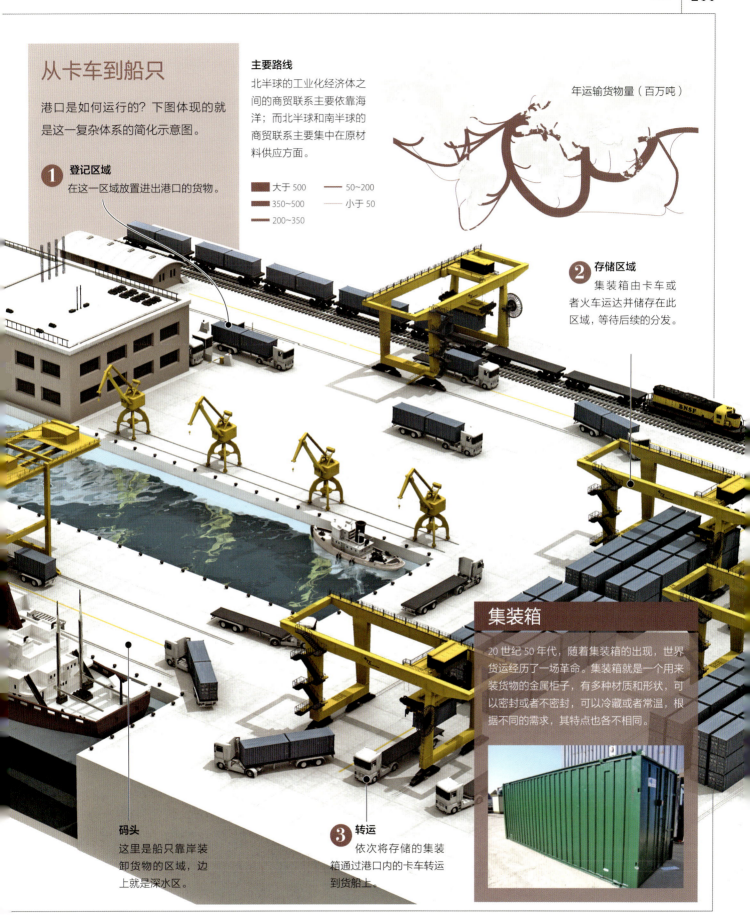

商业运输的演变——公元前 4000 年至今

更远，更快……

商业运输由人类主导，以达到交流沟通并且最终实现商贸往来的目的。最初的商业运输数量少、距离短，但随着生产盈余的增加，商业运输的数量增加了，运输的距离也更加遥远，商品可以运输并出售给更远的买家。这也给商业运输带来了持续的挑战：商品越来越多、距离越来越远、速度越来越快、同时费用还要越来越低，这些挑战也推动了一系列改变人类自身的发明和变革。

世界商贸活动的引擎

在商业运输发展的过程中有许多里程碑事件：大约 6000 多年前，轮子和船只的使用是运输的第一次跃进；但是货物运输的下一次跨越式发展则等待了超过 6000 年的时间——直到 19 世纪中叶，伴随着对蒸汽机的充分利用，铁路和集装箱给运输才带来了革命性的变化，它们能够以较低的成本和较快的速度把大宗货物运输到世界各地，满足了各地对不同产品的大量需求。运输问题在世界贸易中非常重要，以至于许多综合性大学都专门开设了与物流运输相关的学术研究，大部分的公司也投入了不少资源在自身的物流部门，以保证其产品的运输分发等活动。

公元前 4000 年
以血肉之躯牵引
货物的运输起初是由商人们自己完成的。直到公元前 4000 年，发生了两个重要的事件：马、牛等牲畜的驯化以及轮式车的出现。同时，也出现了铺好的道路。

公元前 3000 年
帆船
尽管有迹象表明船只的历史可以追溯到 40000 年之前，但是直到大约 5000 年前，船帆才出现。有了船帆，船只才能够造得更大，才能航行到更远的地方。

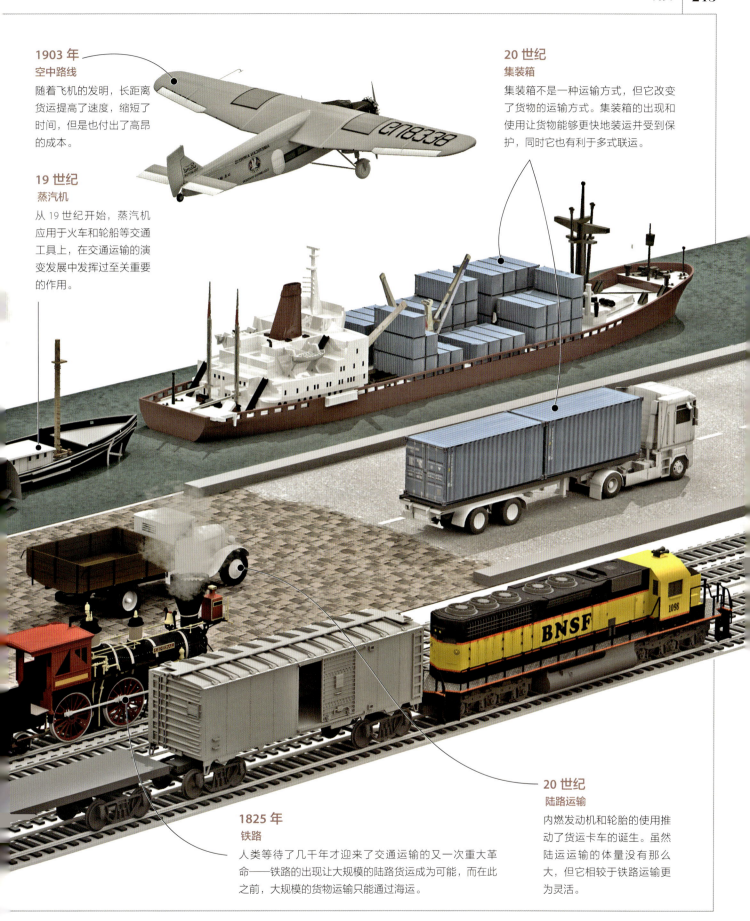

1903 年
空中路线
随着飞机的发明,长距离货运提高了速度,缩短了时间,但是也付出了高昂的成本。

19 世纪
蒸汽机
从 19 世纪开始,蒸汽机应用于火车和轮船等交通工具上,在交通运输的演变发展中发挥过至关重要的作用。

20 世纪
集装箱
集装箱不是一种运输方式,但它改变了货物的运输方式。集装箱的出现和使用让货物能够更快地装运并受到保护,同时它也有利于多式联运。

1825 年
铁路
人类等待了几千年才迎来了交通运输的又一次重大革命——铁路的出现让大规模的陆路货运成为可能,而在此之前,大规模的货物运输只能通过海运。

20 世纪
陆路运输
内燃发动机和轮胎的使用推动了货运卡车的诞生。虽然陆运运输的体量没有那么大,但它相较于铁路运输更为灵活。

多式联运

对物流的挑战

通常，货物无法直接从一个港口运输到另一个港口，或者从一个火车站运输到另一个火车站。这时多式联运就登场了——在货物的起点和终点之间，需要使用卡车、火车、货船乃至飞机进行装运。多式联运的需求对物流专家的能力提出了挑战，他们必须尽可能缩短运输的行程，降低成本并减小货物在运输过程中所面临的风险。多式联运在经济较为发达的国家中被广泛使用。

多式联运

货物的行程至少涉及两种不同的运输方式时就意味着进行了多式联运。但是为了避免货物装卸中所面临的风险、所产生的时间损耗以及由此带来的经济成本问题，多式联运的概念应运而生。在这种情况下，从起点到终点，所有的操作都以集装箱为准——货物装在集装箱内，并用货船、卡车、火车甚至飞机进行运输。甚至在某些情况下，装载集装箱的卡车也可以直接装入火车车厢或者货船的仓库内。不管怎么说，最昂贵且运输效率不高的陆路卡车总是承担着短途运输的工作，因为其灵活性较高；而长途运输中则首选火车和货船。

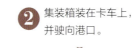
❷ 集装箱装在卡车上，并驶向港口。

历史小知识

尽管由于集装箱的出现，多式联运在 20 世纪 50 年代发生了爆炸式增长，但多式联运这一货运形式早在很多年前的 19 世纪初期就已经开始使用了。

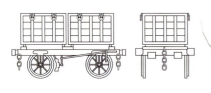

1830 年，在英国著名的利物浦—曼彻斯特铁路上运输煤炭的集装箱。

"一千零一种"选择

下图显示了多式联运的几种可能性，货物的运输越来越需要真正的物流专家提供支持。

❶ 货物放置在指定的集装箱内（型号各有不同）。

国际多式联运
客户　陆运（货车）　路上交货　铁路运输　海运

国际多式联运　　　　　　　　　　　　　空运
客户　陆运（货车）　路上交货　陆运（货车）　海运

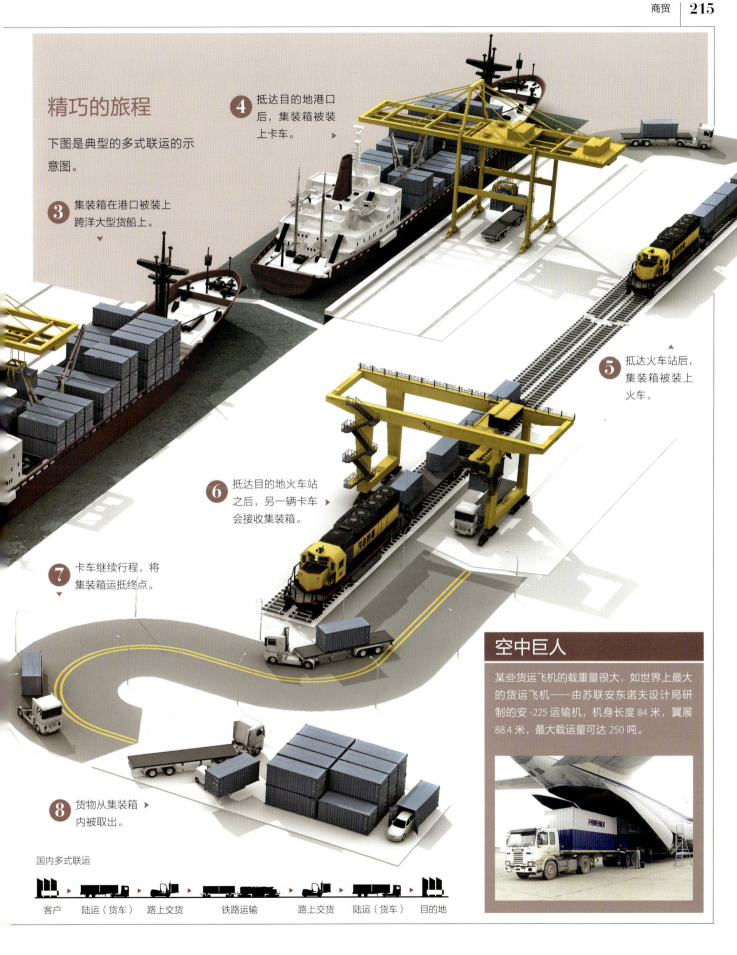

证券交易——18世纪至今

"钱生钱"的交易

金融体系建立在"钱生钱"的基础上，近年来，它已成为世界经济发展的主要引擎之一。它包括不断买入和卖出代表特定资产（如公司股份，一定数量的谷物或者石油，或者国债等）的票据和证券，这些票据和证券的价格在短期内可能产生明显的变化——尽管其所有者从未真正接触过这些资产。如果金融投资者足够精明，他可以在这场经济博弈中赚得盆满钵满。

股票的世界

投资者在证券交易所购买股票时，实际上是在购买公司所有权的一部分。但这名投资者可能对这家公司本身和其经营活动不感兴趣，而是关注其价值，尤其是公司股份的价值。股票交易的简单窍门就是以低价购买股票，然后以高价出售股票，以便保持差额作为利润。但是，没有人知道公司的股票价格何时上涨或下跌——这取决于几个因素。首先，公司资产负债表是盈利还是亏损。其次，公司或者政府的重大决定和事件对公司自身的影响（例如石油公司发现新的大油田；因为外交禁令而导致飞往某国的航班被禁止，会对航空公司造成极大的影响）。最后——但并非最不重要——的一点，就是对公司股份的需求，如果公司的股份非常抢手，则股票价格上涨；相反，如果投资者抛售这些股票，那么其价格就会下跌。

❶ 公司
每家公司都需要资金来启动或发展。获得资金的一种方式是将公司的所有权按比例分割成很多部分并且将其出售给投资者，每个部分就是我们所说的"股份"。

❷ 股份
股份可以分为多种类型，一些股份可以优先获得公司盈利的分红，也有一些股份赋予股东投票权，但有些股份则没有这种权利。

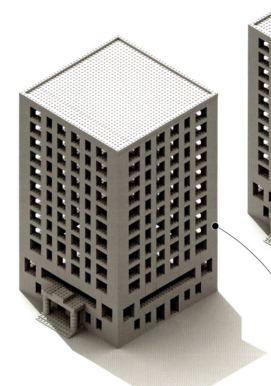

X公司

中世纪时的概念
证券市场的概念远比我们所认为的要古老，其起源可能要追溯到两千多年前的罗马共和国时期，但是证券市场存在的具体证据则始于中世纪。

13世纪
在法国，专门的"证券经纪人"进行大宗商品的权证交易和政府的票据交易。

1602年
众所周知，证券交易所于1602年在荷兰诞生。

1698年
伦敦证券交易所开始运营。

1792年
北美洲的证券经纪人联合起来并成立了纽约证券交易所。

股票交易

什么是股份？股票经纪人是做什么的？为什么要购买或者出售一个公司的股份？金融就像一个迷宫，可能会令人着迷。

❸ 证券交易市场
股份在证券交易市场内按照交易价格进行交易。

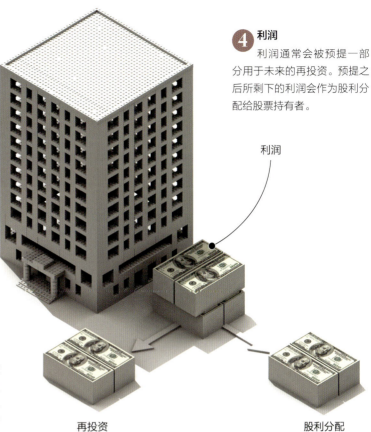

❹ 利润
利润通常会被预提一部分用于未来的再投资。预提之后所剩下的利润会作为股利分配给股票持有者。

利润

再投资　　　　股利分配

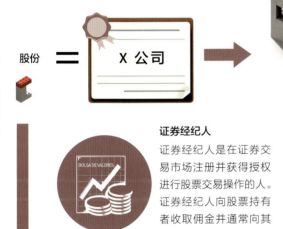

证券经纪人
证券经纪人是在证券交易市场注册并获得授权进行股票交易操作的人。证券经纪人向股票持有者收取佣金并通常向其提供投资建议。

股份值多少钱？
股票的价值基本上由两个因素决定：公司的资产负债表（显示公司的价值是在增长还是下降）以及对公司股份的需求。

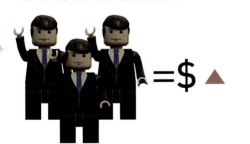

当很多投资者对一家公司的股份都有需求时，该公司的股价会上涨。

当一家公司的股份无人问津时，该公司的股价会下跌。

"股灾"

有时，市场对股份需求的增长会导致股票价格的急剧上涨，从而使其开始偏离其实际价值。这种情况就是所谓的"金融泡沫"，泡沫在某一刻被戳破，就会产生"股灾"。"股灾"的影响可能是全球性的和毁灭性的，正如1929年（下图）和2008年所发生的那样。

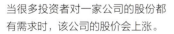

1896年
著名的道琼斯指数旨在观察和分析多个公司的股价。

1971年
纳斯达克股票交易所上线，主要挂牌公司为科技类公司。

2019年
如今，很多国家都有了自己的证券交易市场。

巴拿马运河与苏伊士运河——19世纪至今

伟大的捷径

随着海上贸易在18世纪变得越来越频繁，连接欧洲和亚洲（需要绕过美洲或非洲）或连接美洲大陆东海岸和西海岸的海运所涉及的时间、资金、路程上的困难以及高昂的成本也越来越显而易见。因此，工程师们开始着手解决这些问题，其中就包括以下两个伟大的基础设施工程：跨越巴拿马地峡的巴拿马运河，以及连接地中海和红海的苏伊士运河。

惊人的努力

开凿苏伊士运河和巴拿马运河意味着法国和美国等国投入了巨额资金，这些国家后来在历史上获得了大量的钱款，几十年来一直利用收取船只通行费获得收益。这些运河的所有权以及对过往船只的通行费用征收权在历史上引发了多次深远的政治危机。时至今日，除了其显著的战略地理位置的重要性，这两条运河更是成了世界贸易的根基，并且不断得到翻修和拓宽，以提高通航能力。工程难度方面，鉴于巴拿马地峡是多山地区，并且大西洋和太平洋之间存在高度差，因此巴拿马运河比苏伊士运河的设计施工要更加复杂，与巴拿马运河相比，苏伊士运河更加呈线性，也没有不同高度的水平面区分。开凿运河的重担毫无疑问落在了收入很低的劳工身上，在开凿巴拿马运河期间，大约有25000名运河工人丧生。

巴拿马运河

通过巴拿马运河不仅需要82千米蜿蜒曲折的旅程，而且，由于太平洋和大西洋之间有高度差，船只还必须通过三道船闸，在每个船闸内提升或者下降高度以顺利通往下一道船闸。船只通过巴拿马运河从一个大洋驶入另一个大洋，大约需要18个小时。

船闸

船闸解决了运河最大的挑战——水面高度不一致。船闸分为三段，能够同时保障往来船只的双向操作。

1 第一道船闸将水位下降到与海平面一致，并准备接收船只。这一过程需要在短短8分钟之内向海洋排放1亿升淡水（相当于40个标准的奥林匹克游泳池的水量）。

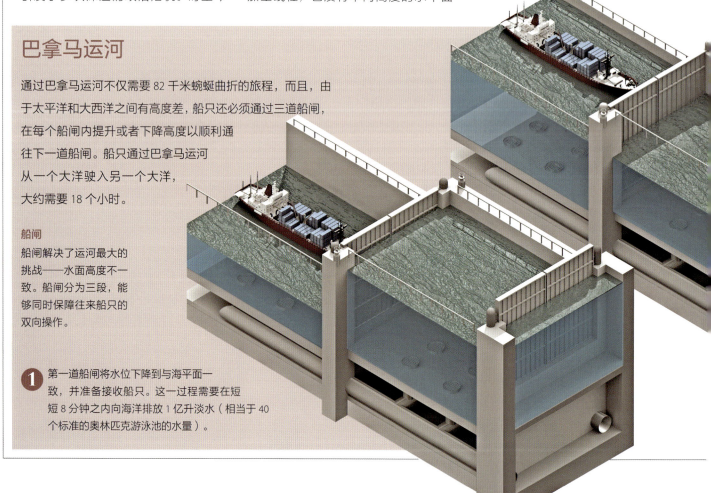

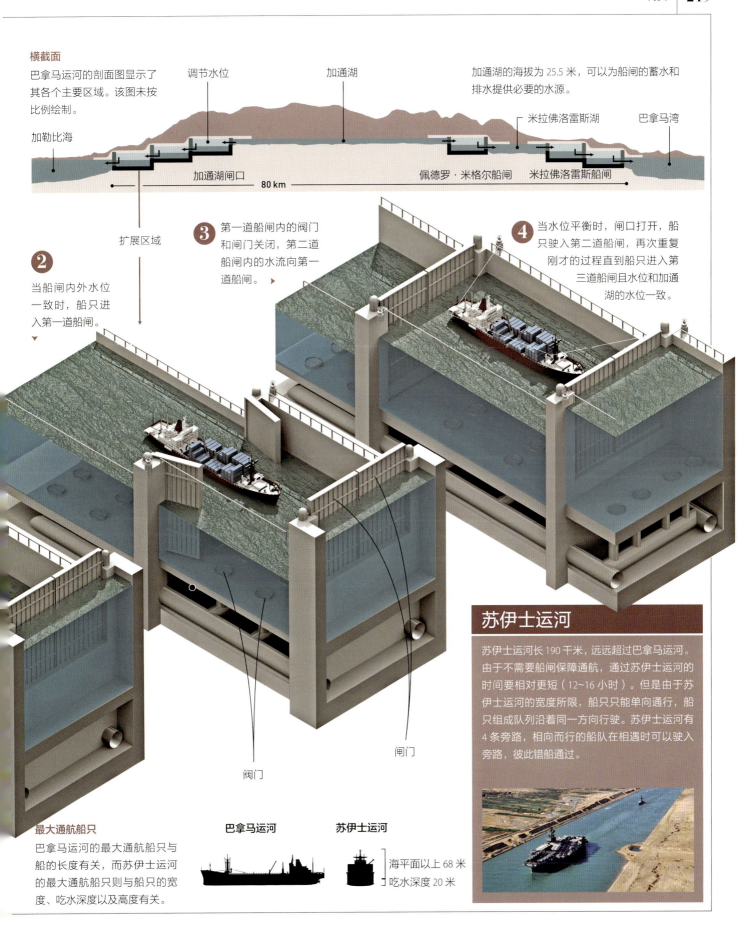

当代思想家——20世纪至今

复杂多样性的深度观察者

20世纪可能是被研究得最多的一段历史时期了，但同时，这一时期所留下的问题也比任何其他时期都要多。伟大的经济学家们推动了经济学思潮，并创立了新的经济学流派，但是这一世纪所留下的最正确的教训之一可能就是不存在唯一的普遍皆可行的经济发展良方。而可以确定的是，那些当代伟大的经济学思想家们有能力驾驭并分析这些前所未有的复杂性变量。

永恒的主题

但是，争论的主题依然集中在几个问题上：政府对经济的干预，找到能够保证充分就业的良方的可能，经济增长的路径，以及控制通货膨胀进程的重要性和方法。一些观点认为，严格控制相关的货币政策就能够管理好经济局势；而另一些观点则认为政府必须成为市场经济活动的主角。近年来，新的经济思潮则开始关注之前几乎被经济学抛在一边的问题：市场的道德规范以及市场归根结底是为人而服务的这一重点。

约翰·梅纳德·凯恩斯
英国
1883年—1946年
凯恩斯是20世纪最具影响力的经济学家之一。他的《就业、利息和货币通论》是宏观经济学思想的革命，并且一直广泛应用到20世纪70年代。对于凯恩斯来说，积极的政府干预是摆脱当时那个时代的世界经济大萧条的出路。

米尔顿·弗里德曼
美国
1912年—2006年
弗里德曼是货币学派（即"经济可以通过货币政策来调控"）的领军人物之一，也是一个伟大的经济思想传播者，普通民众都知晓他的经济思想。弗里德曼坚决反对凯恩斯主义——即使是该主义的鼎盛时期他也如此，其自身的经济思想风靡于20世纪80—90年代。

商贸 | **221**

全球性的危机

21世纪头十年的末期对经济学家们构成了严峻的挑战——全球规模的资本主义经济体系面临危机，寻找新的解决方案来应对未来的挑战似乎显得越来越急迫。

> 正规经济并没有过多**关注与人民实际情况和切身利益息息相关的方面……**研究对象自身丰富的特点被视为一种困难。
>
> 《商品和能力》
> 阿马蒂亚·森

阿马蒂亚·森
印度
生于1933年

这位诺贝尔经济学奖获得者的巨大贡献是，他将通常被忽略的变量引入到经济学分析当中。森认为经济发展的概念应当外延到人类发展上，从这个意义上讲，他主张经济发展应当为人类服务，而不是相反。

保罗·萨缪尔森
美国
1915年—2009年

所谓的"新凯恩斯主义"的代表经济学者，他吸收了凯恩斯主义的元素，并将其与新古典主义的经济学思想相融合。萨缪尔森对货币学派持严厉的批评态度，并对新一代的经济学研究者产生了重大影响。事实上，他也是历史上最畅销的经济学教科书的作者。

世界贸易组织——1995年至今
高级的机构实例

随着全球化进程的发展，国际贸易变得日益庞大和复杂，建立一个高于当时关税及贸易总协定（英文简称GATT）的机构的必要性愈发实际，在这个机构的框架下各成员期望能够解决日益增长的贸易争端，制定更加完善并且各成员也乐于遵守的贸易规则。因此，1995年世界贸易组织成立了，总部设在瑞士日内瓦。

争议和批评

世界贸易组织内部的重大争议之一就是农业补贴：世贸组织的宗旨是使贫穷国家也能有平等的机会参与到世界贸易中。这些国家一般是原材料和农产品的出口国，但是世界上的一些大型经济体却倾向于补贴和保护本国自身的农业生产者。与此同时，这些更为强大的经济体还企图要求那些处于弱势的国家限制甚至直接消除对自身所生产并出口的工业产品的关税壁垒。世贸组织还面临一些较弱小成员的批评，这些批评涉及世贸组织在处理某些数据时缺乏透明度，以及一小部分强国设置隐形障碍遏制和阻碍其他弱小国家的贸易谈判等。

世界贸易组织

几乎全部

目前，世贸组织由164个成员组成，占据世界人口的97%。此外还有24个观察员成员，它们也随时可能加入世贸组织。

图为2005年在中国香港举行的第六届世贸组织部长级会议。

部长级会议

部长级会议是世贸组织的最高级别会议，大约每两年举行一次，所有成员均会参加。部长级会议有权限在世贸组织多边协议框架下做出决定。

商贸 | **223**

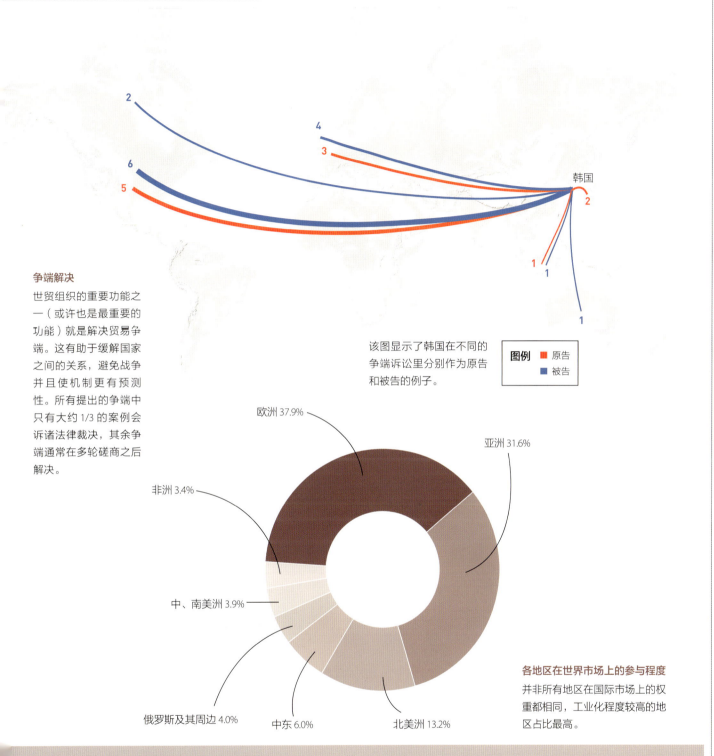

争端解决

世贸组织的重要功能之一（或许也是最重要的功能）就是解决贸易争端。这有助于缓解国家之间的关系，避免战争并且使机制更有预测性。所有提出的争端中只有大约 1/3 的案例会诉诸法律裁决，其余争端通常在多轮磋商之后解决。

该图显示了韩国在不同的争端诉讼里分别作为原告和被告的例子。

图例： 原告 ／ 被告

欧洲 37.9%
亚洲 31.6%
非洲 3.4%
中、南美洲 3.9%
俄罗斯及其周边 4.0%
中东 6.0%
北美洲 13.2%

各地区在世界市场上的参与程度

并非所有地区在国际市场上的权重都相同，工业化程度较高的地区占比最高。

世贸组织历届部长级会议举办地点（截至 2017 年）

| 1996 新加坡（新加坡） | 1998 日内瓦（瑞士） | 1999 西雅图（美国） | 2001 多哈（卡塔尔） | 2003 坎昆（墨西哥） | 2005 香港（中国） | 2009 日内瓦（瑞士） | 2011 日内瓦（瑞士） | 2013 巴厘岛（印度尼西亚） | 2015 内罗毕（肯尼亚） | 2017 布宜诺斯艾利斯（阿根廷） |

大宗商品——1850年至今
大宗散装货物

现代世界中，有些商品按照大规模成体量进行销售，不管是在世界上哪个地方生产的，这些商品的质量没有实际差别，这就是所谓的"大宗商品"。通常，大宗商品是原材料和初级产品，如农产品和矿石等，这些商品不需要额外的工业生产过程，并且通常以散装形式出售。大宗商品贸易对一些国家的经济通常非常重要，因为这些国家的工业化水平普遍较低，而大宗商品的价格会极大影响这些国家的贸易收入，并且其价格也是世界经济最重要的指标之一。

从石油到金钱

可以将大宗商品大致分为两大类。一类是能源类的大宗商品，如石油、煤炭和天然气等；另一类是非能源类的大宗商品，如粮食作物（谷物、糖、小麦、玉米），饮料作物（咖啡、茶、可可），金属材料（铜、铝、锌），以及羊毛和棉花等农业原材料。在某些情况下，金融资产（如货币）也被视为大宗商品——尽管这些大宗商品具有其特殊的特征。这些大宗商品的价格对所有人都是统一的，并且它们都在其特有的市场内进行交易；大宗商品可以在期货市场上进行交易，这就有利于某些投机行为。2008年爆发的经济危机导致大宗商品的价格出现了剧烈的波动，现如今，很多大宗商品的价格一直处于变化之中。

标准质量

多达数十上百种的大宗商品，其总体特点就是工业化再加工比率非常低，并且有标准质量可循。

波动

21世纪的前10年，中国和印度等国家的发展对大宗商品产生了大量的需求，也推动了其价格的上涨。投资者们嗅到了非常有吸引力的投机并赚钱的途径，这就更加导致了大宗商品价格看涨的趋势。但是，2008年全球危机的爆发减缓了对大宗商品的需求，投资者们随之望而却步，这就导致其价格急剧下跌。现如今，大宗商品的价格在波动之中尝试着收复失地。

商品价格总指数，2016年指数为100（以2016年为定基）

期货市场

大宗商品在世界市场上进行交易。除了现货交易之外，大宗商品也可以进行期货交易，交易方约定交易完成的未来某天的商品价格，期货交易的这一投机行为会导致数百上千万美元的流动，也影响着大宗商品现货的价格。

商业习惯
从市场到购物中心

19世纪开始，出现了一种新型的向公众销售和推广商品的形式，这也逐渐将固有的商业习惯完全改变——首先从西方开始，最终延伸到全球每一个角落。在法国，全球第一家百货商场开业了，商场有几层楼，分为不同的区域，人们能够在不同的区域购买不同的商品，价格也更加亲民，此外商家还提供各种优惠。在百货商场消费不仅是一种创新和引人入胜的体验，也是一种身份的象征。

新的卖家和新的买家

自19世纪中期出现新的商业模式以来，商品的销售和购买，乃至生意的运作本身都产生了极大的转变。百货商场开始与购物中心共同出现，购物中心也就是一个可以容纳多种品牌门店的专业商店。一些百货商场也专营某些特殊的商品，如服装或者工具的专卖。那些古老的出售食品的街边小市场和小商店见证了大型超市的兴起，有些大型超市还形成了连锁，在城市的其他区域，在国家的其他地区甚至在其他国家都开设了许许多多的分店。总店和其他的分店可以是同一个老板所有，也可以是通过特许经营/加盟机制（一个人通过某种方式参与到另一个人的生意中）来实现。随着全球化，万维网以及电子商务的出现，一幅更加完善的商业图景向我们展开。

广告

不同的品牌通过各种广告媒介宣传自己的产品，催生了一个全球年产值达到数万亿美元的产业，而这些宣传手段也在检验着广告创意的想象力。

超市
这种购物模式下，买家挑选自己想要的商品，并且前往固定的收银台支付所有的商品费用，超市于1916年首先在美国出现，并迅速传播到世界各地。

百货商场
百货商场于1852年在法国出现，通常由大型的多层建筑组成，分为几个区域，百货商场内所有的生意都归同一家公司所有。

商贸 | **227**

多种多样的方式

21 世纪之前，买家们从未有过如此多种多样的购物方式，而卖家们也从未有机会向买家们使出各种手段进行推销，商业的演变和发展从商贸的习惯和方式也可见一斑。

远程交易
远程交易自 19 世纪以来蓬勃发展。起初远程交易的订单和发货都是通过邮政邮件完成的，随着万维网的发展，买家只需要坐在家中，通过连接互联网的计算机即可下单购买商品。

购物中心
购物中心通常拥有宽广的室内空间，各种品牌的铺面坐落其间。购物中心内通常留有休闲空间和美食广场。可能在几个世纪前的中东就出现了购物中心的雏形——那些传统商店聚集的区域稍加整合就成了最初的购物中心。

传统商店
传统商店的鼎盛时期在中世纪，并且至今也依然保持着巨大的活力。买方进入卖方的店内，卖方接待买方并向买方推销。

优惠
优惠是当今商贸交易里非常重要的一部分：打折降价商品、免费送货、买一送一……所有的优惠都会吸引潜在的买家，并且都在向买家"保证"：如果他们不买的话将会错失唯一的机会。

街边小店
街边小店的历史几乎和文明一样古老，这些摊位在城市的特定地点聚集（广场、某条街道等），摊主们向顾客直接出售商品（自己制作的或者从其他处购买所得）。

特许经营 / 加盟店
特许经营 / 加盟店就是那些在同一品牌授权下使用相同的经营模式的商店，加盟店的店主向品牌所有者支付特许经营费用，并按照品牌要求遵守特定的经营要求，通常是对销售某些特定产品的要求。

电子商务——20 世纪 90 年代至今

无所不在的市场

万维网改变了一切，现如今供应和需求突破了国界，几乎没有什么限制。通过网络，供应可以抵达全球各地的客户，而买家们也能够收到全世界的报价。此外，电子商务也正在改变商品广告的形式和概念，也要求货运服务更加快捷。电子商务的高速发展所带来的另一个挑战是，如何使用电子货币进行支付，以及保证日益复杂的支付安全要求。

一段古老的历史

电子商务几乎伴随着互联网的出现而诞生，这令我们忘记了电子商务的起源。其实远程交易的概念数十年前就已经出现，只不过在全面全球化的背景下，互联网这一工具为远程交易提供了强大的动力。事实上，早在 19 世纪，就出现了使用转账或者货到付款等方式通过邮寄来完成交易的商业行为。20 世纪 80 年代，美国盛行一种被称为"直销"的商业模式：电视上播放商品的真实视听宣传广告，销售可以通过电话进行，之后通过转账汇款或者信用卡完成支付。这种模式直到目前也还存在并且流行着，自 20 世纪 90 年代开始，它通过使用互联网营销，逐渐抛弃了实体场所，除了一些知名企业的网商部门之外，一些大型虚拟网店——如著名的亚马逊——也进入了这个领域。

增长……无极限？

电子商务的增长速度是可观的。据估计，线上销售的成交额将持续增加。

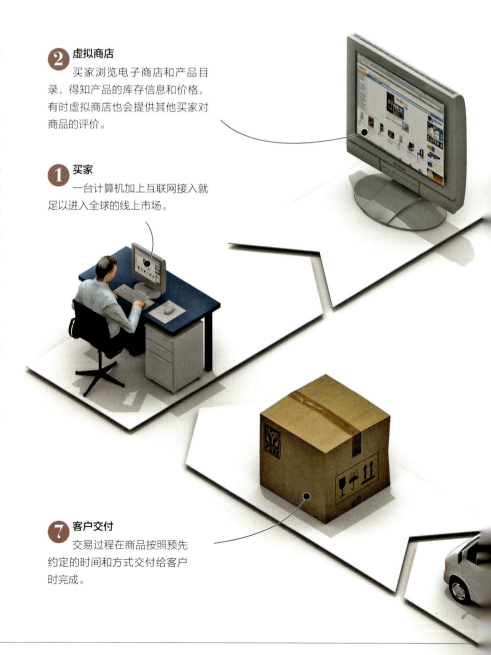

2 虚拟商店
买家浏览电子商店和产品目录，得知产品的库存信息和价格，有时虚拟商店也会提供其他买家对商品的评价。

1 买家
一台计算机加上互联网接入就足以进入全球的线上市场。

7 客户交付
交易过程在商品按照预先约定的时间和方式交付给客户时完成。

电子商务流程

从用户购买到商品交付——一条复杂但快速的道路。

3 虚拟购物车
买家将感兴趣的产品添加到虚拟购物车中。

各区域的买家

除了非洲和中东以外,世界其他区域有超过 80% 的互联网用户都有过网购经历,这使我们对电子商务的当前能量和未来潜力都有了认识。

- 北美洲 83%
- 中南美洲 81%
- 欧洲 85%
- 非洲 53%
- 亚洲&大洋洲 87%

4 付款
可以使用电子货币网上支付,或者使用现金货到付款。

人们都网购什么商品?

网购书籍、电子产品、服装和日常用品的占比较大,也有一部分人在网上预订酒店和机票。

书籍　服装　电子产品　酒店　机票

5 仓库
收到采购订单的订金,并将产品发往订单目的地。

6 运输
商品寄送至买家。

电子货币

所有使用电信网络,尤其是互联网进行转账的货币统称为电子货币。电子货币有几种不同的形式(信用卡或借记卡,银行转账等),但是其中最新颖也最有保障的形式是手机支付。

商贸 | **229**

贸易共同体——18 世纪至今

联合起来会更好

一个国家根据其经济规模以及其强制保障自身利益的实力，具有特定的谈判能力和相对实力。但是，很久以前，政治家和经济学家就知道，如果各国能够联合起来，这种能力会成倍增加，这就是为什么从 19 世纪开始，尤其是在 20 世纪 60 年代和 70 年代，世界各地不同联合程度的贸易共同体如雨后春笋般兴起。时至今日，世界贸易的一半以上都有这种贸易共同体参与。

捍卫者和批评者

贸易共同体没有特定的形式。事实上，贸易共同体可能由关税同盟演变而来——在关税同盟中，同盟国之间的贸易享有优惠，而第三国和关税同盟的任意国家进行贸易的政策，其他同盟成员国家也同时享有。贸易共同体也可以是通过法律所规定的经济联盟、通用货币联盟或其他多种形式的联盟。有时，贸易共同体仅仅适用于某些类型的产品，并且每个共同体还有其自身的特殊规定和要求。需要提到的是，针对贸易共同体最大的争论就是自由贸易的拥护者和共同体体系贸易的拥护者的争论，因为经济联盟内的国家总是对第三方贸易国享有强制力和某些特权，这确实侵犯了自由贸易。此外，这类机构的运作通常非常复杂，内部也时有冲突，对联盟各成员外交方面的资源和精力的要求也非常高。

北美自由贸易协议（NAFTA）

创立时间：1994 年
成　　员：加拿大、美国、墨西哥
联盟类型：区域共同体
NAFTA 于 2018 年被美墨加三国协议（USMCA）所取代。

中美洲统合体（SICA）

创立时间：1991 年
成　　员：伯利兹、哥斯达黎加、危地马拉、洪都拉斯、尼加拉瓜、巴拿马、萨尔瓦多、多米尼加
联盟类型：区域组织

同一种货币

一个官方货币联盟的例子就是非洲法郎 FCFA，这是非洲 14 个前法国殖民地共同使用的货币；另一个例子就是欧洲的欧元。

非洲法郎

欧元

主要共同体

全球范围内的联盟数量众多,下面列出一些规模较大、影响力较广的组织或联盟。

货币联盟
有时,几个国家会使用共同的货币,这可能是这些国家之间签订正式条约的结果,也可能是某个国家选择使用另一国的货币而导致的。

安第斯共同体

创立时间:1969 年
成　　员:玻利维亚、哥伦比亚、厄瓜多尔、秘鲁
联盟类型:区域组织

南方共同市场

创立时间:1991 年
成　　员:阿根廷、乌拉圭、巴西、巴拉圭、委内瑞拉(资格暂停)、玻利维亚(加入中)
联盟类型:区域组织

欧盟

创立时间:1993 年
成　　员:德国、奥地利、比利时、保加利亚、塞浦路斯、克罗地亚、丹麦、斯洛伐克、斯洛文尼亚、西班牙、爱沙尼亚、芬兰、法国、希腊、匈牙利、爱尔兰、意大利、拉脱维亚、立陶宛、卢森堡、马耳他、荷兰、波兰、葡萄牙、捷克、罗马尼亚、瑞典
联盟类型:超国家联盟

欧亚经济共同体

创立时间:2000 年
成　　员:俄罗斯、白俄罗斯、哈萨克斯坦、吉尔吉斯斯坦、塔吉克斯坦
联盟类型:共同市场

2015 年 1 月 1 日,欧亚经济共同体停止了所有机构的活动。

南亚区域合作联盟

创立时间:1985 年
成　　员:阿富汗、孟加拉国、不丹、印度、马尔代夫、尼泊尔、巴基斯坦、斯里兰卡
联盟类型:经济和政治联盟

东南亚国家联盟

创立时间:1967 年
成　　员:印度尼西亚、马来西亚、菲律宾、新加坡、泰国、文莱、越南、老挝、缅甸、柬埔寨
联盟类型:贸易共同体

大事记

穿越时光

商贸史上的重大里程碑都有哪些？首先，商贸的诞生，或者说商品交易行为的诞生时间无法确定，但是其他的里程碑是众所周知的。例如，第一枚硬币是什么时候铸造的；纸币是从什么时候开始使用的；第一张信用卡和第一家超市是在什么时候出现的等。但是，如果不提及那些伟大商道的出现和重要的经济理论诞生的时刻，也是不完整的。这个大事记起始于未知的远古时期，到我们如今所处的电子商务时代为止，旨在简短并快速地回顾那些铭刻在历史上的事件和情境。

时间未知
第一次交易
在进化的某个时刻，人类开始生产非必需品，最初的物品交易可能也出现在那时。

公元前 8500 年
易货贸易
随着文明最初形式的出现，以及由此而带来的生产盈余，易货贸易出现并逐渐普及。

公元前 4000 年
货币
在古埃及和美索不达米亚地区，标准重量的金属条作为交易货币逐渐普及。

11 世纪
纸币
在中国，用纸制成的票据作为存款证明开始被用作货币使用。纸币由此诞生。

1271 年
马可·波罗
这位威尼斯商人与父亲一起取道丝绸之路来到中国。他在《马可·波罗游记》中讲述了他的经历，让欧洲人对东方有了了解。

1397 年
银行
佛罗伦萨的美第奇银行是第一家大型国际银行，银行运营了近一个世纪，并且在欧洲有多家网点。

18 世纪
现代经济
亚当·斯密和大卫·李嘉图等伟大的思想家对经济自由以及国家不干预市场的需求等进行了理论分析，古典自由主义诞生。

1850 年
大宗商品
某些具有标准质量的原材料开始以大宗商品的形式，按照统一价格进行交易，而不论这些产品的来源如何。

1916 年
超市
在美国，开设了第一家销售食品和其他产品的超市，顾客可以自由拿取想要的商品，最后在柜台处将总款项付清。

公元前 13 世纪
腓尼基人

腓尼基人开始在地中海进行大规模的贸易活动,他们在沿岸建立了许多殖民地和商业港口。

公元前 7 世纪
硬币

吕底亚王国(位于今天的土耳其境内)铸造了世界上已知的第一批金属货币,它们是最古老的硬币。

公元前 2 世纪
丝绸之路

中国皇帝派遣外交使团前往中亚,并正式开辟了连接欧洲和远东之间交流途径的第一段路。

16 世纪
奴隶贸易

奴隶贸易从 16 世纪开始,在之后的 3 个世纪中,数千万非洲黑人奴隶被运往美洲的殖民地。

16 世纪
重商主义

其主要思想就是国家的财富来自于积累黄金的能力和保持贸易顺差的能力,因此那些有实力的国家都采取保护主义措施。

1602 年
证券交易

第一家证券交易所在荷兰正式成立,尽管类似的概念和非正式的交易已经有 3 个世纪的历史了。

1928 年
信用卡

在美国的大型商店中,可以使用一种带有个人信息的金属卡片,卡片上有凸起的金属字母,持有者可以使用卡片赊账。

1995 年
世界贸易组织

世界贸易组织成立,该组织包括了世界上的许多国家,旨在建立国际贸易规则并对国际贸易进行调解。

20 世纪末
电子商务

万维网的普及开启了电子商务时代:买家可以方便地接入世界市场,并且在计算机上使用电子货币进行支付。

职　业

谋生方式

历史上的职业

如果将工作理解成是以生产财物为目的从而进行智力和体力上的劳动，那么人类凭借自身不同一般的特性一直都在工作。某些生物，如五趾动物，它们具有抓握能力、操纵活动的能力和立体视觉，甚至具有改造自然环境并熟知和了解自然环境的能力。根据这一思路，德国哲学家弗里德里希·恩格斯曾表示：最初的原始人由于需要解放开发自身上肢来从事一些初级的活动，这种需求激发了他们身体上以及姿态上的整体变化。通过双手的劳动，他们的语言器官和大脑可以进行越来越复杂的活动，并达成更高的目标。

随着历史的发展，出现了不同种类的工作和职业，有些职业保留了下来而有些职业则销声匿迹了。在这个意义上，专家们划分了工作的种类和社会阶层：狩猎采集者，农民和牧民，传统行业从业者和工人。在史前狩猎采集社会中，工作主要是集体性的，唯一的区分是依据性别划分工作：女性负责照顾子女、做饭和采集果实，而男性则负责狩猎、制造工具和保卫他们所在的群落。在具有定居性质的农业和牧业社会中，开始出现大分工，出现了编篮筐的工匠、手工业工人、木匠、纺织工和渔民。人类开始需要制造特定的工具去从事那些贯穿了整个人类历史的行业，如农业、畜牧业、制陶业和冶金业等。为了保证食物供给的持续性和计划性，人们需要生产和储存更多的粮食，以达到拥有余粮的目的。因此，分工引发了越来越大的社会差异，这种差异是由于使用、管控和享有一系列有关集体生产的财富和服务造成的。在欧洲传统社会中，研究者们将城市文明区分为古代文明和中世纪封建文明。古代帝国时期的生产系统是建立在奴隶的劳动基础上，反映了社会的极端不平等。大部分的人口都可视为某些个人所有，他们被迫为主人从事各种工作。在封建社会中，社会差异也同社会分工有关。贵族负责在军事层面上保卫所有人，教士阶层负责祷告，而其他人则负责生产和提供粮食。这些职业一般都具有世袭的特质，这样也阻止了社会阶层的流动。

18世纪中期，欧洲范围内出现了一直维系至今的工业社会。工业社会的到来改变了工作的概念。生产工具被资产阶级所掌控，工人们只有出卖自己的劳动力来获取工资和报酬。19世纪，一部分资产阶级积累了越来越多的资产，而大部分的工人和他们的家庭却依然生活在贫困之中。这种社会差距也通过一种互相敌对的方式被体现出来。在经济自由主义的古典经济学中，亚当·斯密认为最重要的生产要素是用于购买生产商品的资本，因此资产阶级的收入高于工人们也理所应当。然而，大卫·李嘉图持相反意见，他认为最重要的生产要素是劳动，只有劳动才能创造财富。这种观点被卡尔·马克思在他的历史唯物主义中引用，同时激发了这个问题的讨论：认为劳动才是创造财富的要素，反驳财富被掌握在生产资料的所有者手中而不是劳动者手中的情况。现如今，在经济全球化的背景下，这些理论上的纷争仍然存在，而在这一背景下，新的通信技术则使某些实际行动在世界各个地方同时扩散开来变为可能。一些专家认为，20世纪末以来的技术创新和市场全球化也可能导致了劳动力的裁减，只对有产阶级有利的公司重组，劳动条件的恶化，以及工作岗位减少等问题。对于其他人而言，世界经济互联互通以前所未有的方式创造了就业机会，创新的职业战略和广泛的商业市场。当代所面临的挑战是需要新的技能和知识手段去理解全球化社会正在经历的转型过程。

史前时期的分工——公元前 8000 年

定居工作

万多年前，人类开始在定居点群居生活，工作方式也迅速分化，并且第一次出现了专业化的分工和劳动，例如人类历史上最重要的生产活动之一——农业——就在这时出现了。人类得以连续且可持续地工作，进而能够产生可用于储存的剩余产品。逐渐地，这些剩余产品的积累和工作的多样性决定了日益加剧的不平等，并最终导致了社会阶层和等级的出现。

新的分工

旧石器时代，人类因环境而迁徙，从事狩猎和采集活动，通过模仿族群内年长成员的行为，并在生活中加以实践，从而学习到相应的生存技能。公元前 8000 年左右，由于农业和畜牧业的出现，新石器时代的人类族群得以定居。这也导致工作的专业化程度不断提高，随后产生了行业和技能的分工，出现了工具制造者、房屋和沟渠建筑工、纺织工、陶匠、铁匠以及其他方方面面的职业雏形。这次变革意义重大，以至于专家们将这个过程命名为"新石器革命"。

农业
农业的出现意味着生活方式和饮食的根本改变。农业生产提供的产品比旧石器时代质量更高，也更加丰富多样，并且农业生产会随着人口的增长而增加。

犁 最初农业工具的代表。

农民 农民生产自己的食物，甚至还能有剩余。

驯化谷物 最早种植的谷物是在两河流域的小麦和大麦。

活动和专业化 史前时代的人类从事不同的活动来维持生计。从最初的粗加工和石器工具到金属铸造的工具，人类的工作因其任务和目的的区别而变得更加复杂和专业。

200 万年前 发明器具 能人掌握了抓握力，并制造了石器工具，可用来摘取植物、捕获动物、切割食物。

公元前 20 万年 集体狩猎 直立人进行体系化的集体狩猎。他们的工具复杂，甚至包括了石制和骨制的材料。

日常工作

女性承担对体力要求较小的工作，如碾磨等；她们还负责准备食物、照顾孩子以及缝制衣服。

编织品

驯养的绵羊提供了羊毛。

制作陶器

陶匠们负责生产必要的陶制器皿以储存烹调出来的不同食物。

搓揉
将黏土搓成球后拉长。

定型
切成条，卷成圆形，然后再层层堆叠。

碾磨
通过用石头碾碎谷物种子的方式得到面粉。

抛光
用布擦拭，使陶器表面变光滑。

烧制
在高温的烧制下，器皿变得更加坚固耐用。

冶金

工具生产因为金属的使用而变得复杂：首先是铜的使用，然后是青铜，最后是铁。这些金属被铸造成型，制成了刀、劳动工具和武器等。

锻造
通过捶打使金属铸造成型。

使用
金属被用来制造武器和盾牌，从而改变了战斗方式。

铸造
将金属倒入模具中固化。

公元前 5 万年
缝制衣服

冰川期推动了毛皮制衣服的制作生产——严酷的气候让人类不得不穿上衣服御寒。

公元前 2 万年
最早的艺术家

通过洞穴内的壁画和小型雕塑，旧石器时代的艺术家们向我们传达了那时人类的世界观。

公元前 8000 年
生产工作

动物的驯化家养以及农业活动逐步出现并发展。人类使用石臼手动碾磨谷物。

公元前 2000 年
使用金属工作

在近东的各种战争打斗中，冶炼金属（尤其是铁）的技能具有相对的优势。

古代书吏——公元前 3200 年
书写职业的出现

古埃及这些令人尊敬的文字专家们记录了每次的社会活动，并对各种材料和信息进行分类、统计和复制存档。他们属于有官职的人员，对法老和执政者而言，书吏的这份工作不可或缺。他们通常负责征税和管理国家层面的账户。由于当时大部分的古埃及人都没有受教育的机会，所以这些书写员受人钦佩，在经济上也得到了丰厚的回报，甚至可以与古埃及诸神的能力相比较。

受到所有人的尊重

从定义上来说，书吏是公职人员。他们把工作当作自己的生活，对自己的要求也非常严格。在古埃及，他们代表了一种特殊的权力，因为他们负责起草法老的旨意，并且控制着国家的经济生活。大多数法老不通文墨，因此这些书写专家必须非常可靠。此外，尽管书吏负责征收和管理税款，但他们自身却不用交税。书吏们受到非常严格的规则约束，例如他们的书写成品必须客观公正，并且禁止在任何副本中加入可能影响原文意思的个人见解。书吏们使用三种文字书写：象形文字，古埃及世俗体文字和古埃及祭祀体文字。为了使国家的政令更加容易通行，后两种文字使用得更为频繁。

正确的姿势
他们盘腿而坐，将用于书写的莎草纸放于腿上。也有一些书吏选择蹲着工作。

一种世袭的技艺
在古埃及，只有在皇室里接受过培训的男性才会被任命为书吏。由于这种职位是由父亲传给从小学习这项技能的儿子，因此久而久之就导致了一个阶层的出现。

纪律
练习时需绝对服从老师。

专注
培训从 5 岁持续到 18 岁。

信息记录储存进程中的里程碑
信息的管理对社会发展而言至关重要。纵观历史，尽管书写和存储信息的手段千差万别，但掌控可靠的信息和数据对于知识的传播一直十分重要。

**公元前 500 年
古罗马公证员**
他们是起草私人协议的官员，并且在双方签字之后，私人协议在法律上是真实有效的。

**300 年
玛雅书籍**
玛雅祭司负责编写《契伦·巴伦之书》这一神圣和预言性的文本，这个作品由象形文字书写完成。

学习文字

成为书吏需要长达数年且昂贵的准备。这也意味着只有贵族的儿子才能从事该职业或者与此有关的行业，学生们在建于庙宇和宫殿里的学校接受严格的教学培训，培训中他们需要重复练习甚至承受虐待。

1 公职人员
书吏属于国家行政人员，他们的工作对于维护法老的权势意义重大。

2 培训
培训从幼年一直持续到青少年。需要进行日常的严格训练和会计培训。

3 字体
这是一个与时俱进的复杂体系。神旨中的象形文字是最古老的字体。

4 陶片
使用小块的陶片当作书写和计数的草稿。

象形文字之神
书吏们奉托特为他们的守护神。在抄写之前他们都会向托特神祈祷。

用于书写的芦苇秆
工具是一支被斜切的空心芦苇秆，蘸墨水使用。

来源于尼罗河的原材料
莎草纸是用生长在尼罗河里的纸莎草制作而成的。

存放处
书吏负责捍卫国家知识内容的生产。

墨水
天然提取的红色或黑色的墨水分布在砚台上。

1000 年
抄写员
修道院中的一些祭司会将自己的一生致力于古书的手抄工作，这些古书通常是古希腊罗马时期的书籍。

1868 年
打字员
他们是使用打字机来书写记录的专业人员，打字机的广泛应用也促进了商业的发展以及世界范围内的工业扩张。

1950 年
数据录入
当代的信息系统需要相关人员在公司的数据库内进行录入。

最初的医者——公元前 3000 年

在巫术与科学之间

古代的定居文明中，族群中通常会有个别成员从事医治的工作，他们的工作也被赋予了神圣的色彩。这些早期的医生们对各种疾病都拥有宝贵的知识，因而享有极高的声望。例如，古埃及的医生会治疗心脏、肺部和骨骼的疾病。这些在寺庙中的医学院接受过培训的医生会在近东地区游走行医，为向他们提出看病需求的贵族们提供服务。在临床治疗中，科学概念被添加到宗教的古代巫术仪式中。

解密人体

最早的医生专治各种疾病，拥有特权地位，例如美索不达米亚和古埃及的医生。古巴比伦人起草了几部规范医患关系的法律，对渎职行为制定了严厉的处罚规定。希伯来人提倡隔离受感染者，并在远离房屋的地方填埋感染者的粪便。

古埃及的医生作为国家公职人员由法老提供资助，无需向患者收取费用。医生受人尊敬，日常忙碌于医学研究和医疗护理的工作。医生是极少数有读写能力且能在多个学校里接受培训的人，这些培训他们的地方被称作"生命之屋"。这些职业医生将疾病分为三类：邪灵作祟所致；有明确原因（如伤口）；不明病因，出于神的旨意。

借助众神的帮助
塞赫美特是古埃及神话中的医疗女神，她能赐予治疗所需的能量。

清洗双手
尼罗河的河水被认为有净化的作用，卫生是医疗中最基本的要求。

古埃及医生

古埃及的医生受人尊重。医生属于社会高级阶层,甚至于他们的外表都与众不同。据说,他们可以治愈不少疑难杂症。

避孕药物
医生们推荐使用在阴道涂泡碱和蜂蜜的混合物的避孕方法。

1. **职业化**
在诊疗中医生会使用各种药方以及工具,此外他们还会向神祇祈祷。

2. **治疗**
尽管当时古埃及的医生使用各种镇静剂和药剂,但他们还不会使用麻醉剂。

3. **助手**
助手帮助医生固定病人,必要时也会使用医疗器具来协助医生。

4. **巫医**
巫医通过念咒语来提高治疗效果。

5. **药典**
药方和药理以及制药方法一起记录在沙草纸上。

6. **手术工具**
在制作木乃伊的过程中,人们进一步完善了手术工具。

古印度与古希腊

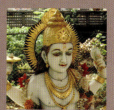 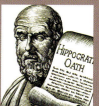

昙梵陀利是古印度阿育吠陀医学的始祖,他优先考虑天然草药的疗法并注重身体与精神之间的平衡。希波克拉底是古希腊伟大的医师,他将疾病归因于自然发生,让疾病与宗教划分开,并且强调细心观察病人症状和了解患者病史的重要性。

《埃伯斯纸草卷》是著名的医学文献,可追溯到公元前 1600 年。

演变：历史上的医生和卫生医疗从业者

救死扶伤的专家

古代治疗师的治疗方法建立在巫术和自然法则之上。也就是说当时的健康观念与宗教信仰以及世代相传的知识紧密相关。同样，这些从事卫生医疗的医者们也不是专业人士。大多数的疗法采用了天然草本植物以及向神灵祷告的方法。在公元前6世纪，古希腊医学开始注重临床观察和实践。希波克拉底作为西方医学之父，留下了著名的《希波克拉底誓言》，其中包含的伦理价值到现在依然具有重大的意义。20世纪，由于疫苗、抗生素的出现以及人们生活水平的改善，许多疾病得以被医学和科学研究攻克。癌症成了一种常见疾病，但由于临床疗法的发展，许多癌症已能被有效治疗。此外，遗传学领域也有了重大的发现和创新。

希波克拉底
公元前460年—公元前370年
将医学变为真正的职业。他要求自己的学生和他一样全身心医治病人。

盖伦
130年—200年
中世纪的参考文献表明，肌肉受脊髓控制，血液在血管中循环。

弗拉卡斯托罗
1478年—1553年
研究了疾病的可能传染途径，他认为最主要的传染途径为空气传染和直接接触。

爱德华·詹纳
1749年—1823年
发明并普及了可防治天花病毒的疫苗。

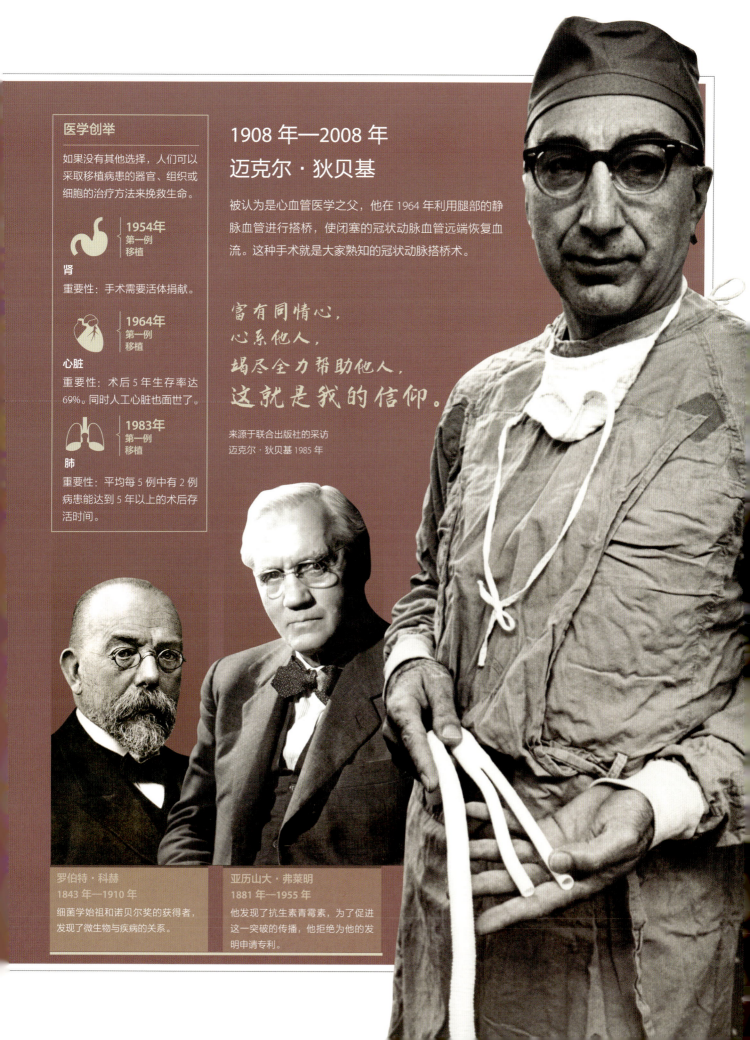

医学创举

如果没有其他选择，人们可以采取移植病患的器官、组织或细胞的治疗方法来挽救生命。

1954年 第一例移植
肾
重要性：手术需要活体捐献。

1964年 第一例移植
心脏
重要性：术后5年生存率达69%。同时人工心脏也面世了。

1983年 第一例移植
肺
重要性：平均每5例中有2例病患能达到5年以上的术后存活时间。

1908年—2008年
迈克尔·狄贝基

被认为是心血管医学之父，他在1964年利用腿部的静脉血管进行搭桥，使闭塞的冠状动脉血管远端恢复血流。这种手术就是大家熟知的冠状动脉搭桥术。

> 富有同情心，
> 心系他人，
> 竭尽全力帮助他人，
> 这就是我的信仰。

来源于联合出版社的采访
迈克尔·狄贝基 1985年

罗伯特·科赫
1843年—1910年
细菌学始祖和诺贝尔奖的获得者，发现了微生物与疾病的关系。

亚历山大·弗莱明
1881年—1955年
他发现了抗生素青霉素，为了促进这一突破的传播，他拒绝为他的发明申请专利。

古代的建设者和泥瓦工——公元前 2500 年

巨大的挑战

古埃及金字塔是为法老而建造的陵墓。它的建造始于君主登基，直至其去世才竣工。金字塔的建造需要建筑师惊人的技能以及数十万人数十年的共同努力。工人们大多是以轮班或全职的方式参与建造金字塔。尽管众人对金字塔的建造技术存在争议，但专家们一致认为石材的运输不可避免地会用到各种坡道系统。

为神而工作

古埃及人十分虔诚，他们认为法老就是活着的神。参与金字塔建造的工人们认为这些工作不仅能获得报酬，而且能让他们有接触到另一个世界的生活的机会。这也解释了为什么古埃及可以动员 2 万~3 万名工人来挖掘、运输和加工近 500 万立方米的石料来完成吉萨金字塔群的三座金字塔和其相邻的建筑。当时的古埃及人没有复杂的机械和役畜，他们用自己的劳动和集体的努力完成了所有的建造工作。沙漠的酷热也使得医疗人员驻扎于工地附近。同样，其他各行各业的人们也聚集在附近的营地一同工作，如那些提供日需品的面包师、陶工和屠夫们。

监工
监工陪同建筑师在现场对日常工作发号施令。

古建筑中的里程碑

公元前 3000 年
设计师
苏美尔人在他们的宗教和民用建筑中使用土坯砖来扩建他们的纪念性建筑。

公元前 447 年
城市规划者
菲狄亚斯，古希腊艺术大师，主导了帕特农神庙的建造，这是一座献给雅典娜女神和雅典城的庙宇。

公元前 125 年
创新者
大马士革的建筑师阿波罗多罗在万神殿的一座古典庙宇的门廊上建造了一个圆顶大厅。

层次结构

古埃及的建筑象征着权力，也维系着权力。当时所有的活动都以"金字塔"的形式来组织，最重要的是建筑师对法老的直接权威做出了回应。没有什么能超出他的控制、监督和巨大的才能，法老的永恒居所驱动着整个社会。

① 建筑师
精确的计算可得出建筑的 4 个基点并完成定位。

② 搬运工
每块 40 吨的石料都需要 12~20 个人利用坡道完成搬运。

③ 木匠
他们使用斧头、锯子等工具加工木材。他们并不会用到钉子，因为他们都是组装拼接木板的大师。

④ 工人
许多工人死于疾病、意外事故或过度劳累，他们死后被埋在金字塔附近的营地。

复杂的建筑构造
在吉萨的卡夫拉金字塔内有一个平顶的墓室，而平顶的位置就位于金字塔的正中心。

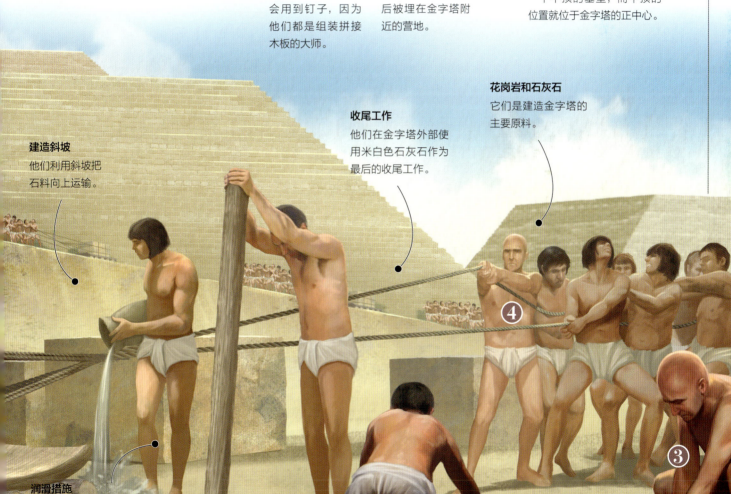

建造斜坡
他们利用斜坡把石料向上运输。

润滑措施
为了使拖动更便捷，人们用水将沙地打湿。

收尾工作
他们在金字塔外部使用米白色石灰石作为最后的收尾工作。

花岗岩和石灰石
它们是建造金字塔的主要原料。

演变：劳工权利

不再有压迫

几千年来，奴隶制是最普遍的工作形式，涉及人与人之间的极端不平等。奴隶们被剥夺了各种权利，他们被迫服从和服侍自己的主人。劳动者走向自由的道路是漫长而崎岖的：随着奴隶制的结束，基于自由人的有偿劳动的生产体系应运而生。但是，承认劳工权利的斗争前后持续了漫长的几个世纪。

工人斗士

随着历史的发展，出现了各种社会形态，而不同的社会形态也有不同的工作体系。在古代的奴隶社会体系中，奴隶低人一等，他们必须听从主人的命令。

在中世纪，人们在理论上是自由的，但实际上依然需要听命于封建领主并且按照奴隶制进行劳作。从18世纪开始，工业社会分化出社会阶层，工人阶层在工会的组织下，为了争取自身的劳工权利而斗争。这些组织并不能让企业主自愿让步，但是通过层出不穷的诞生于欧洲工业化进程中的工会组织，工人们还是谋得了利益。最后，在20世纪中叶，部分国家为响应众多的劳工要求而推动扩大了社会福利。

强制劳役
在古代，人们可能生而为奴，可能因为战败成为奴隶，或者因为欠债为奴。

奴隶制的弱化
中世纪时期，农奴制取代了奴隶制，但奴隶制直到19世纪还有残余。

奴役劳动
中世纪的农民需要上缴一部分的收成给领主作为耕地的租金。

劳动节

这个国际性纪念日起源于 1886 年 5 月 1 日在美国芝加哥发起的罢工活动。当时许多聚集在干草市场广场上的工人们遭到穿制服的警察开枪镇压，4 名罢工活动的领导人一年半后被绞死，这一切的起因都是因为工人们对 8 小时工作制的诉求。当时工人们喊出了"八小时工作，八小时休息，八小时娱乐"的口号。

有组织的劳工运动及其诉求

在 19 世纪中叶，面对生活条件的恶化，工人们聚集在一起要求更好的工作条件和更体面的工资。随着时间的流逝，罢工逐渐成为他们表达诉求的形式。上图展示的是一群来自柏林主要钢铁行业的工人们在进行集体抗议。

工会
芝加哥的许多工会组织在干草市场广场召集群众。

海报
许多国家都庆祝劳动节。

妇女
女性劳动者也在呼吁争取劳动权利和政治权利。

个体商贩
城市的发展也带动了工匠工作的开展。这些工匠们获得更大程度上的独立，开始避开社会生产部门的干预以贩卖自己的产品。

劳工
工业化使工会在争取工人权利方面更加有效。

劳工权利
最初，劳工权利主要体现在体面的工作条件和合理的工资报酬上。

最初的运动员——公元前 8 世纪
专门从事体育运动的人

尽管体育运动的历史可以追溯到公元前 4000 年,但在古希腊时期,运动员的身份才开始变得重要。他们严格训练自己的体魄和精神,并在各个单项中展开竞争,以便向众神之首宙斯致敬。从公元前 776 年开始,来自不同城邦的年轻运动员们每四年在奥林匹亚相聚一次,并展示他们的技能。这种聚会逐渐形成了习惯,也就是当代奥林匹克运动会的前身,而在聚会上的胜利者,在当时被称为"英雄"或半神,因为他们的运动美德被认为是神圣的恩典。

古希腊运动

人们会在赫拉克勒斯各处的庙宇里共同参与泛希腊的庆典活动。这些活动中最著名的就是为纪念宙斯而在奥林匹亚举行的奥林匹克运动会。运动会上,来自各个城邦的运动员在运动技能、文法修辞和音乐能力等方面共同角逐。体育比赛分为五项基本运动:跑步、摔跤、跳远、铁饼和标枪,在宙斯神庙内会为这五项技能或五项全能比赛胜出的人塑像。这些运动员为名誉和荣耀而战,因此也不会有任何物质奖励,但是裁判们还是会向获胜者颁发一些象征性的奖励:一束橄榄枝和一条可系在额头上的羊毛条带。此外,每个优胜者的名字、出生地和家世都会被雕刻在石头上并保存在神庙里。

摔跤
靠各种抓握和挤压的动作去摔倒对手。

古罗马和波斯的伟大运动员们
马克西穆斯竞技场里战车的驾驶者们是奴隶或自由民。他们中有一些人赢得了巨大的声誉并得到了人们的尊敬。

马球运动员
波斯帝国的骑兵在马球运动中脱颖而出。

历史上的运动员们
20 世纪,许多古老的运动得到了巩固和进一步的发展,如足球、水球和乒乓球等。团体运动开始广受欢迎,运动员也成了一种职业。

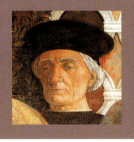

15 世纪—16 世纪
先锋的训练机构
意大利费尔特雷的维多里诺在曼托瓦建立了一所学校,他十分重视体育,在学校里教授贵族子弟有益于身体健康的体育运动,如游泳和跑步。

1896 年
第一届现代奥林匹克运动会
法国人皮埃尔·德·顾拜旦是这届运动会的主要推动者,这届运动会也促进了运动员职业化的发展。

和平竞争

奥运会期间全希腊都会接受休战。违反休战决议被视为无视宙斯的命令，并且会遭到惩罚。

① 裁判
裁判拥有最高权威，他们的裁决不容置疑。比赛的规则都刻于奥林匹克圣殿的青铜上。

② 教练
教练在运动员的家乡对运动员进行训练，举办奥运会时教练会陪同前往奥林匹亚并且予以场外激励。

形体
古希腊人崇尚人在形体上的协调，他们认为这种美是他们各自崇拜的神在形体上的一种外在体现。

男性
只有男性才能够参加并观看比赛。

拳击
通过出拳打击对手来使其失去平衡。

铁饼
投掷的姿势在比赛中至关重要。

发光的身体
在运动员的身体上涂抹橄榄油。

潘克拉辛
这是最激烈的格斗，因为比赛中可使用任何击打动作。

**1920年—1946年
运动不断职业化**
1920年以来，足球和网球职业化发展迅猛。美国职业篮球联赛NBA在1946年成立。

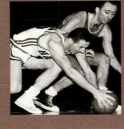

**1930年—1960年
世界风潮**
国际赛事的兴起使得各国的运动员有机会面对面地展开竞技。世界杯诞生于1930年，世界一级方程式锦标赛则诞生于1950年。

**1960年—2000年
偶像到英雄的转变**
随着媒体的发展，运动员们也收获了名气和声望。阿里、马拉多纳和乔丹都成了传奇人物。

**2000年至今
创纪录的运动员**
得益于新的训练方法和医疗技术的提高，以及国际赛事的增多，各项赛事的纪录不断涌现。

哲学家——从公元前 6 世纪开始

自由的思想者

一般来说，古希腊的智力活动指的就是哲学，好像这些哲人生来博学就是为了探寻事物的真理。这些哲学家对事物的思索已经超出了当时宗教所能解答的范围，随后他们有了研究各种自然现象的需求，以期探寻万物的起源。当时的哲学家已经不认可传统神话的解释，他们开始探寻问题的理性解答。当时的哲学家也开始努力思索，尝试去理解他们所处的世界以及自身的存在等问题。

热爱智慧

公元前 6 世纪，小亚细亚的米利都学派诞生了一批思想家。他们对现实的批判性分析使他们遭到了许多来自古希腊政治和宗教当局的敌意。人们通常认为哲学一词来源于萨摩斯岛的毕达哥拉斯，而在希腊语中哲学一词意为"爱智慧"。最初的知识分子发现自然遵循固定的规律，他们试图发现宇宙起源的基本元素。公元前 5 世纪，哲学主要集中在对人自身的研究，当时出现了一批堕于诡辩的智者，他们对外授课并收取高额学费，这些人甚至会否认客观真理。苏格拉底则是诡辩论者的对立者，他认为每个人都可以拥有普遍真理并通过教育的方式获得真理。

① 伊壁鸠鲁
他认为快乐即没有痛苦，生活充满偶然。

② 第欧根尼
他在雅典过着流浪汉的生活，并发扬了犬儒哲学。

③ 阿那克西曼德
经过一系列的观察研究后，他提出了世界生于水的结论。

④ 巴门尼德
主张万物的本源是火，并认为思维和存在是同一的。

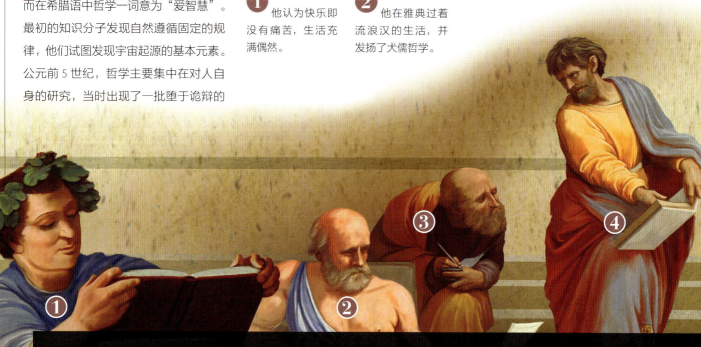

希腊之外的哲学
对社会进行分析或者"哲学化"是人类特有的行为。自古以来，思想家致力于了解他们所处的世界，同时也在为他们所经历的社会进程发声。

公元前 500 年 孔子
孔子开创私人讲学之风，倡导仁义礼智信。其弟子把其与弟子们的言行语录与思想记录下来，整编成《论语》。该书被奉为儒家经典。

12 世纪 伊本·鲁世德
曾因"双重真理理论"被驱逐出安达卢斯，主张通过信仰或理性来获得知识。

艺术中的哲学

《雅典学院》是文艺复兴时期艺术家拉斐尔·桑西最著名的作品之一。拉斐尔通过想象描绘了古希腊主要的思想家们荟萃一堂的场景，充分体现了哲学这一主题。画面中间的两个人物是柏拉图和他的弟子亚里士多德，两人似乎在就真理的探寻讨论着，他们的手势也表示着他们各自主张的理论：柏拉图手指天空，而亚里士多德则手指地面。苏格拉底作为批判哲学之父和柏拉图的老师，也出现在画面之中。

⑤ 托勒密
他致力于天文学的研究，是地心说模型的集大成者，认为地球是宇宙的中心。在16世纪"日心说"创立之前，"地心说"一直占统治地位。

⑥ 普罗提诺
普罗提诺的思想可概括为一个体系，即"太一"体系，这个体系认为所有的事物都是一个整体并受神秘法则的支配。

⑦ 柏拉图
柏拉图提出了关于两个世界的存在：现实世界和理想世界。

⑧ 亚里士多德
亚里士多德非常博学，他使当时众多的学科都趋于系统化。

⑨ 苏格拉底
苏格拉底认为未经省察的人生是没有价值的。

13 世纪 托马斯·阿奎纳
他在自己的著作《神学大全》中对一系列讨论最多的哲学问题进行了综述，并且完成了对神学和哲学的系统化论述。

17 世纪 勒内·笛卡尔
笛卡尔打破了学术传统，将研究重点放在知识本身上，奠定了现代西方哲学的基础。

19 世纪 弗里德里希·尼采
尼采引入了一种新的世界观，它基于几个世纪以来人类伦理和道德观念的改变，重塑了 20 世纪的思想。

20 世纪 让－保罗·萨特
萨特的哲学思想吸收了胡塞尔的现象学和海德格尔的哲学体系，他认为人类"注定生来自由"，并对自身的行为负全部责任。

最初的政治家——从公元前 5 世纪开始

治理的艺术

人类社会发展的各个阶段都离不开领导力，古代文明对统治者的治理能力也都有不同的要求。亚述人和波斯人重视其领导人的军事和战略技能，而古希腊人则看重行政长官的口才。在古罗马，贵族首领是仅有的具有政治权利并且能终身参与到参议院活动中的人，这种方式也巩固稳定了当时的参议院。他们的职责广泛，包括军事事务、外交政策、经济事务和公共活动等。

荣耀的职业

在古代，许多思想家提供了多种关于成为怎样的统治者的理论模型。一般而言，这些模型为特权阶层的教育奠定了基础，当时也只有这些人才有机会担任政府职务。在古埃及，行政长官的任职时间取决于对法老命令的绝对服从和任职时的工作效率。古希腊人认为执政是最高尚的工作之一，政治家则应更加高尚，也就是道德高尚的人才可以为公众服务。公元前 6 世纪，古罗马贵族作为城市创建者的继承人，他们团结一致，是当时唯一有能力管理国家的领导人，为了保持权力分立和防止滥用职权，他们建立了共和制的政府体制。

晋升体系
古罗马执政官的晋升遵循当时的晋升体系，除了监察官，其他官职的任期通常都是一年。

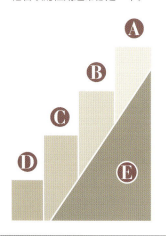

A 执政官 古罗马执政官是成对被推选上位的，他们指挥军队并拥有行政权。

B 裁判官 掌管司法，为两位执政官提供法律咨询。

C 市政官 负责古罗马的市政工作以及城市的补给工作。

D 财务官 负责财政、经济管理以及税务工作。

E 监察官 根据公民拥有的财富对公民进行等级划分，并设定对应的应缴税额。

刀斧手 是保护握有统治大权的长官的公职人员。

元老院

元老院是古罗马真正的政权机关：三百多名贵族终身任职，负责外交事务、税收和管理执政官。

谋杀
尤利乌斯·恺撒于公元前 44 年的 3 月在元老院被元老院成员刺杀身亡。

① 执政官
这些行政长官负责军事和政治层面的指挥工作，他们的任期是否延长也由元老院决定。

② 元老院成员
元老院的成员接受各种关于修辞技巧的培训，以提高他们的演说能力和说服能力。

其他文明的领导者

居鲁士大帝凭借其战略才能和超凡的领导力建立了古代的波斯帝国。此外，在琐罗亚斯德教的基础上，他对被征服的民族保持着宗教宽容。伯利克里是公元前 5 世纪的古希腊政治家，他努力领导雅典政府，成为日益巩固的民主国家的推动者。

身穿长袍
穿长袍是元老院成员专有的特权。

戒指
他们在右手的无名指佩戴戒指。

穿着差别
他们脚穿鞋靴，这是一种红色或者黑色的带搭扣的凉鞋。

历史上的政客和领导者
以代表民众为目标

几个世纪以来,行使政治权力的方式千差万别。传统社会时期,统治者的统治通常基于传统习俗,例如古代时期最常见的就是世袭君主制。与此同时,还出现了一种具有超凡魅力的领导风格,这与政客自己的品质有关,他们的个人魅力能激起拥护他们成为领导者的民众的忠诚度,众多的罗马征服者就是这种统治的例子。而在现代民主社会中,大多数统治者的合法执政则要遵循相关的法律、规范和程序。

弗拉基米尔·列宁
1870年—1924年
俄国革命家、政治家,1917年列宁领导俄国十月革命取得成功,建立了世界上第一个无产阶级专政的国家。他也成了苏联的第一任领导人。

菲德尔·卡斯特罗
1926年—2016年
1959年古巴革命的领导人,他担任这个岛国的最高领导人长达50多年。对于他领导下的政权,外界的评价褒贬不一,有人评价他专制独裁,也有人评价他真正地代表了民意。

巴拉克·奥巴马
生于1961年
民主党内首位担任美国总统职位的非裔美国人。2009年,奥巴马被授予诺贝尔和平奖,是为了表彰他加强"国际外交和人民之间合作"所作出的努力。

达拉斯的刺杀
1963 年，肯尼迪在德克萨斯州的一次政治访问中被刺杀。

古代和现代的领导者

奥古斯都（屋大维） 奠定了罗马帝国政治基础的君主。

阿塔瓦尔帕 反抗西班牙侵略的印加统治者。

阿方索一世 阿斯图里亚斯（莱昂）的国王，强调对基督教的捍卫。

拿破仑 他发扬了法国大革命的精神，被认为是历史上最伟大的军事将领之一。

1917 年—1963 年
约翰·肯尼迪

在他的政府任期内，发生了古巴导弹危机，与此同时太空领域的竞争也愈演愈烈。

意见相左的领袖

政治包含现实中的变化，但并非所有领导人都使用相同的策略。

圣雄甘地主张以非暴力以及和平方式抵抗英国在印度的殖民统治。

阿道夫·希特勒宣扬极端民族主义和法西斯主义，是第二次世界大战的发动者。

东方的工匠——15 世纪

纯手工制造

"大木匠"指韩国的传统木结构建筑师,他们受到中国木工技艺的深厚影响,会在建造中使用传统木工技术。"大木匠"亲自负责整个工程施工:从规划、设计、材料准备,到工程的完工以及维护。他们是掌握榫卯技术的大师,在建造工程中不用一钉一铆,也不使用黏合剂。"大木匠"使用的工具极其简单,也不需要使用电。东方的建筑追求和谐,这也是为什么东方人如此重视房屋地理位置的原因。

精工慢活

"大木匠"组成了许多的专家工作团队,在每次建造和修缮过程中这些专家们都统一受一名建筑师的指挥调度。他们使用木材、石头和黏土作为建造的主要原料。其中最为独特的一点就是他们在建造中不使用一钉一铆,也不使用黏合剂。他们借由木材的切口将木材完美地嵌在一起,因此,这是一份对精确度、技术和耐心都要求极高的传统技艺。"大木匠"会对木材进行切割,然后把木材打磨光滑,直至形成适合做成联锁的形状;然后他们会着手安装用于承重的支柱,并给建筑加上水平梁和用于承接屋顶的大块木材;最后,再去完成那些构成独特弧顶的木材的联锁工作。据称这些建筑至少能保存千年。

皇宫
景福宫是韩国建筑的象征,位于韩国的首都首尔。

工程师
通常会开发自己独有的建筑技术。

令人钦佩
他们的作品有宫殿、庙宇、学校、城堡以及私人住宅等。

手工艺技法的里程碑

公元前 5000 年
冶金
红铜、青铜和铁逐渐被用来锻造成工具,之后出现了锤子和铸件等金属器具。

18 世纪
精致的木制家具
在欧洲的豪宅中家具是不可或缺的角色,橱柜和椅子本身就称得上是一件件艺术品。

19 世纪
装饰性设计
英格兰出现了"艺术与工艺运动",旨在证明手工技艺在工业化时代背景下显得更加细致。

追求和谐

韩国建筑重视选址和周边环境,这个原则被称为背山面水,意思是理想房屋选址附近应有树木、青山以及河流。

① 建筑师(大木匠)
建筑师在建造中拥有绝对话语权,因为他们熟悉所有所需的操作和流程。

② 助手
建筑师的助手一般由他的儿子或其他亲戚担任,"大木匠"在实践中传授技艺。

③ 屋顶
屋顶也是这种建筑的独特标志,它们外观精美,结构中不使用一钉一铆。

④ 行会
自古以来都会根据各种专业建筑来进行分类:宫殿、政府建筑以及寺庙的建造。

事必躬亲
他们不放过任何一个环节,甚至会亲自烧制砖瓦并铺建屋顶。

工具
这些工具由工匠制作,主要使用的有锤子、斧头以及砂纸。

建筑结构
线条柔和简单,没有任何多余的装饰。

现代的商人和银行家——15世纪
财富专家

15世纪以来,欧洲商人的社会地位显著提高。东西方长途贸易的飞速发展促进了商品交易数量的增加,与此同时也提高了商人所获得的利润。当时形成了许多世袭的商人家族企业,其总部和分支机构遍布整个欧洲。商人也逐渐开始从事工业和银行业活动,例如向政客提供贷款。

经济实力

在近代社会早期,意大利商人的商业影响力变得非常大,他们的业务已扩张到整个西欧。拥有政治和教会权力的高层们依赖他们的商品,更重要的是,依赖大银行家的贷款来进行个人的或政府的项目。这些债主以放高利贷出名,但是如果没有他们,大的项目也很难运作。很多专家认为在这些商业活动中出现了资本主义的开端。例如,佛罗伦萨的商人在国外购买了羊毛,让国内的工匠加工这些羊毛,并付给他们少量的酬劳。

弗罗林——一种金币
佛罗伦萨的发展推动了弗罗林的发行,这是当时一种用于国际交易的货币。

纳税
商人所获得的财富很难不被人察觉,他们必须向统治者纳税。

历史上商业活动的里程碑

17 世纪
股票交易市场
第一批股票交易开始在荷兰运作,荷兰也成了极具影响力的经济中心。

19 世纪
中央银行
英国政府开创先例,建立了负责发行纸币的国家银行机构。

20 世纪
全球化
随着市场的全球化发展,国际信贷组织逐步涌现,银行业也逐渐信息化。

意大利商人

十字军东征结束时,热那亚和威尼斯的大商贾从东西方之间的经济贸易往来中获得了特权。城市的发展和商品交易量的增加也增强了这些港口城市银行家的影响力。

香料
香料的历史悠久,用于保存和调味食品,也可入药。

瓷器
最好的瓷器来自中国,是由瓷土烧制而成,通常非常昂贵和稀有。

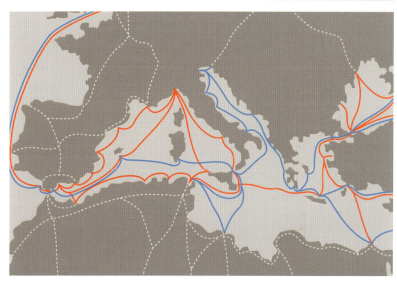

海上航线
航线穿过地中海,可到达受汉萨同盟控制的位于黑海和北海地区的贸易中心。

图例
—— 威尼斯商贸航线
—— 热那亚商贸航线

1 商人
他们拥有的巨大财富使他们游走在封建社会的边缘。

2 交换
银行家发行信用证以方便不同货币之间的交易。

3 零售商
他们在市中心的街道上贩卖少量商品。

4 船夫
他们划着贡多拉船,专门从事各种货物的运输。

商品
大声清点商品。

丝绸
来自东方的非常昂贵的奢侈品。

演变：劳动报酬

薪酬之路

以支付薪酬的方式回馈劳动者的劳动是近代才有的想法。在古代和中世纪，人们没有劳动报酬；此外，他们还必须将部分生产成果上交给封建领主或主人；工业革命之后，以体力劳动来获取劳动报酬的做法才得以发展。

维持生计

在古代的伟大文明中，奴隶制是最普遍的制度：工人没有自由，雇主只提供给他们庇护之地、衣物和食物作为劳动回报；中世纪，农民在贵族的土地上劳作，他们可自留一部分不定量的农作产物，而这些多出来的粮食也是他们唯一的收入。此外，他们的实际收入取决于税收以及影响收成的天气因素。获取薪酬之路的加速始于现代：首先，在家庭作坊式工作的劳动模式中，手工业者在家生产产品来赚取财物。数年后，随着城市中大型工业车间的兴起，工厂的老板设定"合理价格"或工资来支付为他们劳动的劳动者。而现在，工资是指工人定期从其雇主那里获得的报酬。雇员为雇主工作来获得劳动报酬是合同关系的主要权责。此外，工资是劳动者在工作和休息时间内所有的经济所得。近几十年，工资的发放同银行业务紧密结合起来，而在某些情况下，法律本身也规定雇主有义务通过银行转账支付工资和其他劳动报酬。

生产剩余
在中世纪，农民被认为是封建领主的"仆人"，因此，这些劳动者没有收到过现在意义上的工资。他们的雇佣关系体现在：封建领主允许农民使用他们的土地，但作为回报，农民需上贡实物；而生产的剩余，即收获或田间生产剩余的作物，就是农民的"利润"或"工资"。

计件工作
17世纪，工厂主向工人提供原材料，而工人在家中生产产品。工人将成品交付给工厂主，并获得对应的生产价值收入，这距离工人被转移到工厂仅仅一步之遥。

现代工资

劳动报酬是直接影响劳工日常生活的工作条件之一。现代意义上的工资是由各种不同因素所构成的,包括工作岗位评级、每月和每年的休息时间(带薪休假)、医疗保险、奖励或奖金等,所有这些因素都包括在集体劳动谈判当中。

福特主义
福特认为支付工人较高的工资将促使他们增加消费。

集体谈判
工会组织工人与雇主协商确定工资。

激励措施
一些公司会提供生产奖励作为一种间接的涨薪措施。

工业工资
从工业革命开始,支付货币的形式被普及。薪酬支付的周期可以是按天、周、半个月或者按月支付,前几种薪酬的支付方式在不那么专业的工作中使用得较多。最后一种按月支付的形式在20世纪开始流行。

建筑师——15世纪

对工程的激情

几个世纪以来,建筑师在其作品中都体现了特定的技巧和能力、对社会历史环境的敏感性和富有创造力的激情。在这些建筑师当中,意大利文艺复兴时期的菲利普·布鲁内莱斯基是建筑师及工程师的先驱之一,因为他改变了土木建筑的规则,并且开始将设计和建造区分开来。在他伟大的作品"圣母百花大教堂"中,他将比例和透视这两大数学原理表达了出来。

建造伟大

文艺复兴代表了对古代经典遗产诠释的一个新阶段。当时的建筑是历史上一次对固有规则的突破,因为它将经典时代的概念应用于新时期,并且融合了创新的建造方法、材料和技术,布鲁内莱斯基对佛罗伦萨圣母百花大教堂穹顶的设计就是那个时期的佼佼者。此后,许多建筑师名号广为人知,而建筑师也成了相关市政工程的专业负责人,甚至连当时的一些专题作家也开始对这些原创工程作品进行研究。之后,设计和建造这二者的专业性也愈发明显,并最终正式区分开来:前者只负责设计和制作草图,而后者则专注于协调泥瓦工们进行施工以及完成工程的实际建造。

铰链结构
布鲁内莱斯基使用石制和铁制的水平支架进行支撑,这也为之后的工业时代中遍布的钢铁结构支撑的思想打下了铺垫。

布鲁内莱斯基
意大利建筑师,他赢得了建造教堂穹顶的竞标。

用户
建筑师最重要的赞助人是政府部门以及高层神职人员。

助手
建造者负责协调工人完成施工。

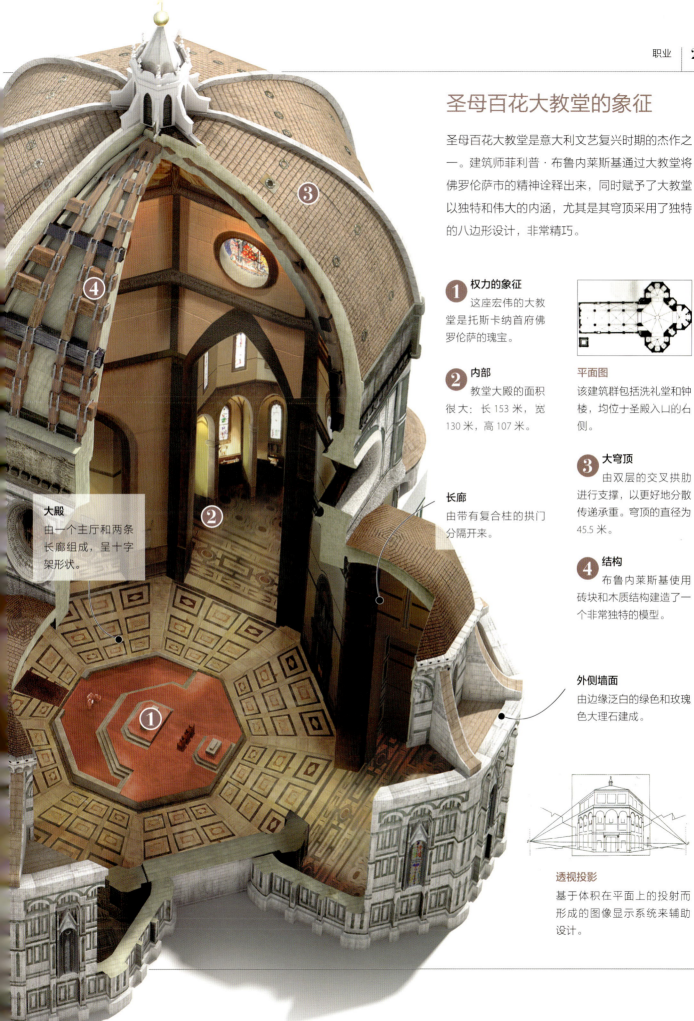

圣母百花大教堂的象征

圣母百花大教堂是意大利文艺复兴时期的杰作之一。建筑师菲利普·布鲁内莱斯基通过大教堂将佛罗伦萨市的精神诠释出来,同时赋予了大教堂以独特和伟大的内涵,尤其是其穹顶采用了独特的八边形设计,非常精巧。

① 权力的象征
这座宏伟的大教堂是托斯卡纳首府佛罗伦萨的瑰宝。

② 内部
教堂大殿的面积很大:长153米,宽130米,高107米。

平面图
该建筑群包括洗礼堂和钟楼,均位于圣殿入口的右侧。

③ 大穹顶
由双层的交叉拱肋进行支撑,以更好地分散传递承重。穹顶的直径为45.5米。

④ 结构
布鲁内莱斯基使用砖块和木质结构建造了一个非常独特的模型。

长廊
由带有复合柱的拱门分隔开来。

大殿
由一个主厅和两条长廊组成,呈十字架形状。

外侧墙面
由边缘泛白的绿色和玫瑰色大理石建成。

透视投影
基于体积在平面上的投射而形成的图像显示系统来辅助设计。

历史上的建筑师
对建筑和工程的热情

历史上主要建筑师的建筑作品都因其对城市的巨大影响力而引人注目。这些建筑的结构和特点反映了建筑师们身处不同的历史时刻,而这些建筑物本身也理所当然地具备独特的美。几个世纪以来,建筑师证明了他们可以用作品展示专业技能,以及对社会历史的敏感度和巨大的创作热情。由于大部分作品都是为委托人建造的,因此这些建筑既反映了客户的要求也体现了建筑师的个人才华。例如,米开朗基罗的作品突破了当时宗教建筑的僵化,从根本上呈现出雕塑的特征以及精美的拟人化。安东尼·高迪的特点是寻求新的结构解决方案,他将他的故乡巴塞罗那改造成了20世纪最具创新性和功能性的城市中心之一。

菲狄亚斯
公元前490年—公元前431年
建筑师、画家和雕塑家,被认为是希腊古典主义之父,帕特农神庙里的装饰性雕塑是他最具象征意义的作品。

米开朗基罗
1475年—1564年
文艺复兴时期的大师,雕塑艺术最高峰的代表。其代表作圣彼得大教堂是梵蒂冈的心脏。

路易·勒瓦
1612年—1670年
他是巴洛克运动的代表人物,创造了一种因优雅而出众的风格,沃勒维孔特城堡是其代表作。

查尔斯·巴里
1795年—1860年
新哥特风格的创始者,因参与伦敦威斯敏斯特宫的重建而被世人所知。

1929 年
弗兰克·盖里

以其创新和解构主义艺术而闻名,是全球标志性建筑的设计师,经常使用未完成的材料和各种几何形状来完成作品,位于布拉格的"跳舞的房子"是其代表作。

> 这是一个美丽的职业,
> 能为人们服务。
> 这份工作为人们
> 创造有激发力、
> 有美感的建筑……

弗兰克·盖里 2008 年

金属设计

盖里在他的作品中使用了石灰石、玻璃和钛金属板。

毕尔巴鄂古根海姆美术馆
该博物馆被认为是伟大的雕塑作品,也是盖里最著名的作品之一。建筑使用了曲线设计,造型奇美。

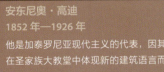

安东尼奥·高迪
1852 年—1926 年
他是加泰罗尼亚现代主义的代表,因其在圣家族大教堂中体现新的建筑语言而闻名。

勒·柯布西耶
1887 年—1965 年
他是 20 世纪最有影响力的建筑师之一,巴黎的萨伏伊别墅是世界级的模范建筑。

弗兰克·劳埃德·赖特
1867 年—1959 年
设计了纽约古根海姆博物馆,他的设计风格有机且实用。

士兵——公元前 2 世纪至今

征战和防御

几个世纪以来，武装冲突中的士兵都是通过强制服役、自愿参军或者作为雇佣兵参战的。如果时间再往前移，当时的士兵更有可能出于征服者的野心被迫奔赴战场。在远古时代，士兵能够获得的唯一报酬就是从战败方手中夺取的战利品、财富和土地等。罗马帝国设定了和军衔相对应的薪酬，并通过这种方式促进军队的专业化。

奉献生命

在古希腊，像斯巴达这样的城市就是军事化社会的一个例子，斯巴达的男孩从小就开始接受高强度的军事训练。在古罗马军队之前，并没有专业全职的士兵，因为当时习惯在战役之后就解散军队。军事策略和战争的起源一样久远，而武器也在直接推动着战略的创新和进步。

马其顿的菲利普二世改进了装甲，古罗马人则推动了如投石车等机械设备的发展。尤利乌斯·恺撒等伟大将军的成名，是由于步兵在当时的战斗中已起到了十分重要的作用。5 世纪，随着西罗马帝国的灭亡，骑兵取代了之前步兵拥有的主导地位。而现今大多数的国家都拥有专业军队，在某些国家，女性也可以参军。

日本武士
日本武士是古代封建日本的职业军人。他们穿着独特的装甲，配备代表武士身份的弯曲单刃武士刀，还使用面具和头盔。

古罗马军队
军团是陆军的基本军事单位，由 5000 名步兵和 300 名骑兵组成。百夫长（左图）是一名具有战术和行政指挥权的军官。

拜占庭铁甲骑兵
他们的骑兵和战马都配备盔甲，属于重骑兵，但不利的是容易疲劳。

伟大的战士，伟大的战役
军事冲突源于早期的霸权势力集团。古代帝国对胜利无比推崇，而视战败为耻辱。古代伟大的军事战略家们也往往出奇制胜。

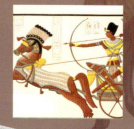

公元前 1274 年 卡迭石战役
在拉美西斯二世的带领下，古埃及人击败了叙利亚的赫梯人。古埃及军队驾着战车前进，每辆战车上都有一个车夫和一个弓箭手。

公元前 331 年 高加米拉战役
亚历山大大帝通过在敌方侧翼部署骑兵和轻步兵征服了波斯帝国，他们的方阵使对手措手不及。

职业 | **267**

拿破仑胸甲骑兵

他们组成了拿破仑的骑兵部队，这些被雪藏的精锐骑兵都是留待战斗决定性的时刻使用的。他们身穿铁质胸甲戴铁质头盔以保护自己。

未来战士

未来战士将是一个独立的作战单位，同时能够与同伴和上级保持相互协同。随着纳米技术的发展，应用于军事工业的科学技术将致力于开发出智能战衣。

公元前 52 年
阿莱西亚战役
击败高卢人让恺撒获得了巨大的利益，战败的士兵如同奴隶一样在罗马的街道上列队而行。

1805 年
奥斯特里茨战役
拿破仑假装撤兵后反攻敌军最薄弱的部队，通过这种方式击败了俄奥联军。

1916 年
凡尔登战役
这是第一次世界大战中法国将领菲利浦·贝当在已建造防御工事和战壕的凡尔登抗击德军入侵的战役。

1944 年
诺曼底战役
在艾森豪威尔和蒙哥马利的指挥下，盟军渡过英吉利海峡，登陆被德意志第三帝国占领的法国海岸。

矿工——18 世纪
大地之下

史前时代以来，人类已经从地壳中获取了矿物和其他物质。矿工的工作有风险，并且通常会由于吸入烟尘和其他有毒物质而患上呼吸系统疾病。如今，在有些国家，这些在地下作业的工人之所以选择这一职业，通常是因为他们来自矿工家庭，并且为自己的工作感到自豪，矿工也因为他们伟大的团结精神而闻名。

黑暗中的工种

尽管矿工的主要任务是钻探岩石以开采矿物，但他们还需要完成其他的工作，例如用木头支撑隧道以防止其坍塌，挖开运输物资的道路，以及将矿物装载到货车中并将其运出。矿工在井下长时间不见阳光，只能使用矿灯来照明，如今他们的头盔上也安装了矿灯。采矿工作需要大量的体力劳动，矿物质也会渗透到他们的衣服和身体里，会给身体带来许多风险，他们可能会患上一些呼吸道疾病，例如最常见的影响肺部健康的硅肺病。

煤矿

英国巨大的煤炭储量也解释了其 18 世纪后的工业潜力。煤炭资源促进了钢铁工业的蓬勃发展，进而为机械制造、铁路和基础设施提供了廉价的金属。

塌方

工业时代的坍塌事故非常常见。

童工

孩子们较小的身体比较适合穿过狭窄的隧道，支付给他们的薪水也比成年工人少。

开采井
隧道非常狭窄，矿工必须佝偻着身子在隧道中长途跋涉。

作业
采矿作业经常需要使用镐和铲。

装运
矿物会被一车车运走。

历史上的矿工
自旧石器时代以来，就有各种采矿记录的记载。目前露天矿造成的环境恶化是反对采矿活动的主要原因之一。

公元前 4000 年
对大地的好奇
人们开采了位于英格兰格莱姆斯天然洞穴的矿物，用于制造原始工具。

公元前 2600 年
帝国之石
为保障这种贵重金属供应以及稳固法老的统治，古埃及人开采了努比亚金矿。

职业 | **269**

地面之上
为了保护入口和隧道,在地表搭建了木质支架。

1 管理
行政办公室位于那里,从办公室里发出各种工作指令。

2 巷道
除隧道外,巷道的建设还涉及竖井、烟囱、暗室和通风管道等。

隔层
不同高度的隔层通过楼梯相通。

运输
通过轨道上的矿车运输矿物。

公元前 3 世纪
液压采矿
古罗马人利用水压给岩石除垢和移动沉积物。工程师们会因地制宜地开发开采技术。

10 世纪
铁矿的流行
除了家用以及工业使用之外,锻造各种武器和装甲的需要也激发了对铁金属的需求。

19 世纪
淘金潮
1848 年,成千上万的工人涌入加利福尼亚寻找贵金属,采用人工开采和机器开采相结合的方式。

21 世纪
环境恶化
开采活动对环境的直接和间接影响是严重的,尤其是对水资源的污染。

产业工人——20世纪
工厂生活

第一批产业工人属于英国纺织工业。他们是来自城市或农村的工匠和农民，离开自己的居所后，聚集在工厂内一起做工，受工坊主或者工头的直接管控。雇主们为他们提供了工作所需的所有生产资料，也就是工具以及原材料；作为所谓的"回报"，工人能够获得微薄的收入，这些收入甚至不足以养活自己。

一条漫长的道路……

城市的普通人们一般都缺乏足够的资产：他们没有土地或者工具来满足其基本的生存需求。因此，为了在新的工业世界中生存，这些人不得不出售自己的劳动力以换取工资或金钱。对于最初的产业工人来说，适应并习惯严格且未知的纪律和规范是非常痛苦的。劳动权利的缺失意味着工作制度非常随意，每个工厂的规定都各不相同。经过多年的抗争和牺牲，例如工会组织的罢工行动，劳工们逐渐获得了劳动法的保障，包括权利平等、减少工作时间和体面的工资等。

电报员
通常负责收发电报。

最短缺的工种
只有很少的工人接受过一定程度的培训，因此这些工人的薪水也更高。发送电报对于商业交流和沟通必不可少，因此也需要非常多的劳工。

纪律
工头每时每刻都在检查。

摩斯电码
点和划的组合。

第二次工业革命
在英格兰率先建立的大规模生产体系传播到全欧洲之后，从1870年开始，美国和日本成了新的强有力的竞争者。工会也成长起来——其成员人数增加，影响力也有所提高。劳资双方的斗争愈演愈烈。

**1850年
全家都需要工作**
微薄的工资迫使男人，女人和儿童都得工作。尽管如此，收入也很难满足他们微不足道的需求。

**1900年
女工**
在接受教育的同时，女性也大量进入劳动力市场。由于她们的努力（和较低的薪水），她们非常受欢迎。

英格兰的纺织工业

在工业革命初期,棉花工业成为最主要的生产行业。棉花工业在织造和纺纱过程中融入了各种创新,并在很大程度上取代了羊毛。

1 蒸汽
该技术发展背后的巨大推动力就是蒸汽机,蒸汽在冶金和纺织工业中作为能源使用。

2 织布机
机械梭和纺纱机的发明可以在更短的时间内生产出更精细也更坚固的纱线。

3 棉花
棉花来自英国的海外殖民地,是一种廉价的原材料,并且可以轻松地从国外市场上获得。

4 空间
这些机器既昂贵又庞大,只能由公司购买并安装在宽阔的空间中。

设施
区域非常广阔,但是照明很差。

生产率
蒸汽机可以提高产量和效率。

无产者
男女同工但不同酬。

1920 年
产线生产
基于生产任务(泰勒主义和福特主义)系统划分的兴起,以寻求最大限度地提高人类的生产力和绩效。

1970 年
管控下的工人
"丰田生产体系"是日本公司的特征,是建立在"终身制"就业、公司工会以及工龄工资的基础上的。

2000 年
科技和专业工人
科技的发展也导致了不同的结果:工人工作的变动、失业以及身份认同的缺失在世界各地都普遍存在。

警察——19 世纪

安全保障

警察职业化始于 19 世纪民族国家工业化和经济巩固的双重进程中。中世纪末期以来，城市秩序是由军队、贵族或地主等特权阶层维持的。而现今，警察作为维系安全的力量，需要负责预防犯罪、维护公共秩序，以及在司法和政治当局的监督之下协助进行刑事调查，同时也出现了一些专门的机构为申请成为警察的人提供必要的培训。

维持秩序

成立于 1476 年的西班牙神圣兄弟会被认为是欧洲的第一支警察队伍。后来，随着法国大革命的到来，一个致力于保护公民的国家警察机构也宣告成立。当代警察的主要职责是维护国内的公共秩序，他们处于政治和司法权力的监督下，国家赋予他们威慑犯罪分子、逮捕罪犯以及调查违法行为的职责。警察配备枪支，但是枪支的使用受到必要性和恰当性的限制：必要性指使用枪支这一措施的特殊性；恰当性指应首先使用非致命性工具，例如电棍、手铐、盾牌、橡皮子弹和催泪瓦斯等。现今，警察大量使用无线电通信设备和便携式电脑。此外，大多数国家是国际刑警组织的成员，该组织是为了侦查和起诉跨国犯罪，提供相互合作而成立的。

资产阶级
英国的资本家推动了警察的出现。

抢夺
这是人们因为饥饿和对生存下去的需要而导致的，在当时的伦敦街头很普遍。

警察职业在20世纪的发展

1910年 女警察
在向洛杉矶警察局提交申请后，爱丽丝·史泰宾斯·威尔斯成了第一位女警官。

1921年 测谎仪
约翰·赖森与莱纳德·基勒合作开发研制了一台可记录血压、脉搏振幅和呼吸模式相关变化的便携测谎仪。

1968年 极端案件
1968年在洛杉矶成立了第一个专门处理诸如挟持人质等特殊安全事件的警察队伍（特殊武器和战术部队）。

大都会警察队

1829年，伦敦市的城市发展和人口激增促使城市警察队的成立，这也是第一批有薪水的警察官。

背景
自1763年以来，一支领薪的小型侦探队伍守卫着街道，后来，他们并入了市政警察系统。

① 警员
他们以警棍作防御工具，1884年之后他们可以在夜间使用枪支。

② 犯罪
工业大城市里的苦难也导致了盗窃、入室抢劫和谋杀案件的增长。

③ 不平等
在大城市里，社会的差异加剧了违法犯罪活动，也迫使国家安全力量对其加强了打击。

④ 市民意识
一些市民认为，市政警察会对个人的自由构成威胁。

"黑玛丽"
第一辆用来押送罪犯的警车（1887年）。

受害者
她在公共道路上得到警察的协助。

孤儿
无家可归的孩童为了生存而犯罪。

制服
蓝色外套，高顶礼帽和可拴警棍的皮带。

考古学家——19世纪

挖掘探索

考古学是一门科学，它根据人类遗迹来研究人类社会。考古学家的工作必须细致且非常谨慎，因为任何地面上的变化都会影响地下信息，以至于影响考古结论。为了发现古迹，需要对该地区的地形、水文、地质图和气候进行初步研究。而现场勘探的主要阶段包括勘探、地点选址、对遗址的系统化观察、遗骸和样本的保存及提取。

揭示遗迹

考古学家会命名即将挖掘的区域。有些地点是偶然或者通过间接方式被发现的。由于只能进行一次挖掘，因此必须格外小心。挖掘结束后，仅会留下物质残留，如果没有做好记录和保存，将永远失去这些遗迹的内部构造。因此，考古学家首先会划定空间，每当发现古物时，他们都会记录其发现的深度、方位以及与其他物件的关系。随着遗迹和构造被逐渐发掘出来，每层样品都会被注释、记录、照相、编号和标记。一般情况下，挖掘的过程非常缓慢，会持续数月甚至数年。考古学家的工作会在实验室中继续进行，在这里他们将发现的古物与其他样本进行比较，并确定古物的年代以及探寻其发现地点的自然环境和文化环境之间的关系。

图坦卡蒙
1922年，霍华德·卡特挖掘出了法老王图坦卡蒙的坟墓，这是数千年来唯一一处未被改动的古埃及法老所葬之地。

霍华德·卡特
他从17岁开始在埃及工作，复制了法老的铭文、版画和绘画。

完整的古墓
古墓里保存着大量的物品，能帮助人们更好地了解古埃及的历史。

考古历史上的里程碑

最早的考古学家是一些古董的业余收藏家。20世纪，考古开始专业化，他们开始从其他的科学中获得独特的工作方法，而不再仅仅是帮助理解历史的助手。

15世纪
佩兹柯里
他游历了古典地中海的区域，亲自记录并描绘了自己的亲身发现，被认为是考古学之父。

1870年
海因里希·施里曼
他在土耳其的考古遗址发现了特洛伊城，并且区分了与城市不同时期相对应的地层。

追随伊利亚特的脚步

海因里希·施里曼自小就着迷于《伊利亚特》中的英雄故事。受荷马史诗的指引,他在1870年发现了特洛伊城的考古遗迹,这个发现也震惊了整个世界。此后不久,他在迈锡尼也有重大考古发现。

① 业余的
尽管只是一位业余的考古学家,但他的考古发现让迈锡尼文化更广为人知。

② 一起工作
在发掘的某些阶段,施里曼的妻子会陪着他工作,并负责给出土古物的碎片分类。

③ 迈锡尼墓藏
1876年,他在迈锡尼取得了重要发现:被误称为"阿伽门农面具"的黄金面具以及其他丰富的墓藏。

助手
很少受到正规训练,有时并不能很好地保护挖掘出土的物品。

工具
在施里曼的时代还没有合适的考古工具,但他依然成了考古学的先驱。

地层
通过地层发现特洛伊城在同一地址上经历了九次重建。

1900年 阿瑟·埃文斯
这位英国考古学家对克里特岛进行了发掘和研究,以证明米诺斯或克里特岛上的文明比大陆上的古希腊文明还要久远。

1959年 路易斯·利基和玛丽·利基
他们在奥杜威进行了30年的考古工作后发现了原始人的遗骸。最终确定了人类的非洲血统。

1985年 罗伯特·巴拉德
他是一名水下考古专家,在美国海军资助的一次探险中发现了"泰坦尼克号"远洋客轮的遗骸。

2011年 札希·哈瓦斯
他致力于追回被其他国家非法抢走的属于埃及的宝藏,为了表彰他的功绩,他被任命为埃及文物部部长和古迹最高委员会秘书长。

早期的女教师——19世纪

职业女教师

19世纪期间，女性当教师的想法引起了轰动。从那时起女性职业化的进程一直没有停止，直到今天这一进程依旧在持续。在经济扩张和公共教育系统逐渐加强的背景下，教师的培训也急需提高，特别是在英国和美国。基础教育是妇女职业化所征服的第一个堡垒，这是她们的母性天赋所赢得的。不仅仅是因为她们的教学能力和水准，早期的女教师还因为其自身无瑕的操守和道德赢得了好评。

职业与奉献

19世纪资本主义的经济发展催生出越来越多对能读会写的工人的需求。在这种情况下，许多国家开始建立公共教育体系和对女性教师的培训。最初，女性的教学活动被认为是传统的母亲角色的延伸；也就是说，女性教师在教育学童的同时，也要教授他们基本的个人护理，引导他们形成良好的价值观和行为举止等。女教师的工作职责包括打扫教室，在寒冷的日子里打开暖气以及其他一些养护任务等。如果女教师想要保住自己的工作，即使在私人生活中也必须格外注意自己的行为：不与男人同行，穿着朴素整洁等。女教师教授男童和女童——当然是在不同的教室里；而男童和女童所接受的教育内容也有区别：女童的教育始终包括烹饪，缝纫和家庭经济方面的基础知识。

儿童课桌椅
由意大利女教师玛利娅·蒙台梭利于1907年为儿童设计。

青年
在20岁之前，她们曾经都受过教育。

学习如何教学
第一所专门从事教育的高等师范学校于1794年在巴黎成立。半个世纪后，大多数国家都设有教师培训机构，拥有学位对教学至关重要。

最初的课程

实际上,承认女性在教育行业中的作用远比让她们能够大量接受教育的困难要小。以家庭为导向的观念让她们在幼儿教育中丧失了学习很多科目的机会,由于地区的差异,直到19世纪末,社会才能接受"女性接受更好的教育才能使她们成为新时代的公民"这一理念。

惩罚
在最初的教学方法中,人们认为采用体罚或其他形式的公共处罚是有效的。让学生戴着驴帽在角落里罚站是常见的惩罚方式。

① 男女分开
女孩和男孩需要分开接受教育,男女同校被认为是有害并且不道德的。

② 服装
围裙校服逐渐被使用,以便让学生们之间产生社会平等的意识。

③ 个人卫生
基本的卫生习惯和良好的举止是常规教学的一部分。

④ 课桌椅
每个学生都有责任维护其良好状态。

⑤ 练习
拼写和加减法等练习在黑板或者练习纸上完成。

⑥ 教学技巧
反复阅读和记忆学习是常见的教学策略。

尊重
遵守纪律和保持恭敬是备受推崇的价值观。

历史上的教育家

教育界的旗手

优秀的教师一直秉承着以未来为目标进行教学。除了个体差异之外，许多教师在教学中认识到知识传播的重要性，这些知识不仅是他们所生活的社会的支柱，还是社会变革的引擎。纵观历史，教育创新是从私人倡议开始的，之后根据不同国家的实际需求进行引导。教学方法也发生了显著变化，从要求学生盲目遵守教师的指导发展到鼓励学生进行自由思考。几千年来，西方国家的教学活动受到宗教及其基本教规的强烈限制，直到最近的20世纪，这种趋势才开始下降，但是这些限制也并没有完全消失。现如今，科学技术的进步要求我们通过创建新的教学手段并重塑师生之间的传统关系。

毕达哥拉斯
公元前582年—公元前507年
古希腊的数学家、哲学家，被认为是教师的教师，他认为只有通过数学计算才能理解宇宙。

彼特拉克
1304年—1374年
他被认为是意大利文艺复兴的第一位人文主义者，他回溯了古典希腊文化的原理，并在教学中促进了科学、历史和地理学的研究。

约翰·洛克
1632年—1704年
他是经验主义和现代自由主义的倡导者。他的著作《教育漫话》对当时的教育家和贵族成员的教育产生了深远的影响。

各个时期的教育

古代
身体和精神的和谐在雅典至关重要。

文艺复兴时期
读书识字仅限于权贵阶层。

当代
新科技的引入对学习带来了革命性的改变。

1921年—1997年
保罗·弗莱雷

这位巴西教育家为受压迫者制定了一项扫盲计划,他反对"灌输式"教育,提倡基于师生之间对话聊天形式的大众教育观念和实践。

> 我认为扫盲不仅仅是认识ABC,
> 因为能读会写的人
> 对于其所处的
> **社会、政治以及
> 经济现实都会
> 有批判性的理解。**
>
> 《教育:自由的实践》
> 保罗·弗莱雷

对话与交流
老师和学生互相学习和教导。

让-雅克·卢梭
1712年—1778年
他认为人天性善良,因此,教育就成为了实现社会成员和谐生活的宝贵手段。

约翰·杜威
1859年—1952年
他相信不存在封闭的教育方法,并认为教育实践意味着在教学过程中根据不同的情况灵活机智地处理问题。

实践式学习
参与式教育以及对关键学生和关键问题的教导是保罗·弗莱雷的两个重要教育理念。

办公室工作——20 世纪

办公桌上的工作

办公室一词源自拉丁语"officium",意为服务或职位。如今,办公室是一个进行行政工作的地方,其特点就是办公桌的存在。办公室职员是带薪的工作人员,他们在公共空间中完成各种工作。组织和分配办公空间的方式多种多样,可能会根据工作类型分配,也可能根据员工数量而定,办公空间的设计甚至已经成为社会心理学和建筑学研究的一个深刻主题。办公室成员的社会和家庭背景各不相同,这也可能会阻碍员工对其同事团体身份的认同。

办公室员工

随着世界工业化的发展,办公室工作也在增加。通常,初期的制造类企业会设立特定的空间用于会计和行政管理工作,这些岗位的办公室和生产场所也位于同一建筑物中。经过多年的发展,办公室开始与生产中心分离,并发展出特定的管理体系。20 世纪初,统一和共享的办公空间激增,产生了类似学校教室的办公区域分布设计以避免员工分心。相反,现如今许多雇主会优先考虑员工的舒适感、团队合作和是否利于内部沟通。

久坐
处理这些工作的结果。

歧视
已婚和有孩子的女性比起单身未婚女性,获得劳动合同的难度要更大。

办公室工作的进展
这方面的进展与当代世界的生产活动密切相关。创新的加速发生在工业化之后,其目的是更好地安排和优化员工在办公室工作的时间。

900 年
缮写室
修道院是专门供抄写员工作的场所。在印刷术发明之前,这是抄写宗教著作的方式。

1868 年
打字机
克里斯托夫·肖尔斯发明了第一个商业上成功的打字机产品。这项技术于 20 世纪 20 年代就已经标准化了。

新的空间

在 20 世纪，经济活动的外包过程导致办公室工作的增加。每个工人开始有一张办公桌来完成他们的特定任务，办公桌上通常会放置打字机、文件、表格和笔。随着时代的发展，办公桌上又多了电话和电脑。

官僚机构
它是一个组织结构，其特征在于明确而规范的流程、职责分工以及工作，等级和非人际关系的专业化。这在公共行政部门中很常见。

① 打字机
打字机取代了手写，这大大节省了准备文件的时间。

② 纸张
按照最常用机器的用途和尺寸，纸张的尺寸也是标准化的。

③ 训练
基本的会计技能和出色的打字能力是上班族最被看重的素质。

④ 工具
工作用品包括表格、钢笔、橡皮印章、印泥以及润湿印泥的墨水。

⑤ 专心
办公室文员经常需要坐在一起，以方便高一级的负责人进行监督。

家具
办公桌是办公室工作人员所必需的办公家具。

1920 年
话务员
这种方便快捷的通信方式对工作有益，使不同的办公任务更加高效。

1950 年
大量复制
复印机发明后，文书的工作迅速增加。复写纸也在之前的几十年为文书的工作提供了帮助。

1980 年
计算机
计算机的大规模使用彻底改变了办公室工作，它还影响了一些实体办公元素：电子文件开始取代纸质文件。

演变：职业培训

更高的要求

工作岗位要求接受过正规培训的这一规定似乎出现得较晚。自古以来，"培训"这种理论准备就留给了有经济或政治权力的阶层，而工人们则一般是通过在实践中学习和掌握必要的知识，以便能够充分执行任务和保住工作。

积累证书

在过去的大部分时候，工作的专业化都是通过不断的实践来完成的，并不需要相应的学历证书。中世纪时期，科学知识的传播集中在教会和大学之内，从那时起，某些专业，像医学和神学都开始需要相关的证书。随着社会工业化的发展，通过学位和认证来认可各种专业知识逐渐变得普遍。随着知识变得越来越复杂，所有学科都需要更高的专业化水平，再加上大学本科学习研究的日益普遍，受训人员的数量也得以增加。针对公司自身而言，在技术变革迅速发展的压力下，公司也必须投入资源对其自身的员工进行特定的培训，以便使员工能够满足公司当前和未来生产活动的要求。这样一来，企业竞争力也转移到了员工身上，员工们必须不断更新和扩展他们的知识，以便更好地应对工作的挑战。

抄本
抄写员对古代世界流传下来的知识的保存和记录。

修道院和大学
中世纪时期，科学知识保存在修道院里。当时大部分人都是文盲，而僧侣们能读会写，因此具有崇高的声望和地位。大约在10世纪出现了第一批所谓的大学。这些高等学府是主要致力于教学的教师和学生团体联合的产物，但他们也致力于研究。

学科多样化
19世纪，由于多种新兴科学技术的出现，需要进行更加专业化的研究，各个科学学科开始划定自身的知识领域，也因此出现了新的学科。

不断改进提高

当今世界，伴随着科技发展的加速，员工也需要接受持续不断的培训。新知识的产生决定了哪怕是已经毕业的专业人员也需要继续学习，以免被日新月异的日常工作所抛弃。现如今，除了员工因为个人发展的考虑而自我提高之外，公司也会鼓励和推动员工进行学习和深造，例如提供带薪培训等。

学术专业化和研究生学习

知识的更新换代非常迅速，普通教育毕业之后的专业化学习必不可少，这些学习和研究包括硕士研究生，博士研究生以及博士后等。

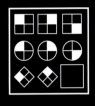

瑞文标准推理测验
创立于 1938 年，用于评估一个人的注意力和智力水平。

培训
许多公司奖励和促进员工继续学习。

履历
书面陈述和口头表达对于求职都很重要。

拥挤的大学
自 20 世纪中叶以来，世界经济的增长和收入再分配政策的应用促使许多年轻人（无论男女）进入高等学府学习并完成大学学位。尽管高校负责人试图通过入学考试、高额学费以及延长学习时间等不同形式来控制入学率，但入学人数仍旧过多。

消防员和其他应急人员——20 世纪

冒着生命危险

许多人在从事本职工作时会将自己的生命置于危险之中,例如:消防部门需要同时兼顾预警、灭火以及救援工作;红十字国际委员会以中立者的身份,开展保护和救助战争以及冲突受害者的人道主义工作;救生员巡视和维护水上娱乐设施的秩序,并提供急救服务……同样,也有很多志愿者从事这些工作,他们不求任何金钱和物质上的回报,致力于各种各样的工作。

救援职业

消防员是现存历史上最古老的救援职业,其起源可以追溯到罗马帝国时期。"消防员"这一职业的名称来自于其本职工作内容:从火灾附近的水泵中或者其他任何储水的地方取水并灭火。如今,消防员的职责更是多种多样:扑灭火灾,执行营救和援助任务,保护周边居民免遭危险等。消防员有时是公共安全部队的成员,而有时又是纯粹的志愿服务人员。

红十字会

这是在发生灾难或武装冲突时执行任务的人道主义机构。它是一个中立的机构,应当受到各方的尊重,成员都是志愿者。

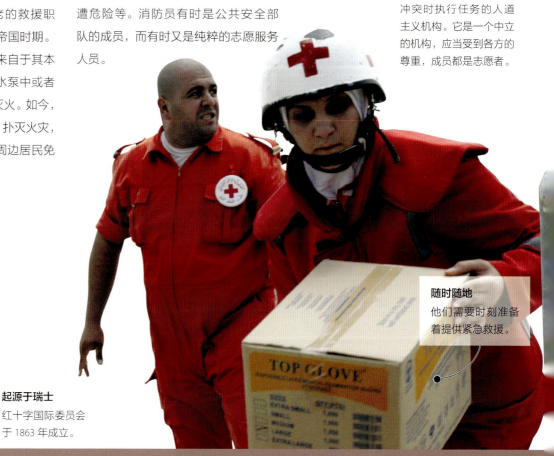

随时随地
他们需要时刻准备着提供紧急救援。

起源于瑞士
红十字国际委员会于 1863 年成立。

历史上的消防员

第一批有组织的扑灭火灾的队伍出现于古罗马时期,他们在市区里灭火的活动也极大影响了消防行业的发展。从那时候的古罗马"消防队"到现在的消防员和志愿者,情况已经发生了许多变化。

公元前 27 年—公元 14 年
罗马帝国的首位皇帝屋大维·奥古斯都推动创建了第一个专业的消防机构,用来保护城市里的木制房屋。

1721 年
有车轮的灭火机
英国发明家理查德·涅夏姆为第一台灭火机申请了专利,这种有车轮的灭火机由两个人手动操作。

消防员在行动

传统意义上，消防员的主要工作是灭火，但近年来，他们的职责有所增加。现如今，消防员与警察和紧急医疗部队在救灾、应急和营救等工作中协同合作。此外，消防员还配置特定的装备以及接受特定的培训。

失火的剧院
1903 年 12 月，尽管消防员在 20 分钟内扑灭了易洛魁剧院的大火，但由于缺少紧急出口，仍有不少观众丧生在火焰和浓烟之中。

① 消防服
必不可少的装备，不仅防火，还可以保证消防员在大火中更容易被发现。

② 团队合作
他们训练如何集体行动，并在面临迫在眉睫的危险时互相照看。

头盔
材料是玻璃纤维和聚碳酸酯。

通信
新技术能使他们更加高效快速地行动。

手套
消防手套是一种耐高温高压且绝缘的手套。

**1905 年
消防队**
诺克斯公司发明了第一台消防车。之后在斯普林菲尔德设立了第一个现代意义上的消防队。

**1938 年
新型云梯**
自动云梯取代了手动伸缩式云梯。第二次世界大战之后还加入了空中升降平台。

**2009 年
安全服装**
发明了一种环保的一次性背心，可以穿在消防服里侧，防止由于暴露在高温下而导致的人体脱水。

宇航员——20世纪

在太空中工作

宇航员这一职业是20世纪中叶美国和苏联之间开展的太空竞赛的产物。最初，进入太空的宇航员必须是具有特定技术知识的军机飞行员。这些要求随后被取消，但是针对宇航员的培训仍然非常严格。为了适应太空中的生活，宇航员需要在没有重力的条件下进行各种各样的训练——操作模拟飞行器，使用计算机程序工作并且适应在狭窄的空间内艰难地移动。

英勇的宇航员

宇航员的理论培训计划包括天文、航空、计算机、气象、医学和物理等学科。但是，身体训练通常是最大的障碍：最初，宇航员在内部经过适当改装的飞机上进行适应，在半分钟的时间内感受失重的情况。在失重期间，宇航员需要完成各种作业，例如操作装置、吃饭以及喝水等。为了能在模拟失重状态下进行更长时间的训练，宇航员还配备有专门的游泳池。最终能够进入太空的人都拥有强健的身体，也不能患有幽闭恐惧症。在航天飞机或宇宙飞船发射前的几天里，宇航员们会被隔离以防感染任何传染性疾病。发射后的几个小时是最为紧张复杂的，因为宇航员会感到头晕，并伴有急性迷失方向的症状。

通信
利用轨道卫星建立通信。

2024年月球计划
美国国家航空航天局计划重启登月计划，并且执行登陆月球南极点的任务以测试技术。

勘探
宇航员操纵机器人进行勘探工作。

1965年
在"双子座计划"任务期间进行了美国的首次太空行走。

太空探索的里程碑
几千年来，人类通过对地球的观测来分析外层空间。但是，从20世纪中叶开始，我们可以通过发射各种人造卫星和载人飞船对外太空进行探索，而且太空旅行的时间也越来越长。

1957年
第一颗人造卫星
斯普特尼克一号卫星是人类历史上第一颗人造卫星，由苏联发射进入太空。斯普特尼克二号卫星还把一只名为"莱卡"的小狗送上了地球轨道。

1961年
尤里·加加林
他乘坐苏联"东方1号"宇宙飞船，成为首个进入外太空的地球人。整个太空之旅绕地球一周，总共持续了108分钟。

远离家乡的日常

在太空生活可能会对人体的不同系统造成有害影响。因此，专家们通过每日的例行监督，要求宇航员每小时执行特定的常规流程以确保他们的身体健康。体育锻炼对于太空中的宇航员也是必不可少的，因为失重会导致肌肉组织萎缩。

1 工作
宇宙飞船上有专门的工作时间表。

2 吃饭
每日补水至关重要。

3 卫生
每三天洗一次澡。

4 睡觉
将睡袋捆绑固定以避免漂浮起来。

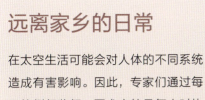

5 锻炼
需要强健自身的肌肉。

1998 年
国际空间站的第一个组件发射升空。

2009 年
用了 5 次太空行走来修复哈勃空间望远镜。

1969 年
阿波罗 11 号飞船
这是人类首次登陆月球——尼尔·阿姆斯特朗走出登月舱，在月球表面留下了值得纪念的脚印。

1984 年
发现号航天飞机
美国第三架航天飞机，用于执行国际空间站的调研、观测以及组装等各种任务。

2009 年
修复哈勃空间望远镜
在这次充满风险的任务中，宇航员们设法修复了哈勃空间望远镜中受损的设备并安装了两个新的仪器，这是太空探索历史上的一个里程碑事件。

新的工作——20世纪—21世纪

虚拟化和数字化

自20世纪末以来，科技变革的加速创造了新的职业并改变了工作场所。许多工作者不离开家便能提供他们特定的服务，大公司也可以通过虚拟互联网连接来建立全球业务关系。这些新的劳动方式面临着巨大的挑战，例如工作任务的协调和沟通的顺畅。而诸如提高生活质量、工作灵活性和生产率以及成本最小化等因素已经成为个人和企业领域决策的重要方面。

工作挑战

随着新技术的发展，工作战略和业务结构也在不断变化。在这种情况下，虚拟化和数字化的工作方式也引起了争议。对于某些人来说，这些方式往往可以实现更高的生产效率、更低的公司管理成本以及员工工作和生活之间更好的平衡。而对于其他一些公司而言，由于雇主缴费支出很少甚至没有，这种趋势只是有助于减少企业对员工承担的责任。但无论如何，实施这种工作方式的公司都在增加，例如：IBM公司就有42%的员工在家中或者通过其他公共渠道进行工作，在《如何……管理"虚拟工人"现象》（2007年）一文中也指出：由于远程办公这一趋势，IBM每年节省了1亿美元的固定房租费用。

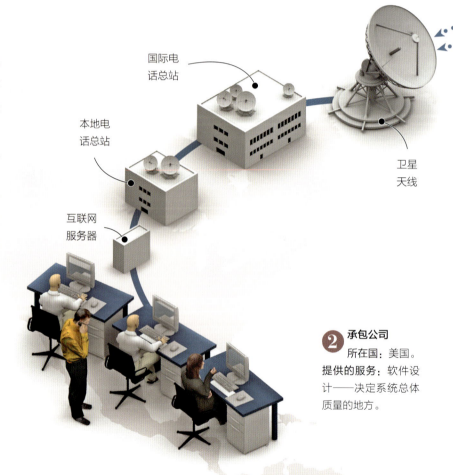

国际电话总站

本地电话总站

卫星天线

互联网服务器

 承包公司
所在国：美国。
提供的服务：软件设计——决定系统总体质量的地方。

版主
拥有自己的网站或论坛的公司可以聘请负责版面内容和主题讨论的专职人员。

无处不在的计算机技能
大多数现代专业都需要计算机技能作为补充。但是，有些工作需要完全依赖于这些新技术。

 **遗传学医生**
是针对由任意原因所导致的出生缺陷的诊断、预防和治疗的医学专家，可以为家庭个人或者成规模的人口进行服务。

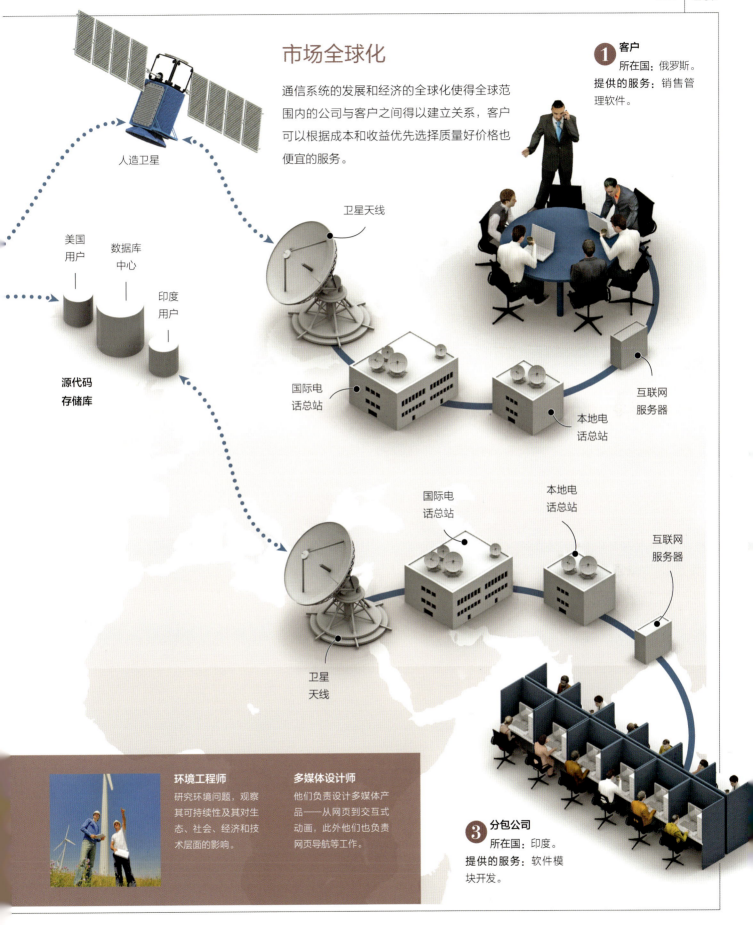

大事记
穿越时光

从最早的狩猎和采集活动到当代多样化和高薪酬的工作，人类为了生存和维持生计，在整个历史进程中开展了各种活动。工作是人类生活的决定性因素，它决定了人们的世界观、社会经济环境、与他人的交往方式以及社会生活的组织方式。最后，即使存在不公平的情况，工作仍在为人类社会产生着效益。

200 万年前
工具的制造

能人制造了最初的石器工具。这些新工具为狩猎和采集提供了便利。

公元前 8000 年
分工

人类的定居产生了分工的需要，之后出现了新的行业和工作机会，并导致明显的社会分化。

公元前 5000 年
金属的使用

红铜和青铜的锻造带来了新的生存策略。更多危险和复杂的武器被使用于村庄间的冲突之中。

公元前 6 世纪
哲学家

作为所有科学之母，哲学是对自然和人类世界进行的有条理的、理性的和系统的反思。泰勒斯是第一位古希腊哲学家。

公元前 5 世纪
政治家

古罗马贵族通过元老院来巩固共和制度。修辞学作为一种说服观众的能力显得至关重要。

公元前 2 世纪
职业士兵

在基于专业训练和建立薪酬制度的基础上，不断扩张领土的古罗马人推动了新型军事组织的发展。

18 世纪
拥有薪资的工人

工人通过他们的劳动换取薪酬或者金钱。他们长时间在城市从事苛刻的工厂工作。

19 世纪
劳工工会

恶劣的工业工作条件和低水平的工资推动了工人成立互助组织以诉诸自身的劳工权益。

20 世纪
科学管理组织

泰勒主义和福特主义构成了美国工厂组织制度。而在 20 世纪 70 年代，优先考虑灵活持续改进和精益化管理的日本丰田生产方式开始流行。

职业 | 291

公元前 3200 年
学习书写
在美索不达米亚和古埃及的文明中，书写体系得以发展，人们的知识和各种活动得以被记录下来。

公元前 2500 年
奴役
古代的帝国在征服土地的基础上推动了奴隶制度的发展。奴隶需要服从主人的命令来获得食物。

公元前 8 世纪
运动员
为了纪念所崇拜的神祇，古希腊各城邦的运动员们相聚在奥林匹亚。从那时起就有人致力于体育训练和各项运动。

9 世纪
中世纪农奴制
通过复杂的人际关系系统，农奴工作体制被广泛扩展；大多数农奴生产食物并供养当时的贵族。

10 世纪
大学生
师生齐聚一堂，建立了第一批提供专业学习的机构，这些机构授予合格学位，并制定研究学习计划。

15 世纪
银行家
东西方贸易的发展导致了商人的出现，他们也逐渐开始提供借贷服务以换取高额利息。

1950 年
职业女性
第二次世界大战之后，妇女逐渐涉足之前被禁止从事的工作；同样，大学入学的女性人数也在增加。

20 世纪
太空探索者
太空探索的竞争推动了例如宇航员等新职业的出现以及微波技术等造福人类的各种创新。

21 世纪
虚拟化和数字化
科技的进步使新的行业和职业成倍地增长，也使业务关系发生了变化，出现了新型的员工和劳务合同。

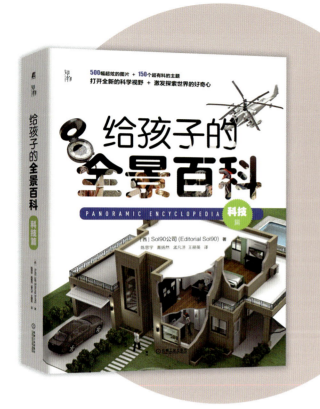

从最初的工具制造、建造房屋,到形成村落、城市,从最简单的运输工具到飞机、宇宙飞船,从最初简单的文字到各式各样的语言,从最简单的隔空喊话到高速便捷的现代通信,从抬头仰望星星到深入探索了解宇宙……寻根究底、追踪溯源,本书带你穿越时光,从古走到今,一步一步跟着科学发展的脚印,深入到每一事物的内部进行全方位的透视,探索其内部的结构及原理,帮你换个视角看世界,成为科技小达人。

从节日庆祝、体育运动的起源和演变看庆典和娱乐活动的多样性、仪式化和社会功能;从饮食习俗、地域美食、制作工艺看食物对于人类的生产生活方式、文化的产生与发展所产生的巨大影响;从品类特色、材质技术和流行元素看服饰对于人类在织物技术、设计演变、甚至美学领域所做出的推动与贡献;从原始需求、职业特点和历史演变看职业对于人类在利用自然、专业分工和技术创新等方面发挥的重要作用;从商品类型和特色、商贸活动和惯例、商业契约和精神看商贸活动对于人类在生产生活、经济模式、甚至是思想观念等方面的改变。捕捉历史中那些飞逝的时刻,带你感受一个个美好的瞬间。

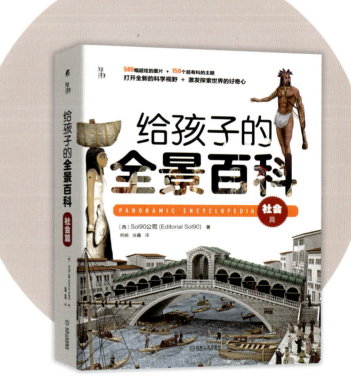